킹덤빌더의 영성

내가 살아내는 것이 아니라 하나님이 나타나는 삶

킹덤빌더의 영성

손기철

THE SPIRITUALITY
of
THE KINGDOM BUILDERS

규장

일러두기
1. 특별한 표기가 없으면 한글성경은 개역개정판을, 영어성경은 NLT를 사용했다.
2. 인용한 성경의 별도 첨가는 저자가 하였다.

천국은 마치 밭에 감추인 보화와 같으니
사람이 이를 발견한 후 숨겨 두고 기뻐하며 돌아가서
자기의 소유를 다 팔아 그 밭을 사느니라
또 천국은 마치 좋은 진주를 구하는 장사와 같으니
극히 값진 진주 하나를 발견하매
가서 자기의 소유를 다 팔아 그 진주를 사느니라

마태복음 13장 44-46절

지금 이 순간 여기에서
하나님이 나타나시는 삶을 위하여

　성경이 진리의 말씀이라면 실제 삶에 어떻게 적용되어야 하는가? 흔히들 "말씀대로 살아라"라고 말하지만, 말씀대로 살 수만 있다면 왜 문제가 되겠는가? 예수님께서 하나님나라의 복음을 전하시면서 먼저 그의 나라와 의를 구하라고 말씀하신 것은 도대체 무엇을 의미하는가? 어떻게 해야 하나님나라에서 하나님 자녀로 살 수 있는가? 우리는 이 땅에서 살다가 죽으면 가는 천국에 대해서는 수없이 들었지만, 이 땅에 도래한 현재적 하나님나라의 실체와 그 나라의 삶에 대해서는 구체적이고 실제적으로 배워본 적도, 체험해본 적도 없다.

　예수 그리스도 안에서 새로운 피조물로서 하나님나라의 삶을 체험하기 위해서는 구원 전후의 존재론적 변화를 알아야 하며, 그렇게 하기 위해서는 영, 혼, 몸(생각, 감정, 신체)에 대한 성경적 진리를 깨달아야 한다. 왜냐하면 우리가 자기를 부인하고 자기 십자가를 진 후에야 혼이 하나님의 영에 거함으로써 새로운 존재로서의 삶을 체험할 수 있는데, 현실적으로 그것을 막고 있는 것이 바로 몸이기 때문이다. 그런데 우리는 오랫동안 이 영적 비밀을 알지 못한 채 자신의 의지로 최선을 다해 하나님의 말씀대로 살고자 애써왔고, 그것을 방해하는 몸의 문제를 심리학이나 정신의학적으로 해결하고자 하였다. 따라서 이러한 문제들에 대한 답을 얻기 위해서는 하나님나라 관점에서의 구원론과 인간론에 대한 이해가 선행되어야 한다.

본서의 전작인 《수수께끼 같던 영혼몸의 비밀이 풀린다》(규장)가 그에 대한 일종의 이론서 격의 책이라면, 본서는 그리스도 안에서 몸을 통한 하나님의 나타나심인 '영성'을 위한 실제적인 책이라고 볼 수 있다. 따라서 이 책을 읽을 때 어렵게 느껴진다면, 전자의 책을 먼저 읽어보기를 바란다.

천국이 본향인 하나님의 자녀들이라면, 육신적으로는 이 땅에 살고 있지만, 자신의 나라와 의를 이루기 위해서 나의 하루를 사는 것이 아니라 하나님의 나라와 의를 구하기 위해서 하나님의 하루를 살아야 한다. 즉 내가 주님을 섬기는 것이 아니라 내 안에 계시는 주님께서 나를 통치하시고, 내 몸을 통하여 그분의 통치권이 나타나는 하나님의 하루를 보내야 한다. 그렇게 하기 위해서 그리스도인들은 하나님의 자녀로서 육신의 생각이 아니라 영의 생각으로 살아야 한다. 즉 예수 그리스도 안에서 성령님의 인도함을 받아야 한다. 우리는 물리적 세계에서 영적 세계를 추구하는 것이 아니라 우리가 이미 영적 존재인 것을 알고, 과거의 경험과 지식에 기초한 모든 생각과 감정 대신에 주의 말씀대로 생각하고 느끼는 것을 훈련해야 한다. 그것이 바로 예수 그리스도 안에서 성육신적인 삶이며, 매일 일, 만남, 시간, 재정, 건강과 관계하며 가정, 직장, 교회, 문화생활을 하는 이유이다.

우리가 예수 그리스도를 믿고 구원을 받고 난 뒤 신앙생활에 대해서 많이 배우지만 그것은 교회생활에 국한되는 경우가 많고, 실제 일상의 삶에 대해서는 제대로 배운 적이 매우 드물다. 사실 신앙생활도 대부분 종교활동에 대한 것뿐일 때가 많다. 하지만 성경이 말하는 진정한 신앙은 현재적 하나님나라의 삶이고, 그 삶을 통해 하나님께서 나타나는 것이 바로 영성이고, 그 영성은 하나님나라의 새로운 습관이다. 이 새로운 라이프스타일은 그리스도 안에서 성령을 통하여 영이요 생명인 말씀으로 우리 몸을 새롭게 해나가며, 삶의 모든 영역에서 그분의 모양대로 살아가는 것이다.

이 책은 예수 그리스도 안에서 새로운 피조물이란 무엇을 의미하는지에 대해서 논하고, 우리 안에 있는 하나님나라에 들어가 하나님 자녀의 삶을 실제적으로 살아내는 킹덤빌더의 영성을 체험하도록 돕기 위해 쓰여졌다. 이를 위해 (1) 그리스도 안에서 패러다임의 전환 (2) 그리스도 안에 들어가기 (3) 그리스도 안에 거하기 (4) 그리스도 안에서 살아가기로 나누어 설명한다.

'그리스도 안에서 패러다임의 전환'은 우리가 지금까지 붙들어왔던 십자가 대속의 복음에서 한 걸음 더 나아가 하나님나라의 복음이 무엇인지를 함께 알아본다. 지금까지 당연하게 여겨왔던 복음관, 우리의 존재, 전통과 교리를 하나님나라의 관점에서 재조명해봄으로써, 우리가 얼마나 비복음적 신앙관에 묶여 있는지를 깨닫고 거기에서 벗어나 킹덤빌더의 정체성을 확립하는 데 그 목적이 있다.

'그리스도 안에 들어가기'는 거짓자아의 실체를 깨닫고 벗어나 그리스도 안에서 그리스도 의식을 가지도록 하는 데 있다. 그 결과 자신이 누구인지를 알고, 세상을 새롭게 보도록 한다. 한마디로 생각과 감정이 진리도 아니고 실재도 아니고 힘도 없으며, 그 생각과 감정이 나도 아니라는 사실을 성령의 조명하심으로 깨닫도록 하는 데 있다. 특별히 자신의 진정한 존재를 체험하도록 하기 위해서 거짓자아의 실체와 거짓영성이 무엇인지를 상세하게 설명한다.

'그리스도 안에 거하기'는 내 혼이 하나님의 영 안에 거함으로써 내 몸이 하나님을 경험하도록 허용하며, 그 결과로 영이요 생명인 말씀이 우리의 심중에 임함으로 새로운 신념체계와 사고체계를 가지도록 하는 데 있다. 우리 몸이 하나님을 경험하는 것이 무엇인지를 알아볼 뿐만 아니라, 하나님과 현재적, 생명적 관계를 체험하도록 하기 위한 임재호흡 기도와 그리스도 의식 훈련에 대해서 설명한다.

'그리스도 안에서 살아가기'는 그리스도 의식 안에서 변화된 신념체계와 사고체계를 바탕으로 나를 변화시키고 세상에 하나님을 나타내고자 하는 데 있다. 그 일을 위해서는 무엇보다도 세상을 대하는 변화된 행동양식(태도)을 가져야 한다. 그리고 우리가 매일 경험하는 삶의 모든 사건과 상황에서 진정한 자유를 누리기 위해서 무엇보다도 죄 죽이기와 거룩한 삶 살기라는 구약적 신앙생활에 기초한 강박적 사고에서 벗어나야 하고, 내면의 상처와 쓴뿌리, 그리고 그것으로 만들어진 부정적 스트레스 에너지장을 제거해야 한다. 특별히 부정적 스트레스 에너지 제거에 큰 도움이 되는 나비손 기도를 소개한다. 그리고 마지막으로 우리 모두 체험해야 할 내적 소명과 각자에게 주어진 외적 소명을 어떻게 알고 이루어가야 할지에 대해서도 알아보고자 한다.

위 내용 중 2부인 '그리스도 안에 들어가기'는 《수수께끼 같던 영혼몸의 비밀이 풀린다》의 마지막 부분에서 언급한 영성의 두 가지 길 중 자기부정의 길에 대한 것이고, 3부와 4부인 '그리스도 안에 거하기'와 '그리스도 안에서 살아가기'는 자기긍정의 길에 대한 것이다.

지금은 누구도 이의를 달 수 없을 정도로 명백한 기독교 신앙의 위기 시대이다. 기존의 패러다임으로는 교회가 더 이상 제 역할을 할 수 없고, 그리스도인들도 세상의 빛으로서 그 역할을 감당할 수 없게 되었다. 되돌아보면 우리는 너무나 오랫동안 전통과 교리만을 고수해왔을 뿐 성령님의 계시에 따른 새로운 패러다임을 받아들이는 것에 저항해왔다. 그 결과 기독교는 수많은 교단과 교파로 분열되고, 교회의 부흥은 사라지고, 교인들은 줄어들고, 사회와 세상은 이전보다 더 어두워졌다. 지난 세기 온 세상에 복음을 전했던 선교 중심국들이 지금 어떤 영적 상태에 놓여 있는지를 생각해보라.

이제는 조직이나 단체나 운동을 통한 부흥이 아니라, 각자 안에 임한 하나님나라의 삶을 경험하는 킹덤빌더들이 세워져 자신들의 삶터와 일터에서 하나님의 통치를 회복하고 보여주어야 할 때이다. 그것은 예수 그리스도로 말미암아 우리 안에 하나님의 영이 임하심으로 우리의 혼이 더 이상 몸에 종노릇하는 것이 아니라 하나님의 영 안에 거함으로써 새로운 피조물로서의 존재를 체험하는 것이다. 그리고 모든 상황 앞에서 내가 주의 말씀을 묵상하고 적용하고자 애쓰는 것이 아니라 생명의 말씀대로 생각하고 느낌으로써 보이지 않는 세계의 실상을 보이는 세계의 실체로 나타내는 삶을 사는 것이다. 이것은 자기를 부인하고 자기 십자가를 짊으로써 거짓자아에서 벗어나 그리스도 안에 있는 나를 체험하고 그의 나라와 의를 구하는 삶을 사는 것을 의미한다. 결국 그것은 인식(perception)의 변화가 아니라 하나님의 영에 의한 새로운 의식(consciousness)을 가지는 것이다.

이 책의 최종 목적은 단순히 지식적으로 새로운 것을 배우고 익히기 위한 것이 아니라 그리스도 안에 있는 내가 새생명 안에서 영원한 현존을 체험하는 데 있다. 킹덤빌더의 영성은 내가 하나님을 위해서 사는 삶이 아니라 지금 이 순간 여기에서 하나님께서 나타나시는 것이 내 존재이고 삶이라는 것을 의식할 때 몸을 통하여 체험되는 것이다. 이 책은 그동안 많은 성도들이 질문했던 하나님나라의 실체와 실제적인 삶에 대한 답과 실천에 대한 것으로, 독자들로 하여금 지금까지 경험해보지 못한 새로운 세계로 인도할 것이다. 매일의 삶에서 복음의 능력을 나타내고 하나님나라의 복음을 전하는 수많은 킹덤빌더들이 세워지는 새로운 시대를 믿음의 눈으로 바라본다.

[마 7:13-14] 좁은 문으로 들어가라 멸망으로 인도하는 문은 크고 그 길이 넓어 그리로 들어가는 자가 많고 생명으로 인도하는 문은 좁고 길이 협착하여 찾는 자가 적음이라

[고전 4:20] 하나님의 나라는 말에 있지 아니하고 오직 능력에 있음이라

[마 13:52] 예수께서 이르시되 그러므로 천국의 제자된 서기관마다 마치 새것과 옛것을 그 곳간에서 내오는 집주인과 같으니라

HTM 센터에서
손기철 박사

Contents

PART 1

그리스도 안에서
패러다임 전환하기

: 죽은 전통에서 벗어나기

킹덤빌더의 영성을 가지고 이 땅에 주의 뜻을 이루는 삶을 살기 위해서는 지금까지의 전통적 패러다임에서 벗어나야 한다. 그것을 위해서 먼저 하나님나라 복음적 영성을 알아야 하며, 교리와 믿음체계의 역할과 한계를 분명히 깨닫고 내재하시는 하나님과 생명적 관계를 가져야 한다. 그리고 구원을 단지 인간의 죄사함에만 초점을 맞추는 인간중심적 관점을 넘어 사탄의 통치에서 하나님의 통치로 옮겨지는 하나님나라의 관점에서 봄으로써 거듭남에 따른 인간의 존재론적 변화의 체험, 즉 예수 그리스도 안에서 하나님 자녀의 정체성을 체험해야 한다.

01

하나님나라
복음적 올바른
영성을 가져라

중세 사회가 종교의 시대였다면, 근대 시대(모더니즘)는 이성의 시대였고, 후기 근대 시대(포스트모더니즘)는 영성의 시대라고 판단된다. 이러한 '영성의 시대'에 대중적 영성운동으로 앞장서고 있는 것은 아이러니하게도 기독교가 아닌 뉴에이지 운동이다. 뉴에이지 운동은 영적이지만(spiritual) 종교적이지는 않은(not religious) 것을 모토로 하여 인간 내면의 신성함이라고 할 수 있는 인간 본연의 인간다움, 자기다움으로의 회귀를 통해 깨달음, 자각의 상태를 꿈꾼다. 뉴에이지 운동의 바람은 지난 20세기부터 불어왔지만, 코로나19 팬데믹을 겪으며 삶의 본질과 목적에 대한 성찰과 자기계발에 대한 관심이 고조되면서 다양한 매체를 통해 뉴에이지 사상이 폭넓게 전파되고 있다. 이러한 영성의 시대에 살고 있는 우리는 영성을 어떻게 이해하고 받아들여야 할까? 이 장에서는 하나님나라 복음적 관점에서 영성이 무엇인지 살펴보고 올바른 영성훈련의 방향에 대해서 알아보고자 한다.

영성이란?

영성이라는 표현만큼 애매모호하고 다양하게 사용되는 단어도 없을 것이다. 그야말로 코에 걸면 코걸이 귀에 걸면 귀걸이가 된다. 어떤 초월적인 측면이 있거나 의미가 다양해 해석하기 어려워 보이는 것에는 흔히 영성이라는 말을 붙임으로, 모호함을 감추고 일종의 신비감을 주고자 하는 경향이 있다.

본래 영성(靈性)이라는 말은 기독교에서 기인한 것이지만, 현재는 모든 종교들이나 초월적 운동에서 영성이라는 말을 많이 사용한다. 그 결과 안타깝게도 영성이라는 말이 기독교보다는 타종교에서 더 널리 사용되는 용어가 되어 기독교에서는 사용하기를 꺼리거나 심지어 그들의 정의에 동조하여 차용하는 경우도 많다.

영성이라는 단어를 좀 더 정확히 이해하기 위해서 먼저 이와 같은 부류의 용어인 지성(知性), 이성(理性)이라는 용어를 생각해보자. 이때 성(性)이란 어떤 것의 성품, 성질, 생명 또는 본바탕이나 본질을 의미한다. 지성이란 지각된 것을 정리하고 통일하여 그것을 바탕으로 새로운 인식을 낳게 하는 정신 작용을 말하며, 넓은 뜻으로는 지적 능력을 통틀어 이른다. 한편 이성이란 인간이 가지는 옳고 그름을 가릴 수 있는 능력을 뜻하는 말로, 사물을 가리는 능력이라고 말할 수 있다.

그렇다면 '영성'(spirituality)이란 용어도 동일한 관점에서 볼 때, 신령 영(靈), 성품 성(性) 자로 이루어져 있다. 기독교에서 사용되는 단어들 중 '영적', '영성', '성령', '영'이라는 단어들은 전부 영원하신 하나님과 밀접한 관계를 가진 단어들이다. 영성이라는 말은 하나님의 생명 또는 본질을 의미한다. 따라서 영성이란 단어는 아무 곳에나 붙일 수 있는 수사학적 단어나 형용사적 단어가 아니다. 왜냐하면 이것은 하나님의 고유한 생명과 성품과 본질을 나타내는 것이기 때문이다.

기독교 영성이란?

그렇다면 다른 종교의 영성과 기독교 영성의 차이는 무엇인가? 본질적인 차이는 초월성과 내재성으로 특징되는 신의 실존성과 신도와의 관계성이다. 기독교를 제외한 모든 종교에서 그들이 섬기고 추앙하는 신(또는 신격화된 존재)은 지금도 살아있고 교제할 수 있는 대상이 아니다. 따라서 신들의 정신을 이어받거나 가르침을 추종할 수는 있지만, 그 신들과 현재적으로 관계(교제)할 수는 없다. 그리고 흔히 영성이라는 말을 사용할 때는 자신이 주체가 되어서 엄격한 자기훈련과 수양을 통해 신적 존재의 상태 또는 경지에 도달하고자 하는 의미로 사용된다. 그러나 기독교 영성은 우리에게 찾아오신, 살아계신 하나님과 생명적 관계를 가지고 그분을 나타내는 것이지 우리가 어떤 경지에 도달하는 것이 아니다.

그런데 오늘날 기독교에서는 영성 자체의 정의를 무시한 채 우리가 삼위일체 하나님께 나아감으로 가지는 관계적 측면에서 영성을 이해하는 경향이 대부분이다. 오늘날 기독교에서는 영성이란 "감각 현상을 초월하는 하나님과의 관계를 맺고자 하는 인간의 능력 혹은 개방성이며, 이 경험을 통해 인간으로 하여금 새로운 각성을 하게 하고, 이 세계 안에서 창조적 행위를 수행하게 하는 실천이다"라고 본다. 한마디로 신의 가르침대로 그 신의 영역으로 나아가기 위해서는 자기초월이 필요하다. 따라서 인간이 영적 성장을 하기 위해서는 계발, 노력, 실천의 덕목이 필요한 것처럼 말하고 있다. 그리고 그렇게 하는 것이 교회의 영성수련 혹은 훈련의 과정이라고 본다. 이러한 영성의 정의는 결코 기독교 영성이라고 볼 수 없으며, 타종교들의 영성 정의를 기독교적으로 만든 것일 뿐이다.

또한 아이러니한 것은, 신앙은 삶의 모든 분야와 영역에 관련되어 있는 삶 그 자체라고 할 수 있는데, 기독교 영성은 윤리적, 도덕적 덕목의 계발에 국한하여 이해되는 경우가 많다는 점이다. 오히려 뉴에이지에서 추구하는 영성은 초월의식을 통해 삶의 전반적인 영역을 변화시키려고 노력하는데 말이다. 이러한 면에서 현재 기독교 영성은 삶과 분리되어 있다는 인상을 지우기가 힘들다.

하나님나라 복음적 영성이란?

새언약의 성취인 하나님나라의 복음적 관점에서 볼 때 영성은 구원받아 거듭난 하나님의 자녀에게 하나님의 영이 다시 임하심으로, 인간의 영과 연합하여 하나됨으로 하나님의 신성(divine nature : 성품과 권능)[1]이 회복되는 것과 또한 그 신성을 몸(생각, 감정, 신체)이 경험함으로써, 그 몸을 통하여 하나님께서 자신을 드러내는 것을 의미한다. 따라서 우리가 영성이라는 용어를 사용할 때는 인간이 주체가 될 수 없으며, 하나님께서 그분의 자녀를 통하여 이 땅에 나타나시며 그 영광을 드러내시는 것을 뜻한다(겔 11:19-20).

> [겔 36:26-27] 또 새 영을 너희 속에 두고 새 마음을 너희에게 주되 너희 육신에서 굳은 마음을 제거하고 부드러운 마음을 줄 것이며 또 내 영을 너희 속에 두어 너희로 내 율례를 행하게 하리니 너희가 내 규례를 지켜 행할지라

---

1 신성(divine nature)은 인간이 타락 후 가지게 된 죄성(sinful nature)의 반대적 의미로, 베드로후서 1장 4절의 '신성한 성품(본질)'의 의미이다.

[벧후 1:3-4] 그의 신기한 능력으로 생명과 경건에 속한 모든 것을 우리에게 주셨으니 이는 자기의 영광과 덕으로써 우리를 부르신 이를 앎으로 말미암음이라 이로써 그 보배롭고 지극히 큰 약속을 우리에게 주사 이 약속으로 말미암아 너희가 정욕 때문에 세상에서 썩어질 것을 피하여 신성한 성품에 참여하는 자가 되게 하려 하셨느니라

따라서 하나님나라 복음적 영성을 한마디로 요약하자면, 바로 예수님께서 우리에게 전하신 하나님나라(통치)의 현현이며, 예수 그리스도의 나타나심이다. 이러한 영성의 정의를 제대로 파악한다면, 우리가 흔히 사용하는 영성훈련(영성수련), 일상 영성 등의 성경적 의미를 좀 더 정확히 이해할 수 있을 것이다. 영성훈련이란 한마디로 하나님의 생명이 임하심으로 인하여 그분의 본질과 하나됨을 추구하는 것이라고 볼 수 있다.

다른 말로 하나님의 영이 임한 자의 혼과 몸이 그분의 통치함을 받고 그분을 나타내는 것이다. 그것은 피조물로서 하나님과 동등됨(equality)을 취하는 것이 아니라 예수 그리스도와의 연합(union)을 통한 하나됨(unity)의 결과로 그분을 온전히 나타내고자 하는 것이다.

[요 17:11] 나는 세상에 더 있지 아니하오나 그들은 세상에 있사옵고 나는 아버지께로 가옵나니 거룩하신 아버지여 내게 주신 아버지의 이름으로 그들을 보전하사 우리와 같이 그들도 하나가 되게 하옵소서

[요 17:21-23] 아버지여, 아버지께서 내 안에, 내가 아버지 안에 있는 것 같이 그들도 다 하나가 되어 우리 안에 있게 하사 세상으로 아버지께서 나를

보내신 것을 믿게 하옵소서 내게 주신 영광을 내가 그들에게 주었사오니 이
는 우리가 하나가 된 것 같이 그들도 하나가 되게 하려 함이니이다 곧 내가
그들 안에 있고 아버지께서 내 안에 계시어 그들로 온전함을 이루어 하나가
되게 하려 함은 아버지께서 나를 보내신 것과 또 나를 사랑하심 같이 그들
도 사랑하신 것을 세상으로 알게 하려 함이로소이다

이 하나됨의 진리는 예수님께서 하나님 아버지께 기도드린 위 구절
에 잘 나타난다. 우리도 예수 그리스도 안에서 성령님을 통하여 하나
님 아버지와 하나됨을 경험해야 한다. 하나님께서 우리를 온전히 통치
하심으로 우리를 통해서 나타나시는 것, 그것이 바로 영성훈련의 목적
이다. 하나님나라의 복음적 측면에서 볼 때 영성훈련의 전제는 예수 그
리스도를 믿고 거듭나 하나님의 영이 임해야 한다는 것이고, 그 훈련의
핵심은 거짓자아의 죽음과 그분의 의를 나타내는 것이다. 전자는 자기
를 부인하고 자기 십자가를 지는 훈련으로써 혼의 구원의 핵심이며, 후
자는 우리의 혼이 하나님의 영 안에 거함으로써 영이 몸의 행실을 죽임
으로 하나님의 통치가 우리를 통하여 나타나는 것을 의미한다.

그런데 오늘날 대부분의 영성훈련에서 공통적으로 발견되는 안타까
운 점은 구원받은 후에도 여전히 구원 이전의 존재와 동일한 자신(거짓
자아, 겉사람)이 주체가 되어 영성을 추구하거나 혹은 영성을 경험하고
자 한다는 것이다. 거짓자아(겉사람, 에고)의 죽음 없이는 영성(신성의 나
타남)을 결코 체험할 수 없다는 것을 알지 못하는 것이다.

[고후 4:10-11] 우리가 항상 예수의 죽음을 몸에 짊어짐은 예수의 생명이 또
한 우리 몸에 나타나게 하려 함이라 우리 살아있는 자가 항상 예수를 위하

여 죽음에 넘겨짐은 예수의 생명이 또한 우리 죽을 육체에 나타나게 하려
함이라

오순절 성령강림 이후부터 우리는 승천하셔서 하나님 우편 보좌에 앉아 계신 예수 그리스도의 천상사역에 관계하고 있다. 그럼에도 불구하고(즉 우리 안에 계신 그리스도가 주체인 삶) 여전히 인자로 오신 예수님의 지상사역과의 관계 속에서 자신의 경험과 지식에 기초한 다양한 방법들을 동원해서 자신 안에 내재한 고통과 애착을 제거하고, 영혼의 구원을 위해 자신의 삶을 개선하는 것을 영성훈련이라고 보는 것이다. 그러한 훈련은 자신의 죽음으로 하나님의 생명의 흐름을 몸(생각, 감정, 신체)으로 체험하기보다는, 스스로가 최선을 다해 자신을 쳐서 복종시킴으로써 하나님과의 합일을 이루고자 하는 시도이다. 예수 그리스도를 통해 하나님과 우리가 맺은 새언약을 생각할 때 얼마나 비복음적 시도인가? 오랜 세월 동안 기독교는 영이요 생명인 예수님의 말씀을, 인간의 이성으로 해석하고 이해함으로써 교리를 만들고, 그 교리를 잘 이해하고 믿고 실천하면 더 훌륭한 그리스도인이 되는 것으로 착각하며 살아왔다. 그 결과로 수많은 신자들이 생겨났지만, 하나님의 생명을 나타내는 하나님의 자녀들은 천연기념물처럼 희귀한 시대가 되어버렸다.

그리스도 안에서 새마음 훈련으로 체험되는 영성

그렇다면 기존의 영성훈련의 한계를 뛰어넘어 하나님나라 복음적 영성을 체험하기 위해서는 어떠한 영성훈련이 필요할까? 앞서 살펴본 것처럼, 하나님나라 복음적 영성은 예수 그리스도의 죽으심과 부활하심

에 연합함으로 성령님에 의해 거듭난 새로운 피조물의 영성이다. 새로운 피조물로서 하나님의 생명 안에 거하는 것은 훈련에 의한 점진적 성장으로 되어지는 것이 아니라 하나님의 은혜로 말미암아 믿음으로 거듭난 순간 즉각적으로 일어나는 변화이다. 그러나 우리의 혼과 몸이 그분의 생명을 경험하고, 그분을 나타내는 것, 즉 하나님나라 복음적 영성을 체험하기 위해서는 자기초월이 아니라 자기부인과 더불어 자기십자기를 지는 것과 지속적인 새마음(심중 : heart) 훈련이 필요하다.

[고후 5:17] 그런즉 누구든지 그리스도 안에 있으면 새로운 피조물이라 이전 것은 지나갔으니 보라 새 것이 되었도다

[롬 12:1-2] 그러므로 형제들아 내가 하나님의 모든 자비하심으로 너희를 권하노니 너희 몸을 하나님이 기뻐하시는 거룩한 산 제물로 드리라 이는 너희가 드릴 영적 예배니라 너희는 이 세대를 본받지 말고 오직 마음을 새롭게 함으로 변화를 받아 하나님의 선하시고 기뻐하시고 온전하신 뜻이 무엇인지 분별하도록 하라

우리는 예수 그리스도 안에서 새로운 피조물, 즉 영적 존재가 된 것이며, 하나님과의 생명적 관계 안에서(우리의 혼이 하나님의 영 안에 거함으로써) 날마다 우리의 심중(헬, 카르디아 : heart)을 새롭게 함으로써 하나님의 성품과 능력을 드러내는 삶을 사는 것이다. 하나님나라 복음적 영성이 신비한 것은 영성훈련을 통해 우리가 자기초월을 경험하기 때문이 아니라 천지만물을 창조하신 하나님께서 죽을 수밖에 없는 인간 안에 그리스도의 영으로 찾아오심으로 우리의 몸이 그분을 경험하

기 때문에 신비한 것이다. 따라서 하나님나라 복음적 영성을 체험하기 위해서는 자기초월적 영성훈련이 필요한 것이 아니라 성령과 말씀으로 우리의 심중을 새롭게 하는 영성훈련이 필요하다.

✔ 하나님나라 복음적 영성훈련인 새마음 훈련의 기초가 되는 성경적 진리를 짧게 요약하면 다음과 같다.

(1) 우리는 본래 하나님의 생명 안에서 혼(의식)으로 하나님을 나타내는 영적 존재였다.

(2) 우리는 마귀의 속임으로 죄를 짓고 하나님과 분리된 육적 존재가 되었다.

(3) 예수 그리스도의 죽으심과 부활하심에 연합함으로써 우리는 다시 영적 존재가 되었다. 따라서 우리는 새로운 영적 경험을 하는 육적 존재가 아니라 새로운 육적 경험을 하는 영적 존재이다.

(4) 속사람이 겉사람을 뚫고 내 삶에 나타나는 것이 바로 영성훈련이다.

(5) 그렇게 하기 위해서는 자기를 부인하고 자기 십자가를 짊으로써 자유의지를 가진 혼이 몸의 종노릇에서 벗어나 하나님의 영 안에 거해야 한다.

(6) 그때부터 영이요 생명인 말씀이 우리의 몸을 새롭게 하는 것을 혼이 허용하게 된다.2 즉 영으로써 몸의 행실을 죽이는 삶이 시작되는 것이다.

(7) 하나님나라 복음적 삶이 영성이고, 그러한 라이프스타일을 가지는 것이 영성훈련이다.

---

2 혼이 하나님의 영 안에 거할 때는 '나는'이 없어지고 '그리스도가' 된다. 그러나 우리 안에서 일어나는 일에 대한 어떤 설명도 '나는'의 관점에서 설명하지 않으면 이해가 불가하기 때문에 '나는'

[고후 4:16] 그러므로 우리가 낙심하지 아니하노니 우리의 겉사람은 낡아지나 우리의 속사람은 날로 새로워지도다

삶으로 나타나는 일상 영성

영성은 특별한 의식이나 사건을 통해서 나타나는 것이 아니라 평범한 매일의 삶을 통해서 나타나야 한다. 그 결과로 우리는 나의 하루가 아니라 하나님의 하루를 살아가야 한다. 이를 위해 지금까지 해온 것처럼 밖에서 안으로(행동양식에서 내 존재로) 향하는 변화 훈련이 아니라 안에서 밖으로(내 존재로부터 행동양식으로) 향하는 변화 훈련이 필요하다. 즉, 열매를 바꿈으로 뿌리를 변화시키는 것이 아니라 뿌리를 바꿈으로 자연스럽게 그에 따른 열매를 맺도록 하는 것이다(요 15:5).

그것은 하나님의 영에 의해 거듭나 새로운 피조물이 됨으로 깨달아지는 의식의 변화, 그에 따른 새로운 신념체계와 연이은 사고체계의 변화 그리고 세상을 접하는 행동양식의 변화에 따른 가시적인 열매를 맺는 것이다. 그리고 하나님의 생명이 우리의 몸을 통치함으로 인하여 마음(생각과 감정)과 신체가 말씀대로 변화되는 것을 의미한다. 한마디로 새로운 존재로 거듭나 새로운 소속(하나님의 가족)으로 새로운 삶터(하나님나라)에서 새로운 삶(자녀의 삶)을 사는 것이다. 그 삶은 '하나님나라의 라이프스타일'을 경험하는 것이며, 일상 영성이라고 할 수 있다.

자기 영성의 현재 좌표를 정확히 알기 위해 다음 네 가지 질문에 솔직하게 답해봄으로써 자신의 삶을 성찰해보면 좋을 것 같다. 궁극적으

의 관점에서 볼 때는 주께서 역사하시는 것을 허용하는 것이 되는 것이다. 좀 더 쉬운 이해를 위해 '허용한다'라는 말을 사용한 것이지, 내가 주체가 되어서 그렇게 한다는 뜻이 아니다.

로 이 책의 목적은 책을 읽어나가는 가운데 이 질문들에 대한 답을 성령님께서 깨우쳐주심으로써 당신이 하나님나라 복음적 영성을 체험하는 데 있기 때문이다.

✔ 구원 이전의 나와 구원 이후의 나는 어떻게 다르다고 생각하는가?

(1) 구원은 생각의 변화인가? 새로운 의식을 가지는 것인가?

(2) 당신은 누구인가? 당신의 존재는 무엇인가?

(3) 당신이 정의한 당신이 정말 당신인가?

(4) 구원에 있어서 거듭남이란 무엇을 의미하는가?

✔ 지금 이 순간 여기에서 하나님의 생명을 체험하고 있는가?

(1) 당신은 관념적으로 하나님과 관계하는가? 아니면 생명적으로 관계하는가?

(2) 지금 당신의 혼(의식)은 세상에 대한 생각에 묶여 있는가? 아니면 하나님의 영 안에 거하고 있는가? 다른 말로, 하나님 아버지의 택하심을 믿고 있는가? 아니면 체험하고 있는가?

(3) 당신은 지금 구원을 이루어가고 있는가? 즉 영으로써 몸의 행실을 죽여 가고 있는가?

(4) 예수 그리스도 안에서 성육신적인 삶을 살고 있는가? 아니면 탈육신적인 삶을 살고 있는가?

(5) 당신은 지금 어디에서 무엇을 추구하며 살고 있는가?

✔ 당신의 삶에 기름부으심이 나타나는가?

(1) 당신의 삶에서 당신의 능력 이상의 것이 나타나는가?

(2) 당신의 일상의 삶에서 은혜와 호의가 나타나는가?

(3) 당신은 하나님의 통치 안에서 마귀의 통치를 분별하고 새로운 삶을 살아가고 있는가?

(4) 당신은 지금 하나님을 위해서 살고 있는가? 아니면 하나님께서 당신을 통해서 나타나고 있는가?

✔ 상황과 처지에 상관없이 지금 여기에서 삶이 기쁘고 즐거운가?

(1) 당신의 삶의 태도는 '무엇 때문에' 힘들고 괴롭고 죽을 것 같은가? 아니면 '무엇과 상관없이' 다 좋은가?

(2) 과거의 집착과 미래의 추구로 자신의 삶을 만들어가고 있는가? 아니면 지금 이 순간 여기에서 하나님의 생명을 나타내고 있는가?

(3) 당신의 진정한 존재가 누리는 감정은 사랑, 희락, 평강인가? 아니면 그 외에 다른 감정이 있는가?

(4) 거짓자아로 판단하는 삶과 그리스도 안에서 분별하는 삶의 차이를 아는가?

우리가 이러한 질문에 대한 답을 얻고 새로운 하나님나라 라이프스타일을 훈련해 나갈 때 다음과 같은 놀라운 일이 당신의 삶에 펼쳐질 것이다.

(1) 성령의 은사와 성령의 열매가 모두 나타나게 될 것이며, 그 결과로 말씀과 성령과 삶이 일치되는 삶을 살게 될 것이다.

(2) 우리-서로-함께 사랑하며 섬기며 변해가는 삶을 살 것이며, 그 결과로 영적 공동체 안에서 하나님의 온전하심을 더 나타내는 삶을 살 수 있게 될 것이다.

(3) 우리는 내가 최선을 다하는 나의 하루가 아니라 하나님의 최선이 나타나는 하나님의 하루를 살게 될 것이며, 그 결과로 삶의 요소(일, 만남, 시간, 재정, 건강)와 생활 요소(가정, 직장, 교회, 문화) 모든 영역에서 주님께서 나타나실 것이다.

결론

우리는 자신도 모르는 사이에 세상적 영성에 물들어 있거나, 아니면 세상적 영성의 수단과 방법을 들을 때마다 알레르기 반응을 일으킨다. 그럼에도 불구하고 많은 그리스도인들이 자기계발에 해당되는 영성훈련 관련 책자를 보고 있다. 왜냐하면 기독교 내의 가르침을 아무리 배우고 익혀도 변화되지 않는 자신을 보는 자괴감(自愧感) 때문이다. 또한 하나님을 부인하는 것은 결코 아니지만 지금 배우는 것에는 무언가 빠진 것이 있다는 의구심 때문이다.

오늘날 기독교의 가장 큰 문제는 바로 예수 그리스도 안에서 새로운 피조물로서의 새로운 의식을 가지는 것 없이 거짓자아로 영성훈련을 통해 그리스도의 신비에 대해 깨닫고자 함에 있다. 그럴 때 그 결과로 깨달은 생각이라는 거짓영성을 가질 수는 있지만, 결코 하나님의 생명이 나타나는 삶을 누릴 수는 없다. 영성이 체험되지 않는 신앙, 이것이 오늘날 기독교 영성의 슬픈 현실이다.

하나님나라의 복음에 능력이 없는 것일까? 단연코 아니다. 분명히 하나님나라(통치)는 말에 있지 않고 능력에 있다는 말씀과 더불어 수많은 성령의 열매와 은사들의 나타남을 보고 듣고 읽고 있음에도 불구하고 우리는 그것들을 체험하지 못하는 신앙생활을 하고 있다. 그럼에도 구원받은 것과 말씀을 부정할 수 없기 때문에 우리가 지금은 아니지만 언젠가는 그렇게 될 것이라는 소망을 가지고 주님을 위해서 최선을 다하는 삶을 살고 있다. 참으로 안타까운 일이다.

이제는 오랫동안 경도(傾倒)되었던 교리와 믿음체계 훈련에서 한 걸음 더 나아가 하나님과의 생명적 관계를 가져야 하며 그 생명이 나타나도록 훈련해야 한다. 우리 안에 임한 하나님의 통치가 곧 바른 영성이기 때문이다.

02

교리와 믿음체계를
넘어 생명으로
나아가라

1장에서 오늘날 기독교 영성의 한계와 성경이 말하는 진정한 영성인 하나님나라 복음적 영성과 영성훈련에 대해 살펴보았다. 그렇다면, 오늘날 기독교 영성이 하나님나라 복음적 영성에서 멀어지게 된 원인이 무엇일까? 그것은 하나님과의 생명적 관계를 체험하는 내적 체험과 교리와 믿음체계를 배우는 외적 체험이 분리되었기 때문이다.

　먼저 오늘날 영성훈련의 대표격이라 할 수 있는 제자훈련에 대해 한 번 생각해보자. 우리의 삶에서 하나님의 생명[신성(神性)과 원복(原福)]을 더 나타내도록 하는 것이 제자훈련의 본래 목적이다(막 16:17-20). 그런데 오늘날의 제자훈련은 하나님의 영에 의한 내면의 본질적 변화에 따른 열매를 나타내는 훈련이 아니라 거짓자아가 주체가 되어 보상과 처벌(당근과 채찍)이라는 틀 속에서 모든 것을 말씀대로 판단하고 실천하고 추구하도록 훈련받고 있다고 해도 과언이 아니다. 그럴 때 자신도 알지 못하는 사이에 하나님께서 요구하시는 수준에 도달하기 위해서는, 그리고 하나님께서 베푸시는 은혜를 더 누리기 위해서는 교리와 믿음체계에 따라 내 생각과 행동을 새롭게 하고 금지조항을 지켜야 한다는 사고방식이 주입되는 것이다.

[골 3:9-10 표준새번역] 서로 거짓말을 하지 마십시오. 여러분은 옛 사람을 그

행실과 함께 벗어버리고, 새 사람을 입으십시오. 이 새 사람은 자기를 창조하신 분의 형상을 따라 끊임없이 새로워져서, 지식에 이르게 됩니다.

하나님의 형상을 따라 모양대로 지어져가며 끊임없이 새로워지기 위해서는 관념적 앎인 '하나님에 대한 지식'(Knowledge about God)이 아니라 관계적 앎인 '하나님의 지식'(Knowledge of God)으로 주님을 나타내야 한다. 그런데 우리는 새사람이 되었음에도 불구하고 하나님에 대해서 더 알아가려고 최선을 다한다. 이러한 신앙방식은 결국 이 종교 체제에 속하지 않는 외부인들을 배타적으로 보고 배척할 수밖에 없다.

하지만 한번 생각해보라. 하나님의 아들 예수 그리스도께서 인간이 되신 이유는 인간이 다시 예수 그리스도 안에서 하나님의 자녀가 되도록 하기 위함이 아닌가? 하나님께서 교회만 사랑하신 것이 아니라 세상을 이처럼 사랑하셔서 독생자를 이 땅에 보내신 것이 아닌가? 이를 깨닫지 못하고 체험하지 못한다면, 복음이 하나님 생명의 흐름이고 어떤 조건이나 속박이나 노력 없이 오직 예수 그리스도 안에서 하나님을 나타내는 사랑의 종교라는 것을 스스로 부정하는 것이다. 이것이 바로 오늘날 기독교가 다른 종교보다 분열과 분쟁을 많이 겪고 배타적이고 독단적이라고 욕을 먹는 이유일 것이다.

복음과 종교의 차이

하나님의 형상(image)대로 지음을 받고 그분의 모양(likeness)대로 살아가도록 하는 것이 복음인데, '형상이 없는 모양대로'가 바로 오늘날 생명력을 잃고 종교화된 기독교의 슬픈 현실이다. 즉 앙꼬 없는 찐

빵처럼 본질은 사라지고 의식만 남은 것이 오늘날의 화석화된 종교다. 하나님의 본질이 우리 안에 없다면, 우리는 거짓자아로 하나님과 분리된 채 도덕적 측면에서만 그분을 닮아가는 삶을 살 수밖에 없다. 안타까운 사실은 새언약으로 하나님께서 우리 안에 임하셨음에도 불구하고, 여전히 구약과 같은 신율법주의적인 삶을 살고 있다는 것이다. 즉복음을 누리지 못한 채 종교생활을 하고 있는 것이다.

✔ 당신이 복음을 체험하는 신앙생활을 하고 있는지, 복음과 상관없는 종교생활을 하고 있는지 다음 글을 읽고 스스로 질문해보라.

(1) 복음은 영적인 것이지만, 종교는 항상 이성적이다(롬 6:4).

(2) 복음은 하나됨을 추구하지만, 종교는 늘 분리를 추구한다(갈 5:20).

(3) 복음에 있어 말씀은 영이요 생명이지만, 종교에 있어 말씀은 우리의 참 자유를 제한시키는 수단일 뿐이다(요 6:63).
생명은 사랑으로 하나되게 하는 도구이지만, 생명이 없는 진리의 말씀은 선악을 판단하는 도구일 뿐이며, 모든 것을 이분법적으로 나누는 수단이다(롬 2:1).

(4) 종교는 하나님 자녀가 되는 길을 가르쳐주지만, 복음은 하나님 자녀로 살아가는 것을 체험하게 해준다(엡 2:10).

(5) 종교는 예수 그리스도 밖에서 탈육신적 삶을 가르치고 있지만, 복음은 예수 그리스도 안에서 성육신적 삶을 살도록 한다(롬 8:10-11 ; 엡 4:22-24).

(6) 종교는 성도들로 하여금 하나님을 예배하게는 하지만, 하나님의 자녀가 되지는 못하게 한다. 복음은 하나님의 자녀가 되어 하나님께서 자

신의 몸을 통치하심으로 하나님께 영광을 올려드리고자 한다(롬 8:12-
14).

(7) 복음은 성자 하나님을 사람의 아들로 살게 하심으로써 우리로 하여
금 구원받고 하나님의 아들로 살게 하지만(요일 2:5-6, 3:2, 4:17), 종교
는 구원받은 후에 예수 그리스도 안에서 하나님의 아들임에도 불구하고
여전히 사람의 아들로 살게 한다.

(8) 종교는 성도들로 하여금 교회로 나오게 하고 열심히 신앙생활을 하
게 하지만, 세상의 빛이 되도록 하지는 못한다. 반면 복음은 성도들로
하여금 세상으로 나아가 각처에서 그리스도를 아는 향기를 나타내도록
한다(고후 2:14-15).

(9) 복음은 항상 하나님의 마음에서 시작되어 인간의 마음을 빼앗는다
(고후 10:4-5). 그렇지만 종교는 항상 인간의 마음에서 시작되어 하나님
의 마음을 빼앗아 간다(마 15:8).

(10) 종교는 우리가 이 세상에서 하나님과 같이 말하고 행해야 한다는
성경의 말씀을 믿고 행할 때는 위험하다고 말하거나 이단시하지만(벧전
4:11), 복음은 그러한 삶을 통하여 하나님의 통치가 이 땅에 나타나도
록 한다.

종교생활을 넘어 복음을 체험하는 신앙생활을 하기 위해서는 반드
시 생명과 교리의 관계를 제대로 이해해야 한다. 생명은 교리를 통해서
나타난다. 그러나 교리는 생명을 설명할 수는 있지만, 생명으로 나아
가게 할 수는 없다. 교리 너머 생명을 체험하기 위해서는 먼저 종교와
교리라는 틀에 스스로 자신을 갇히게 하는 거짓자아에서 벗어나야 한
다. 그럴 때 성령의 인도함을 받음으로 몸이 하나님의 생명을 경험하게

된다. 단지 이성으로 교리와 믿음체계를 붙들고 탈육신적인 삶을 살면 복음과 아무런 관계가 없는 종교생활을 하게 된다.

우리는 예수 그리스도 안에서 하나님의 자녀가 되고 새로운 존재가 되었기 때문에, 우리 안에 계신 하나님의 생명을 체험하고 나타내는 삶을 살아야 한다. 그런데 우리는 정반대로 말씀이 말하는 삶을 내가 살아내기 위해서는(어떤 영적 수준 또는 영적 상태에 도달하기 위해서는, 혹은 하나님과 더 나은 관계를 가지기 위해서는, 약속하신 말씀을 이루기 위해서는) 내가 더 노력하고, 헌신하고, 무언가를 바쳐야 한다는 식으로 믿고 있다. 말씀의 깊이가 있는 사람, 더 많이 기도한 사람, 더 많이 헌신한 사람만이 하나님의 은혜를 누릴 수 있는 것으로 착각하고 있다.

가장 안타까운 사실은 언제부터인지 교회가 이런 사고방식을 가르치고 요구하며 그런 성도를 만들고 있다는 것인데, 예수 그리스도를 믿는 자 모두에게 적용되는 보편적 복음을 특별한 사람에게만 국한시키는 제한적 복음으로 만든 것이다.

현재 개신교의 흐름은 어떤가?

■ 교리와 믿음체계만을 추구하도록 한다

하나님의 내재성으로 인한 신성과 예수 그리스도 안에서의 성육신적인 삶은 오직 성령을 통해서 이루어질 수 있는데, 기독교는 플라톤주의와 계몽주의의 영향으로 신학과 신앙이 분리되자 교리와 이론 중심의 사상체계가 되었고, 이 세상과 현실보다는 종교와 교리 체계를 더 중요시하는, 즉 말씀-성령-삶이 일치되는 것을 중요시하지 않는 종교가 되어버렸다.

성령을 부정하지는 않지만 그렇다고 환영하지도 않는다. 성령의 역사에 대해서 부정하거나 중립적인, 잘못된 전통을 붙들고 있는 것이 이러한 개신교의 흐름을 잘 보여준다. 성경이 완성되었기 때문에 더 이상 성령의 초자연적인 은사와 능력이 일어나지 않는다고 믿는 것이다. 그 증거로 "과거와 비교할 때 현재는 기사와 표적이 거의 일어나지 않고 있지 않은가?"라고 반문한다. 정말 어처구니없는 말이다. 지금 이 순간 여기에서 하나님과의 생명적 관계를 소홀히 하기 때문에 그분의 임재에 따른 기사와 표적이 이루어지지 않는 것일 뿐이다. 조금만 눈을 들어 심령이 부유한 선진국과는 달리 심령이 가난한 개발도상국과 후진국에서 일어나고 있는 놀라운 기사와 표적을 보면, 성령의 초자연적인 은사와 능력이 끝났다고는 감히 말하지 못할 것이다.

이에 반해 오랫동안 교회의 가장 중요한 신앙 프로그램으로 인정받아온 제자훈련을 생각해보면, 자기부인을 훈련시키는 것이 아니라 무엇인가를 더 배우고 알도록 가르치는 데 전념하지 않는가? 우리를 통해서 나타나시는 하나님의 최선을 경험하도록 하기보다 우리가 하나님에 대해서 최선을 다해야 한다고 가르치지 않는가? 이처럼 제자훈련이 가르침이 용이한 말씀 중심으로 진행되다보니 그 결과 영적 체험(내적 체험)을 위험하게 여기고 적대시하게 되었다. 영적 체험은 개인적이고 주관적이기 때문에 우리를 잘못 이끌어가기 십상이니 영적 체험을 멀리해야 하고, 오직 말씀을 붙들고 그에 따르는 행동을 해야 한다고 가르쳐왔다. 결국 말씀에 대한 인간적 차원의 열매는 있지만, 말씀에 대한 하나님 차원의 열매가 없다.

말씀이 바로 영이요 생명 아닌가(요 6:63)? 그런데 우리는 영이요 생명인 말씀을 관념 수준의 말씀으로 대치하고자 하는 잘못을 저지르고 있다. 말씀에 따른 하나님 생명의 흐름 대신에 하나님의 말씀에 대한 우리의 지식으로 신앙생활을 하고자 하는 것이다. 하나님과 하나되어 하나님을 나타내는 대신에 하나님과 분리된 채 내가 하나님께서 말씀하신 대로 살아보겠다는(결과적으로 하나님을 적대시하는) 바리새인과 서기관들이 했던 구약적 신앙생활을 하는 것이다.

> [롬 10:2-3] 내가 증언하노니 그들이 하나님께 열심이 있으나 올바른 지식을 따른 것이 아니니라 하나님의 의를 모르고 자기 의를 세우려고 힘써 하나님의 의에 복종하지 아니하였느니라

성육신하신 예수님의 삶을 생각해보면, 그분은 하나님과의 온전한 연합과 하나됨을 통해서 거짓자아와 이분법적인 사고를 극복한 삶을 사셨다. 예수님은 하나님과 하나된 비이분법적인 사랑을 중심으로 체험과 실천의 삶을 우리에게 알려주셨지만, 오늘날 이것을 깨닫고자 하는 내면의 성찰(introspection, soul-searching)이나 영으로써 몸의 행실을 죽이는 성육신적인 삶은 신비주의적 신앙으로 치부되고 있다. 여전히 부정적 인간론에 기초해서 피조세계를 선과 악, 옳고 그름, 거룩함(聖)과 속됨(俗), 영과 몸이라는 이원론적인 개념으로 나누고, 자신의 죄성에서 벗어나고자 추구하는 삶, 즉 탈육신적인 삶을 사는 것이 기독교라고 보고 있다.

2 깨달은 생각에 의한 거짓자아의 영성을 추구한다

이러한 흐름은 자신이 말씀에 대한 무엇인가를 깨달음으로 어떤 상

태에 이르는 것을 영성이라고 착각하는 것에 기인한다. 정신세계에서 영의 세계를 바라보는 것이 바로 거짓자아의 영성이다. 깨어남은 영의 세계의 것이 정신세계에 나타나는 것이다. 거짓자아의 깨달음도 깨달은 생각일 뿐이며 영적 실상이 없는 허상임을 알아야 한다. 진정한 영성은 내가 아니라 내가 죽음으로 하나님께서 부여하신 내면의 신성이 거짓자아로부터 깨어나는 것이다. 즉 하나님의 영에 의해서 내 몸이 하나님을 경험하는 것이다. 이 진리를 알지 못하는 대부분의 종교적 주장들은 헬라적 관념론에 불과하며, 거짓자아에게 영감을 불어넣고 동기부여를 추구하는 거짓자아의 영성에 불과하다.

예수님께서 거듭난 자는 거짓자아를 포기함으로써 혼의 구원을 받아야 한다고 강조하시고(마 16:25) 그것을 위해서 말씀이 필요하다고 하셨다. 하지만 우리는 말씀을 교리와 믿음으로 체계화시켜 놓고 거짓자아의 죽음을 회피하기 위해서 윤리와 도덕주의를 택했다. 스스로 선행을 하는 것으로, 자신을 희생하는 것으로, 거룩해지기 위해 스스로 만든 조건을 충족시키기 위해 최선을 다하며 탈육신적으로 더 나은 자신이 되고자 한다. 그러나 진정한 영성은 우리가 거듭남으로 하나님나라로 들어가서 새로운 의식을 가지고, 즉 혼이 하나님의 영에 인도함을 받음으로 하나님 아버지와 하나됨을 누리고, 그 결과로 우리의 몸을 통해 이 땅에 하나님을 나타내는 삶을 살아내는 것이다.

❸ 하나님과의 생명적 관계를 가지도록 하기 위해 만들어진 교리와 믿음체계가 아이러니하게도 그런 관계를 가지지 못하게 하는 수단으로 오용되고 있다

하나님의 생명으로 인한 그분의 나라와 의를 내적으로 체험하지 못하면, 우리가 믿는 기독교는 제의적이고, 도덕적이고, 교리적인 종교 활동일 뿐이다. 교리가 하나님 말씀의 열매를 나타내는 수단이 되어야 함에도, 지금의 교리는 우리가 믿음으로 지켜야 하는 목적이 되어버렸다. 가지가 포도나무에 접붙임을 받고 생명적 관계가 이루어질 때 자연스럽게 열매가 맺혀지는 것이지 내가 열매를 생산해 내는 것이 아님을 알아야 한다.

[요 15:5] 나는 포도나무요 너희는 가지라 그가 내 안에, 내가 그 안에 거하면 사람이 열매를 많이 맺나니 나를 떠나서는 너희가 아무 것도 할 수 없음이라

우리에게 필요한 변화는 규칙에 따르는 행동의 변화가 아니라 정체성의 변화, 즉 존재의 변화이다. 내가 말씀대로 살고자 하는 것이 아니라(도덕적으로, 윤리적으로 말씀대로 사는 차원을 넘어) 하나님의 자녀가 되어 삶의 모든 영역에서 그 말씀을 이루는 삶을 살아야 하지 않는가?

하나님의 신비는 이성으로 이해할 수 없는 영적 세계임에도 불구하고, 거짓자아가 만든 정신세계에서의 관념과 이념으로 영적 실재에 대한 인본주의적 신앙체계를 만들었다. 이러한 인본주의적 신앙체계는 하나님의 신비에 속한 모든 것을 인간이 이해하는 수준의 교리와 거짓자아의 믿음체계로 만들었고, 그 결과 하나님의 생명을 누리는 삶보다는 죄를 범하지 않는 윤리와 도덕에 초점을 둔 신앙체계를 만들어버렸다. 또한 그것을 더 잘하기 위해서 교리와 믿음체계를 더 정교하게 만들어가고 있는 지금의 현실은 토마스 아퀴나스가 "삶은 교리에 앞선다"라고 한 말을 무색하게 만들어버렸다. 즉 삶을 위해 교리가 존

재해야 하는데, 교리를 위해 삶이 존재하는, 한마디로 주객이 전도된 것이다.

내가 하나님의 자녀인 것을 믿는 것과 하나님의 자녀의 삶을 사는 것은 전혀 다른 실재이다. 전자는 내가 생명에 대한 개념과 신념을 가지는 것이고, 후자는 하나님 생명의 흐름을 체험하는 것이다. 자기부재를 통한 하나님과의 하나됨은 관념이나 개념 그리고 언어로 설명될 수는 있으나 관념적 이해만 가지며 그 실재를 결코 체험할 수 없고 추구해서 얻어낼 수 있는 것도 아니다. 하나님의 영에 사로잡힐 때 비로소 체험되는 것이다. 그런데 오늘날 기독교는 이 놀라운 하나님 생명의 흐름을 언어로 된 교리와 믿음체계로 만들고 가르치고, 성도들로 하여금 이해하고 추구하도록 한다. 다시 말하면 교리와 믿음체계의 관념적 이해에 기초한 모든 신앙적 추구는 거짓자아의 영성이고 거짓자아의 깨달음일 뿐이며, 하나님의 신성과 원복에 대해서는 알려주지만 그것을 실제로 누리지는 못하게 한다.

우리가 신앙생활을 할 때 초자연적인 하나님의 개입하심과 성령님의 역사를 경험하는 것은 당연한 일이다. 인간의 이해와 지식으로는 알 수 없는 신비한 경험을 통해서 보이지 않는 세계를 알아가고자 할 때, 교회는 하나님의 생명 속에서 그렇게 사는 법을 알려주는 대신 그들을 비정상적인 신앙인으로 치부하고, 이성적으로 말씀을 해석한 교리에서 벗어나지 말라고 경고한다. 주님의 말씀이 영이요 생명이라는 사실을 가르치면서도, 생명을 통해 기적이 나타나는 것을 두려워하고 금기시 하는 것이다.

4 교리와 믿음체계는 '당근과 채찍'이라는 보상과 처벌의 체계 속에서 살도록 한다

기독교 내에서는 행위보상과 신상필벌이라는 세상적 가치관에 기초한 율법주의적 사고방식이 판을 치고 있다. 즉 하나님께서 요구하시는 수준에 도달하려면, 하나님께서 베푸시는 은혜를 누리려면, 외적 행동과 금지조항을 지켜야 한다는 사고방식이다. 하나님의 영으로 우리의 내면을 본질적으로 변화시키는 것이 아니라 보상과 처벌이라는 도덕주의적 틀 속에서 모든 것을 해석하고 실천하도록 가르치고 있다. 그렇게 되면 우리의 신앙생활은 행위보상적 사고방식을 가지게 된다. 이미 주신 것들을 누리기보다 없는 것을 채우기 위해 노력하는 종교가 되는 것이다. 하나님의 영 안에 거함으로 자신의 모든 것을 '빼기' 하는 것이 아니라 하나님께 도달하기 위해서 자신의 것뿐만 아니라 가용한 모든 것을 '더하기' 하는 종교로 변질되는 것이다.

또한, 하나님의 생명에 연결되어 그분이 나타나시는 하나님나라 복음적 영성을 인본주의적 영성으로 둔갑시켜, 어떤 상태에 도달하거나 하나님과 더 깊은 관계를 가지기 위해서는 영적인 것을 추구해야 하며, 특별한 사람만이 그 상태에 도달할 수 있는 것처럼 만들었다. 바로 이러한 거짓자아의 영성이 자기 스스로는 아무것도 할 수 없고 하나님의 생명이 없이는 아무것도 아니라는 사실을 망각하게 만들었고, 소정의 훈련을 받거나 하나님께 헌신해야만 미래에 보상을 받을 수 있다는 식의 신앙체계를 만들어버렸다. 성령님은 언제 어디서나 함께하시는 분임에도, 지금의 기독교는 인간이 만든 조건을 충족시킨 극소수에게만 성령님이 특별하게 임한다는 식으로 가르침으로써 우리로 하여금 하나님나라로 들어가지 못하게 만들고 있다.

[마 23:13] 화 있을진저 외식하는 서기관들과 바리새인들이여 너희는 천국
문을 사람들 앞에서 닫고 너희도 들어가지 않고 들어가려 하는 자도 들어가
지 못하게 하는도다

우리는 영적 존재이지만, 예수 그리스도 안에서 하나님과의 관계없
이는 영적으로 무능한 존재이다. 거짓자아의 의식으로 우리 스스로 할
수 있는 일이 아무것도 없음을 깨달을 때부터 우리와 하나님과의 생명
적 관계가 시작된다(요 15:5). 왜냐하면 행위의 문제가 아니라 존재의
문제로서 그리스도 안에서 새로운 피조물이 된 우리는 이미 하나님나
라 안에 있기 때문이다.

[요 3:5] 예수께서 대답하시되 진실로 진실로 네게 이르노니 사람이 물과 성
령으로 나지 아니하면 하나님의 나라에 들어갈 수 없느니라

그렇다면 헌신과 노력이 필요 없다는 것인가? 그렇지 않다. 하나님
을 나타내기 위한 헌신과 노력이 필요한 것이지, 하나님이 약속한 것
을 받아내거나 스스로 더 거룩해지기 위한 헌신과 노력이 필요한 것이
아니라는 것이다. 복음은 성취해서 얻을 수 있는 것이 아니라 거짓자
아라는 자신을 포기함으로 누릴 수 있는 것이다. 구원이란 근본적으로
자기자신(거짓자아)으로부터 해방이기 때문에(롬 8:1), 거듭난 자는 자
기(거짓자아)가 자신(그리스도 안에 있는 자아)의 가장 고약한 원수가 되
었다는 것을 알아야 한다(롬 7:24).

교리와 그에 따른 믿음체계가 잘못되었다는 것이 아니다. 결론적으
로 그것을 지키는 것 자체가 신앙의 목적이 아니라는 것을 알아야 하

며, 거짓자아에서 벗어나 그리스도 의식으로 성령의 인도함을 받음으로 영으로써 몸의 행실을 죽이는 다음 단계로 나아가야 한다. 왜 가나안 성도가3 점점 더 많이 생길까? 기독교가 하나님의 생명의 흐름과 놀라움과 신비 그리고 기적과 창조의 역사가 없는 화석화된 인간의 종교로 변질된 것을 그들의 영혼으로 느끼기 때문이다.

5 교리와 믿음체계를 수호하기 위해 그 안에 들어오지 않는 자들을 정죄하고 비판한다

각자가 하나님의 생명을 경험하고, 그 사랑을 세상에 나누는 삶 대신에 교리와 믿음체계 안에서 당근과 채찍으로 거룩함에 도달하는 법을 가르치고, 다른 종교나 세상으로부터 우리가 만든 교리와 믿음체계를 지키는 일에 몰두하게 되었다. 그리고 그 체계 안에 들어오지 못하는 자를 정죄하고 이단시한다. 외부의 종교 문화적 위협에 맞서 자신들의 종교적 정체성을 지키기 위해 자신의 교리만을 절대시하는 것이 종교의 목적 자체로 바뀌었다. 그것이 바로 오늘날 기독교가 독단적이고 폐쇄적이라는 비난을 듣는 이유이다. 더 아이러니한 것은 체계를 지키는 데 따르는 고난이 절대적 진리를 지키고 온전한 신앙을 위해 핍박받는 일이라고 믿고 있다는 점이다. 기독교 내의 수많은 분쟁과 분열로 인한 교단과 교파는 결국 자신들이 만든 교리와 믿음체계 때문에 생긴 것이 아닌가? 물론 삼위일체나 이신칭의와 같은 기독교의 핵심 진

---

3 하나님을 믿지만 교회에 나가지 않는 성도를 언어유희적으로 표현한 말이다. '가나안'을 거꾸로 읽으면 '안나가'이다. 또한 종교적이고 교리적인 교회의 가르침과 배움으로는 예수님께서 말씀하신 하나님나라로 들어갈 수 없기 때문에 교회에서 벗어나 스스로 만든 가공의 가나안 땅으로 침노하기 위해 방황하는 성도일 수도 있을 것이다.

리를 믿지 않는 이단의 경우는 예외이지만 말이다.

불신자의 관점에서 지금의 기독교는, 하나님의 생명의 나타남으로 하나님과 성도들이 하나되고, 화평케 하는 자로서 세상과 하나님 사이를 화평케 하고, 하나님이 지으신 아름다운 자연을 잘 보존하며 가꾸어 나가기보다는, 모든 것을 분리시키고 서로 분열된 모습만을 보여주는 경우가 많다보니 독선적인 종교로 보일 수밖에 없다. 지금 왜 교회연합이나 종교통합주의가 판을 치는가? 정통 기독교가 하나님 생명의 흐름에 따른 사랑의 종교가 되지 못하기 때문에 그에 따른 반발로 나온 것이다. 기독교가 본질을 잃어버렸고 배타적이고 독선적인 교리와 믿음체계의 병폐가 너무 크기 때문이다.

기독교의 본질은 교리와 믿음체계에 있지 않고 하나님의 생명의 흐름과 나눔에 있다. 그것이 사랑이다. 그런데 언제부터인가 기독교가 하나님의 생명으로 모든 사람을 살리는 복음을 전파하기보다는, 각 교단의 교파의 교리와 믿음체계를 지키는 종교로 전락해버렸다. 따라서 종교통합주의는 오늘날 기독교의 부족한 점을 지적하며 예수 그리스도를 통한 구원과 상관없이 하나님과의 화평, 하나님에 의한 모든 인간의 평등과 복지, 자연생태계의 회복 등이 이루어져야 한다고 외치고 있는 것이다.

내적 체험과 외적 체험이란?

1517년 종교개혁을 통해서 우리는 중세 가톨릭의 잘못된 구원론과 신앙생활에서 벗어나게 되었다. 교리와 제도적 차원의 개혁이 일어난 것이다. 그러나 의식 차원, 즉 존재적 차원에서의 개혁은 일어나지 못했다. 그렇기 때문에 하나님 자녀의 정체성과 하나님나라 복음의 온전한 회복이 일어나지 못했고, 그 결과 이 땅에 도래한 현재적 하나님나라로 침노하지 못하고 여전히 "내가 너희에게 이르는 말"에 집중할 뿐 "영이요 생명"을 누리지는 못했던 것이다(요 6:63).

[요 3:5] 예수께서 대답하시되 진실로 진실로 네게 이르노니 사람이 물과 성령으로 나지 아니하면 하나님의 나라에 들어갈 수 없느니라

[눅 17:20-21] 바리새인들이 하나님의 나라가 어느 때에 임하나이까 묻거늘 예수께서 대답하여 이르시되 하나님의 나라는 볼 수 있게 임하는 것이 아니요 또 여기 있다 저기 있다고도 못하리니 하나님의 나라는 너희 안에 있느니라

[눅 12:32] 적은 무리여 무서워 말라 너희 아버지께서 그 나라를 너희에게 주시기를 기뻐하시느니라

왜 우리는 지난 수백 년간 이 구절들을 나름대로 해석해서, 하나님나라를 죽고 난 다음에 가는 곳이라고 믿어온 것일까? 예수님께서는 현재적 하나님나라로 우리를 초대하시는데, 왜 우리는 그분이 말씀하신 하나님나라를 경험하지 못하는 것일까? 그 이유는 외적 체험(교리에 대한 믿음을 통한 체험)만을 지나치게 강조해왔기 때문이다. 말씀을 들을 때 자기도 모르게 눈물이 나거나 엄청난 평강과 희열을 느끼고, 온몸이 진동하는 것을 경험해보았을 것이다. 이러한 체험은 우리 안에 계신 신성(하나님의 생명과 본질)이 우리의 강퍅하고 딱딱한 마음(심중)을 무너뜨리고 나타났기 때문이다. 흔히들 내적 체험을 영적 체험이라고도 한

다. 그러나 영적 체험이라는 말을 분명히 이해해야 한다. 거짓자아의 깨달음으로 만들어진 체험은 기독교의 영적 체험이 아니다. 진정한 영적 체험은 자신을 포기할 때 내 안에 계신 하나님의 본질이 거짓자아를 뚫고 나타남으로 체험되는 것이다. 그것이 성령의 자연스러운 계시의 흐름이라고 볼 수 있다. 그럴 때 내가 이해하고 증명하거나 확인하지 않아도 그렇다는 것이 믿어지고 알게 되는 것이다.

　그러나 외적 체험은 다르다. 하나님의 말씀을 내가 주체가 되어 믿음으로 받아들이고, 그것에 내 생각과 감정을 일치시킴으로 경험하는 변화이다. 즉 말씀으로 스스로 자신의 마음을 새롭게 하려고 애씀으로 얻어내는 체험이다. 그러나 분명한 사실은 그 주체는 거짓자아이며 자신을 의지적으로 쳐서 복종시키는 만큼만 이룰 수 있다는 것이다. 그러한 애씀은 대부분 노력하지 않거나 외부 환경에 의해 방해를 받으면 언제든 다시 이전으로(원위치로) 돌아가게 된다. 이런 신앙 패턴이나 그에 따른 훈련은 과거 수많은 책들을 통해서도 알 수 있다.

　그렇다면, 교리와 믿음체계가 잘못되었다는 말인가? 결코 그렇지 않다. 교리와 믿음체계를 지키는 외적 체험은 우리가 하나님과 하나되어 그 생명을 경험하는 내적 체험과 하나가 될 때 비로소 온전해진다. 성경이 계시하는 보이지 않는 하나님을 알기 위해서 외적 체험인 교리와 믿음체계가 중요하고 필요하지만, 결국 성령님을 통하여 하나님의 생명 안에 거하기를 체험하는 내적 체험으로까지 이어지지 못한다면 반쪽짜리 신앙밖에 안 되는 것이다. 우리는 교리와 믿음체계를 통하여 자기를 부인하고 자기 십자가를 짊으로써 하나님의 생명 안에서 온전한 삶을 경험해야 한다. 그런데 오늘날 기독교의 현실을 보면, 인본주의적으로 해석한 교리와 믿음체계만으로 자신을 지키고 자신의 의로움을 더 나타내는 데 몰두하고 있다는 느낌을 지울 수 없다(롬 10:2-3).

외적 체험과 내적 체험을 비유로 설명해본다면, 95MHz의 라디오 방송을 들을 때 먼저 동조 코일을 움직이는 다이얼을 돌려서 95MHz에 맞추어 간다. 그 주파수에 맞추기 전까지는 이상한 잡음이 들리지만 정확하게 그 주파수와 동조시킬 때 아주 또렷한 목소리가 송출되는 것을 들을 수 있다. 이것이 바로 외적 체험과 내적 체험의 관계이다. 외적 체험은 라디오를 가진 내가 하는 것이지만, 내적 체험은 방송국에서 내보내는 것이다. 다이얼을 돌리는 외적 체험 없이는 방송국에서 오는 전파를 듣는 올바른 내적 체험을 할 수 없다. 그러나 내적 체험이 없는 외적 체험이란, 라디오의 이상한 잡음처럼 만족이나 기쁨이 없고 늘 공허함을 주기 때문에 또렷한 소리를 얻기 위해 끊임없이 다이얼을 돌릴 수밖에 없다(온전함을 추구할 뿐이다).

내적 체험과 외적 체험의 양분화

교리(敎理, doctrine)는 어떤 종교의 체계화된 본질적 가르침을 뜻하는 것으로, 그 신앙(믿음)의 내용을 개념화하여 체계적으로 정리한 것이다. 특별히 기독교의 다양한 교리를 체계적으로 분류한 신학 분과를 조직신학(the systematic theology)이라고 하는데, 그 이유는 교리의 체계(system)를 강조한 것이기 때문이다. 조직신학적 분류에 따르면, 기독교의 대표적인 교리는 신론, 인간론, 죄론, 기독론, 구원론, 성령론, 종말론 등에 대한 것이다. 교리와 믿음체계는 너무나도 중요하다. 왜냐하면 그 종교의 믿음의 근거를 제공할 뿐만 아니라 이단으로부터 보호하고, 선택과 판단의 기준을 알게 하고, 삶의 목표와 방향을 설정할 수 있게 하고, 하나님과 올바른 관계를 가질 수 있게 하기 때문이다.

그런데 기독교에서는 언제부터인지 내적 체험과 외적 체험이 양분화 되어 왔다. 한쪽에서는 "자칫 주관적일 수 있는 내적 체험이 중요한 것이 아니라 객관적이고 절대적인 교리와 믿음체계가 중요하다"고 주장하고, 다른 쪽에서는 "진정한 내적 체험이 중요하지 교리와 믿음체계가 중요한 것이 아니다"라고 주장한다. 오늘날 대부분의 개신교가 교리와 믿음체계를 열심히 받아들이고 그렇게 살도록 촉구하지만, 그에 따른 내적 체험을 중요하게 여기지 않는 경향이 있다는 것은 매우 안타까운 사실이다(물론 내적 체험만을 지나치게 강조하는 이단이나 사이비 또는 비정상적인 기독교를 예외로 두고 한 말이다).

그러한 이유는 내적 체험은 주관적이고 증명될 수 없으며, 많은 경우 혼돈을 불러일으킨다고 생각하기 때문이다. 한 걸음 더 나아가 하나님께서는 이러한 내적 체험 없이도 온전한 신앙생활을 하도록 성경을 주셨고, 더 나아가 종교개혁을 통해서 군건한 교리와 믿음체계가 만들어졌기 때문이라고 주장한다. 그 결과 내적 체험을 하지 않는 것이 올바른 신앙처럼 되어버렸다. 이러한 근거로 사용하는 말씀이 바로 고린도전서 13장 9-10절이다.

[고전 13:9-10] 우리는 부분적으로 알고 부분적으로 예언하니 온전한 것이 올 때에는 부분적으로 하던 것이 폐하리라

위 구절에서 "온전한 것이 올 때"를 397년 카르타고 공의회에서 정경화 작업이 마무리되어 성경이 완성된 때라고 본다. 따라서 완전무오한 하나님의 계시인 성경이 완성되었기 때문에 더 이상 내적 체험이 필요

하지 않다는 것이다. 이 말씀은 추가적인 계시가 필요 없을 뿐만 아니라 기사와 표적은 더 이상 일어나지 않는다고 믿는 은사 중지론, 기적 종식론을 주장하는 사람들이 자주 인용하는 구절이기도 하다. 그러나 은사의 근원은 성령의 나타남이고 기름부으심의 결과이다. 즉 하나님과의 생명적 관계를 통하여 그분이 우리를 통해서 나타나시는 것이다. 그것이 없다면 예수님께서 왜 이 땅에 오셨는가? 복음이 왜 필요한가?

[고전 12:7] 각 사람에게 성령을 나타내심은 유익하게 하려 하심이라

분명한 사실은 교리와 믿음체계는 영이요 생명인 말씀을 가리키는 손가락이지 그 손가락이 가리키는 영이요 생명인 말씀 그 자체가 아니라는 점이다. 교리와 믿음체계가 필요한 이유는 이단으로부터 정통 기독교 신앙을 지키는 것 외에도 올바른 내적 체험(하나님과의 생명적 올바른 관계 : 의롭게 됨)을 하기 위한 것이다. 이러한 내적 체험이 가능한 것은 우리가 거듭났을 때 우리 안에 신성과 원복이 회복되었으며, 우리 안에 계시는 성령님께서 예수 그리스도의 가르침을 일깨워주시기 때문이다. 그럴 때 우리는 체험적으로 또는 관계적으로 "안다"(히, 야다 ; 헬, 기노스코)라는 표현을 사용한다. 교리는 우리가 이루거나 추구해야 할 목적이 아니라 우리 안에 계신 하나님의 생명으로 인하여 우리를 통해 맺혀지는 열매를 위한 수단이 되어야 한다.

[요 16:13] 그러나 진리의 성령이 오시면 그가 너희를 모든 진리 가운데로 인도하시리니 그가 스스로 말하지 않고 오직 들은 것을 말하며 장래 일을 너희에게 알리시리라

[요 8:32] 진리를 알지니 진리가 너희를 자유롭게 하리라

[요 14:25-26] 내가 아직 너희와 함께 있어서 이 말을 너희에게 하였거니와 보혜사 곧 아버지께서 내 이름으로 보내실 성령 그가 너희에게 모든 것을 가르치고 내가 너희에게 말한 모든 것을 생각나게 하리라

외적 체험과 내적 체험의 관계는 요한복음 6장 63절에 "내가 너희에게 이른 말은 영이요 생명이라"는 말씀으로 설명될 수 있다. 교리는 '이른 말'을 개념화 및 체계화한 것이다. 반면 '영과 생명'은 하나님과의 생명적 관계를 통하여 나타나는 의(하나님의 본성, 성품)를 의미한다. 따라서 어느 하나만으로는 온전한 신앙생활을 할 수 없다. 교리는 우리로 하여금 '하나님에 대한 지식'을 가지게 한다. 그러나 내적 체험은 하나님과의 생명적 관계를 통해서 '하나님의 지식'이 능력이 되어 삶 가운데 풀어지도록 한다. 다르게 표현하자면, 에베소서 4장 13절 말씀의 "하나님의 아들을 믿는 것"이 교리 공부라면, "하나님의 아들을 아는 일"은 영적 체험이라고 말할 수 있다.

[엡 4:13] 우리가 다 하나님의 아들을 믿는 것과 아는 일에 하나가 되어 온전한 사람을 이루어 그리스도의 장성한 분량이 충만한 데까지 이르리니

우리에게 익숙한 디모데후서 3장 15-17절 말씀은 외적 체험의 유익과 목적을 잘 보여준다.

[딤후 3:15-17] 또 어려서부터 성경을 알았나니 성경은 능히 너로 하여금 그

리스도 예수 안에 있는 믿음으로 말미암아 구원에 이르는 지혜가 있게 하느니라 모든 성경은 하나님의 감동으로 된 것으로 교훈과 책망과 바르게 함과 의로 교육하기에 유익하니 이는 하나님의 사람으로 온전하게 하며 모든 선한 일을 행할 능력을 갖추게 하려 함이라

먼저 구원에 이르는 지혜가 있게 하는 것이 나의 믿음인가? 아니면 예수 그리스도 안에 있는 믿음인가? 이 구절은 분명히 후자라고 말씀한다. 예수 그리스도 안에 있는 믿음을 가질 때 우리 안에 있는 신성이 깨어남으로 인하여 믿어지는 것이지 내가 믿으려고 애쓰는 것이 아니다. 성경의 말씀으로 세워진 교리와 믿음체계가 가지는 네 가지 유익은 교훈, 책망, 바르게 함, 의로 교육함이다. 그러나 이것은 단지 우리의 생각과 행동을 바꾸기 위한 것이 아니라고 17절은 분명히 말하고 있다. 개역한글 성경에서는 17절 문장이 "이는 … 함이니라"로만 번역되었지만 헬라어 원문에서는 목적절을 이끄는 접속사(헬, 히나)가 사용되었다. 이것은 16절에 언급된 네 가지 유익함이 지향하는 목적 또는 그것이 산출하는 결과를 나타낸다. 하나님의 사람은 새언약의 일꾼으로서 주(主)의 말씀대로 생각하고 느낌으로 주의 뜻을 나타내는 자이다. 외적 체험(16절)의 주된 목적은 내적 체험을 통하여 선한 일을 행할 능력을 갖추기 위해서이다(17절).

예수님께서 전하신 하나님나라의 복음은 우리가 거듭날 때 하나님과 하나됨으로 하나님의 본성을 나누는 존재(벧후 1:3-4)가 되었기에 이제는 새로운 의식(마 16:25-26)을 가지고, 혼이 하나님의 영의 인도함을 받게 되어(롬 8:16) 우리 안에 있는 그분의 신성과 원복을 체험하고 예수 그리스도 안에서 성육신적인 삶을 사는 것이다. 이것은 결코 외

적 체험만으로는 주어질 수 없다. 우리 안에 계신 성령과 영이요 생명인 말씀을 통해서 우리의 생각, 감정, 신체가 새롭게 되는 내적 체험이 반드시 동반되어야 한다.

교리를 넘어 생명으로(외적 체험을 넘어 내적 체험으로)

들을 귀가 있는 그리스도인이라면 성령을 통하여 진리의 말씀이 선포될 때 누구의 도움이 없이도 그 말씀을 자연스럽게 알게 된다. 그것은 나의 경험과 지식에 기초한 판단 때문이 아니라, 진리의 영이신 성령님이 그 말씀을 우리의 심중(heart)에 계시하시기 때문이다. 단순히 말씀을 듣고 진리에 대해 배워서 아는 차원이 아니라 살아있는 말씀을 들을 때 진리의 영이신 성령님에 의해 그 말씀이 우리의 생각과 감정이 되었기 때문이다. 그 말은 이미 우리 안에 있는 신성이 거짓자아로부터 깨어나기 때문이다.

[요일 2:20-21] 너희는 거룩하신 자에게서 기름 부음을 받고 모든 것을 아느니라 내가 너희에게 쓰는 것은 너희가 진리를 알지 못하기 때문이 아니라 알기 때문이요 또 모든 거짓은 진리에서 나지 않기 때문이라

[요일 2:27] 너희는 주께 받은 바 기름 부음이 너희 안에 거하나니 아무도 너희를 가르칠 필요가 없고 오직 그의 기름 부음이 모든 것을 너희에게 가르치며 또 참되고 거짓이 없으니 너희를 가르치신 그대로 주 안에 거하라

이 말씀에서 "오직 그의 기름 부음이 모든 것을 너희에게 가르치며"

는 내적 체험이다. 즉, 거짓자아로 무엇인가를 추구해서 해석하고 이해하고 판단한 것이 아니라, 우리 내면에서 그것이 진리임을 알게 되는 것이다. 왜냐하면 주와 합한 내 영과 몸(생각, 감정, 신체)이 일치되었기 때문이다. 물론, 우리 안에 계신 하나님의 영으로부터 임하는 기름부음으로부터 진리의 가르침을 받기 위해서는 먼저 외적인 가르침이 필요하다. 이러한 내적 체험이 가능하게, 그리고 온전하게 되도록 인도하는 것이 외적인 가르침인 교리와 믿음체계이다.

> [고전 2:9-10] 기록된 바 하나님이 자기를 사랑하는 자들을 위하여 예비하신 모든 것은 눈으로 보지 못하고 귀로 듣지 못하고 사람의 마음으로 생각하지도 못하였다 함과 같으니라 오직 하나님이 성령으로 이것을 우리에게 보이셨으니 성령은 모든 것 곧 하나님의 깊은 것까지도 통달하시느니라

눈으로 보지 못하고, 귀로 듣지 못하고, 마음으로 생각하지 못한다는 것은 무엇을 의미하는가? 외부에 대한 우리의 감각, 지각, 감정으로는 하나님께서 우리에게 주시는 것을 알 수 없다는 것이다. 그것은 외적 체험으로는 알 수 없고 성령님을 통한 내적 체험으로만 경험할 수 있다는 것이다. 우리 안에 계신 성령님으로부터 듣기 위해서는, 타락한 혼이 자기 경험과 지식에 기초한 생각과 감정을 선택하여 만든 나, 즉 거짓자아를 포기해야 한다. 그런데 우리는 그것이 자신이라고 믿기 때문에 그것을 포기하는 것은 곧 죽음이라고 여기며, 죽기를 두려워하기 때문에 일생에 매여 자신의 생각과 감정의 종노릇하고 있는 것이다(히 2:15).

우리 생각과 감정을 통치하고 있는 자가 누구인가? 바로 세상 신이

다. 왜냐하면 인간의 모든 생각과 감정은 궁극적으로 외부에 대한 것으로 만들어지기 때문이다. 외적 체험은 우리를 하나님나라의 문으로 인도하지만, 하나님나라의 삶을 살도록 하지는 못한다. 외적 체험과 내적 체험은 모두가 필요하며 어느 하나만 있어도 온전하지 못하다. 따라서 교리와 믿음체계(외적 체험)에만 머물지 말고 그것을 넘어 하나님의 생명(내적 체험)으로 나아가야 한다.

결론

종교개혁을 통해 개신교는 가톨릭의 잘못된 전통과 교리로부터 벗어났지만, 하나님과의 생명적 관계와 자녀의 진정한 정체성을 회복하지는 못했다. 그 결과 수치심과 죄책감과 두려움에 바탕을 둔 거짓자아의 부정적 인간론을 기초로 죄 죽이기와 거룩의 추구라는 윤리, 도덕적 종교활동을 추구하도록 하고 있다. 그에 따라 우리는 여전히 하나님과 분리된 자아독립적 개체로서 하나님의 말씀을 지키고 경배하는 것은 당연시하지만, 하나님과의 하나됨, 그리고 하나님을 나타내는 것에 대해서는 스스로 부정하거나 신성모독적으로 생각하게 되었다.

이것은 하나님의 초월성을 강조한 반면 내재성을 소홀히 한 결과로, 복음을 하나님의 통치와 인간을 통한 하나님의 나타내심(현현)보다는 인간의 죄사함과 구원에 초점을 맞추었기 때문에 생긴 결과이다.4

---

4 하나님의 통치 관점에서가 아니라 단지 인간 구원의 관점에서만 십자가 대속을 보는 것이다. 하나님께서 인간을 구원하시기 위한 십자가 대속이 아니라 인간이 단지 죄사함을 받기 위한 십자가 대속은 복음을 축소, 왜곡시키는 잘못된 신앙관이다. 십자가 대속의 본질은 하나님의 은혜로 우리가 새로운 피조물이 되는 것에 있지, 거짓자아가 단지 죄사함을 받고 구원을 받는 것에 있는 것이 아니기 때문이다.

하나님나라의 복음을 제대로 깨닫지 못한 채, 만들어진 죽은 전통과 그에 따른 신학은 예수 그리스도로 말미암아 거듭난 자녀들이 이 땅에 도래한 하나님나라에서 하나님의 생명을 나타내는 살아있는 복음보다는 오직 믿음만으로 구원을 얻고 죽으면 천국에 간다는 내세지향적이고 정형화된, 화석화된 종교를 만든 것이다. 이러한 믿음체계는 오직 은혜로 하나님의 자녀가 되었기 때문에 하나님을 나타내는 것에 최선을 다하는 것이 아니라 구원을 받았기 때문에 구원해주신 하나님에 대해서 거짓자아의 행위보상적 사고방식을 가지고 지금보다 더 거룩한 그리스도인이 되기 위해 최선을 다해야 하는 종교적 열심을 요구한다.

오늘날 교회는 온 세상에 하나님의 생명인 사랑을 전하고 나누는 곳이 아니라 교리와 믿음체계를 전하고 수호하는 곳이 되어버렸다. 그 결과로 거듭나 그리스도 안에서 새로운 피조물이 되었음에도, 여전히 거짓자아에 기초한 행위보상적 사고방식과 신앙생활이 판을 치고 있다. 하나님께서는 그분의 자녀인 우리와 생명적으로 하나됨을 통하여 그분이 우리를 통해 나타나시는 삶을 우리가 체험하기 원하시는데, 우리는 하나님과의 분리 가운데서 스스로 하나님을 닮아가고자 한다는 것이다. 이러한 신앙생활은 거룩과 겸손으로 포장되어 있지만, 사실은 하나님과 동등됨을 취하는 것과 다름이 없다. 야고보 사도가 말씀한 우리를 자유롭게 하는 온전한 율법(예수 그리스도께서 주신 새언약의 말씀)이 다시 과거의 율법처럼 도그마가 되고, 하나님나라의 좋은 소식을 전하는 기독교가 배타적이고 독선적인 종교가 되어버린 것이다. 언제부터인가 복음주의 운동에 앞장선 사람들이 말씀의 능력을 잃어버리고 신율법주의(Neonomianism)가 되어버린 것이다.

[갈 5:1] 그리스도께서 우리를 자유롭게 하려고 자유를 주셨으니 그러므로 굳건하게 서서 다시는 종의 멍에를 메지 말라

[갈 5:4] 율법 안에서 의롭다 함을 얻으려 하는 너희는 그리스도에게서 끊어지고 은혜에서 떨어진 자로다

그렇다면 오늘날 왜 내적 체험과 외적 체험의 균형이 잡히지 않고, 외적 체험만 추구하게 되었는가? 그것은 바로 마귀로부터 인간을 지키시고 구원하시는 하나님의 이야기인 성경을, 죄로부터 벗어나 하나님의 자녀가 되고자 하는 인간의 이야기로 만들어버린 마귀의 계략 때문이다. 이 문제를 해결하기 위해서는 하나님나라의 관점에서 구원을 새롭게 보아야 한다.

03

하나님나라의
관점에서
구원을 새롭게 보라

하나님나라 복음에 기초한 영성을 체험하기 위해서는 인간의 죄사함과 구원에 중점을 둔 십자가 대속에 기초한 구속사가 아닌, 인간을 창조하신 하나님의 본심과 성경 전체를 관통하는 하나님나라에 기초한 구속사를 알아야 한다. 우리가 성경을 어떤 관점에서 보느냐는 우리의 존재와 삶을 결정짓는 가장 중요한 요소이다. 다른 말로 현재의 내가 과거를 어떻게 받아들이고, 현재의 갈등을 어떻게 판단하며, 그리고 미래를 어떻게 보고 어떤 길을 가느냐를 결정짓는다는 것이다. 관점(perspective)은 안경과 같아서, 일단 끼면 모든 것을 그 관점으로만 보게 된다. 그런 의미에서 관점은 모든 것의 시작이자 끝이라고 할 수 있다. 이번 장에서는 하나님나라의 관점에서 구원을 봄으로써 하나님나라 복음적 영성의 기초를 다지고자 한다.

지금 우리가 누리는 가장 큰 축복 중 하나는 창세기부터 요한계시록까지 66권의 완성된 정경이라는 성경을 원하면 언제든지 마음껏 볼 수 있다는 것이다. 그 성경을 통해서 과거의 사건과 역사, 현재의 상황과 삶, 그리고 앞으로 있을 일들에 대한 전체적인 그림을 한눈에 볼 수 있으며, 서로 어떻게 연결되어 있는지를 알게 된 것이다. 우리가 잘 알다시피 성경은 약 40여 명의 저자들에 의해 약 1,500년이라는 긴 시간 동안 각기 다른 정치, 사회, 문화, 지리적 환경 속에서 쓰여졌다. 그런데 놀라운 사실은 성경 전체를 볼 때 일관된 하나님께서 다스리는 원리와 법칙인 섭리(providence)와 목표에 따라 계획하고 다스리시는 하나님의 경륜(economy)을 볼 수 있다는 점이다. 따라서 성경은 결코 인간의 추론이나 영감에 의해 쓰여진 것이 아니라, 처음과 끝을 한 분의 계시에 의해서 쓰여진 것임을 알 수 있다.

물론, 성경의 각 기자는 전체 큰 그림을 보지 못하고, 성령님의 감동으로 계시된 하나님의 섭리와 경륜을 자신의 시대상과 환경에 따라 삶과 사건, 그리고 예언 등으로 기록하였다. 그럼에도 불구하고 오늘날 우리가 그 성경을 통전적으로 볼 때는, 놀랍게도 서로 다른 기록들에서 그 이면에 숨겨진 하나님의 섭리와 경륜을 나타내는 그림자와 모형 그리고 예표와 표상들을 수없이 발견하게 된다. 특별히 구약에서는 예수님이라고 직접적으로 언급하지는 않았지만, 하나님나라의 관점에서 볼 때 구약의 다양한 인물이나 사건이 예수 그리스도를 예표하고, 그분이 이루실 일들의 모형과 그림자임을 분명히 알 수 있다.

[사 46:9-10] 너희는 옛적 일을 기억하라 나는 하나님이라 나 외에 다른 이가 없느니라 나는 하나님이라 나 같은 이가 없느니라 내가 시초부터 종말을 알리며 아직 이루지 아니한 일을 옛적부터 보이고 이르기를 나의 뜻이 설 것이니 내가 나의 모든 기뻐하는 것을 이루리라 하였노라

오늘날 대부분의 성도들이 인간의 죄와 타락 그리고 죄사함과 구원에 중점을 둔 구속사적 관점에서 성경을 보고 복음을 이해한다. 즉, 창조, 타락, 구속, 성화, 영화의 관점이다. 물론 이것이 비성경적인 관점은 아니다. 하지만 그것은 하나님의 이야기를 우리의 이야기로 축소

및 왜곡시켜서 보는, 부분적이고 지엽적인 관점일 뿐이다. 정경을 가진 우리는 창세기에서부터 요한계시록으로 나아가는 것이 아니라 창세기와 요한계시록 안에서 성령을 통하여, 예수 그리스도를 통한 하나님의 섭리와 경륜을 보아야 한다. 그 안에서 하나님나라(영적 세계)와 보이지 않는 세계(비물질세계)와 보이는 세계(물질세계), 천상의 존재와 지상의 존재, 그리고 이 세상과 오는 세상 모두를 볼 줄 알아야 한다. 한마디로 성경을 제대로 이해하기 위해서는, 시공간에 제한된 인간의 관점이 아니라 그것을 초월한 하나님의 관점에서 성경을 하나님의 이야기로 새롭게 보아야 한다는 것이다. 그렇게 하기 위해서는 그동안 당연시해온 시공간 내 인과법칙에 기초한 유물론적, 진화론적, 기계론적 세계관에서 벗어나야 한다.

예를 들어, 성경을 구약과 신약으로 나누는 기준인 '언약'을 생각해보자. 우리가 언약을 논할 때 흔히들 인간의 죄를 대속하기 위해서 하나님께서 자녀들과 언약을 맺었다고 본다. 그러나 언약이 생기게 된 근원이 바로 하나님께서 창조하신 천상의 존재들의 반역 때문이라는 사실을 알지 못한다면, 우리는 언약을 제대로 이해할 수 없게 된다. 천상의 존재들 중 일부가 반역하여 하나님께서 지으신 인간들로 하여금 하나님께 불순종하게 만들었기 때문에, 하나님께서 지으신 땅과 자녀들을 보호하기 위한 하나님의 경륜과 더불어 인간으로부터 위임된 통치권을 빼앗은 마귀의 통치를 전제로 언약을 보아야 한다. 부연하자면, 언약은 처음부터 하나님과 우리가 맺은 언약이 아니라 자유의지를 가진 인간이 죄를 짓고 타락하여 마귀의 통치를 받기 때문에 하나님께서 그들로부터 인간을 보호하시고 다시 자녀로 회복시키기 위해서 인간과 언약을 맺으신 것이다.

우리가 새롭게 인식해야 할 것은, 성경은 우주의 창조와 인류의 역사에 대한 내용이 기록되어 있지만 과학책이나 역사책이 아닌, 하나님 아버지께서 예수 그리스도를 통하여 성령의 능력으로 세워가시는 하나님의 통치(하나님나라)에 관한 책으로 보아야 하며, 우리의 경험과 지식으로 하나님나라를 이해하고자 하는 것이 아니라 하나님의 영의 인도함을 받아 그분의 마음으로 그분이 계획하시고 이루어가시는 일들을 보아야 한다는 것이다. 그렇다면, 이제 하나님나라의 관점에서 창조에서부터 예수님의 초림에 이르기까지, 인간을 다시 자녀로 삼으시고, 이땅을 회복시켜 나가시는 하나님의 경륜을 살펴보도록 하자.

창조

하나님께서는 하나님의 형상을 따라 모양대로 사람을 창조하셨다고 말씀하셨다.

[창 1:26-27] 하나님이 이르시되 우리의 형상(히, 첼렘 ; 영, image)을 따라 우리의 모양(히, 데무트 ; 영, likeness)대로 우리가 사람을 만들고[Then God said, Let us make human beings in our image, to be like us, (NLT)] … 하나님이 자기 형상 곧 하나님의 형상대로 사람을 창조하시되 남자와 여자를 창조하시고

26절에서는 "우리의 형상을 따라"(in our image)라고 복수형을 사용했지만, 27절에서는 "자기 형상"(in his own image)이라고 단수형을 사용했다. 이때 "우리의 형상"(in our image)에 대한 복음주의 신학자의 해

석은 크게 다음 두 가지로 나뉜다. 첫 번째 해석은 기독교의 하나님은 삼위일체 하나님이시기 때문에, 신성 안에 세 위격 모두 창조사역에 참여하셨다는 것을 강조하기 위해 복수형을 사용했다는 것이다. 두 번째 해석은 삼위일체 하나님과 하나님께서 창조하신 천상의 존재들을 포함하기 때문에 복수형이 사용되었다는 해석이다.

그렇다면 어떤 해석이 더 성경에 부합하는 해석일까? '하나님(복수)-하나님(단수)' 패턴이 창세기의 다른 부분에서도 등장하는데(창 3:22, 11:7-8), 이 경우에는 앞에 복수로 사용된 하나님이라는 표현을 삼위일체 하나님으로 해석하기에 문맥상 어려움이 존재한다.[5]

이러한 점을 고려할 때, 창세기 1장 26절의 "우리의"라는 표현은 삼위일체 하나님 자신만을 지칭한다기보다는 삼위일체 하나님과 하나님께서 창조하신 천상의 존재들까지도 포함한다고 보아야 한다.

이것은 하나님나라의 복음을 올바르게 이해하기 위한 가장 중요한 첫걸음이다. 왜냐하면 하나님께서 인간을 창조하실 때 이미 천상의 존

---

5   이 말씀을 제대로 이해하기 위해서는 하나님의 창조가 단지 보이는 세계와 피조물에 국한된 것이 아니라 보이지 않는 세계와 그 피조물도 포함하고 있다는 사실을 이해해야 한다. 이 땅이라는 물질세계와 생명체가 창조되기 전에 비물질세계와 피조물도 창조되었다는 사실은 성경의 곳곳에서 볼 수 있다. 예를 들어 욥기 38:4-7, 시편 89:5-8, 82:1-7, 신명기 32:8-9 등을 보라. 그곳에는 천상의 존재를 신들(엘로힘), 하나님의 아들들 (브네 엘로힘)이라고 칭한다(창 3:22-23). "여호와 하나님이 이르시되 보라 이 사람이 선악을 아는 일에 우리 중 하나같이 되었으니 그가 그의 손을 들어 생명 나무 열매도 따먹고 영생할까 하노라 하시고 여호와 하나님이 에덴 동산에서 그를 내보내어 그의 근원이 된 땅을 갈게 하시니라"의 말씀에서 '우리'는 성자와 성령을 나타내는 것이 아니라 하나님을 반영한 모든 천상의 존재를 포함하는 말이라고 볼 수 있다(창 3:5의 마귀의 속임을 생각해보라). 또한 "자, 우리가 내려가서 거기서 그들의 언어를 혼잡하게 하여 그들이 서로 알아듣지 못하게 하자 하시고 여호와께서 거기서 그들을 온 지면에 흩으셨으므로 그들이 그 도시를 건설하기를 그쳤더라"(창 11:7-8)를 묵상해보라. 이때 "우리 중 하나같이" 또는 "우리가 내려가서"라는 말은 성경의 다른 표현을 볼 때 주의 천사들에게 해당되는 말이다. 이때 복수형으로 표현된 '우리'는 하나님 자신뿐만 아니라 하나님께서 창조하신 천상의 존재인 하나님의 아들들을 포함한다고 볼 수 있다.

재들이 있었고, 하나님의 통치에 반기를 든 첫 존재는 인간이 아닌 천상의 존재들이기 때문이다. 우리가 이 진리를 알 때 우리는 하나님께서 보이지 않는 세계에도 하나님의 형상을 나타내는 천상의 존재를 창조하셨다는 사실과 그에 따라 창조하신 세계는 보이는 세계(물질세계)뿐만 아니라 보이지 않는 세계(비물질세계)도 포함하고 있다는 것을 깨달을 수 있다.

창세기 1장 1절 "태초에 하나님이 천지(heavens and the earth)를 창조하시니라"에서 '천지'에서 '천' 즉 '하늘'에 해당하는 히브리어 '샤마임'(헬, 우라노스)은 복수이다. 그래서 영어 역본에도 단수인 'heaven'이 아닌 복수인 'heavens'로 번역하였다. 이는 '샤마임'이 단순히 눈에 보이는 첫째 하늘(sky)뿐만 아니라 둘째 하늘(보이지 않는 세계), 그리고 셋째 하늘(하나님의 보좌)도 포함하고 있다는 점을 보여준다. 이것을 통해서도 하나님께서는 단지 보이는 물질세계만을 창조하신 것이 아님을 알 수 있다.

> [골 1:16] 만물이 그에게서 창조되되 하늘과 땅에서 보이는 것들과 보이지 않는 것들과 혹은 왕권들이나 주권들이나 통치자들이나 권세들이나 만물이 다 그로 말미암고 그를 위하여 창조되었고

천상의 존재들이 언제 창조되었는지는 명확히 알 수 없지만, 인간의 창조 이전에도 있었음을 성경은 분명히 말하고 있다. 구약에서는 천상의 존재들을 신들, 하나님의 아들들(히, 브네 엘로힘), 또는 새벽 별들로 칭한다(욥 38:4-7). 이때 브네(Bene)는 벤(Ben)의 복수인데, 아들(Son), 구성원(member of a group) 등의 뜻이 있고, 하나님을 뜻하는 히브리어

엘로힘은 문맥에 따라 하나님, 신들, 천상의 존재(God, gods, heavenly beings) 등을 뜻한다. 따라서 하나님의 아들들(히, 브네 엘로힘)은 천상의 존재 또는 천상 회의의 구성원들(members of heavenly beings/heavenly court)이란 뜻이다. 우리가 잘 알고 있는 가브리엘, 미가엘, 그리고 그들의 하위 계급에 속한 천사들도 천상의 존재들이다.

[욥 38:4-7] 내가 땅의 기초를 놓을 때에 네가 어디 있었느냐 네가 깨달아 알았거든 말할지니라 … 그 때에 새벽 별들이 기뻐 노래하며 하나님의 아들들이 다 기뻐 소리를 질렀느니라

[시 82:1] 하나님(God, 엘로힘/단수)은 신(god, 엘)들의 모임(heavenly court) 가운데에 서시며 하나님은 그들(gods, 엘로힘/복수) 가운데에서 재판하시느니라

[시 82:6] 내가 말하기를 너희는 신들이며 다 지존자의 아들들이라 하였으나

[시 89:5-7] 여호와여 주의 기이한 일을 하늘이 찬양할 것이요 주의 성실도 거룩한 자들의 모임 가운데에서 찬양하리이다 무릇 구름 위에서 능히 여호와와 비교할 자 누구며 신들 중에서 여호와와 같은 자 누구리이까 하나님은 거룩한 자의 모임 가운데에서 매우 무서워할 이시오며 둘러 있는 모든 자 위에 더욱 두려워할 이시니이다

하나님께서는 분명히 하나님의 형상을 나타내는 천상의 존재를 창조하셨고, 보이지 않는 세계에서 하나님을 나타내는 역할을 하도록

하신 것이라고 볼 수 있다. 처음 천지창조가 이루어질 때 천상의 존재들은 하나님과 함께 기뻐했음을 볼 수 있다(욥 38:7). 그렇지만 그들이 하나님께서 행하시는 모든 일에 다 참여한 것은 아니다. 그것이 바로 창세기 1장 26절에서는 "우리의 형상을 따라"라고 복수를 사용하시고, 그다음 구절인 27절에서는 "하나님이 자기 형상"이라고 단수를 쓴 이유이다.

인간이 하나님의 형상을 따라 지음 받았다고 할 때 형상은 인간의 어떤 특정한 소유나 능력을 의미하는 것이 아니라 하나님의 본질을 나타내는 일종의 역할과 신분을 의미하며6, 모양은 하나님의 닮아감(likeness : 닮음)을 의미한다. 이 말씀을 다르게 표현한 것이 바로 창세기 2장 7절의 말씀이다. 본래 인간은 흙으로 만든 몸에 하나님의 생기가 임함으로써 그 혼으로 하나님의 본질을 나타내는 살아있는 영적 존재가 된 것이다.

[창 2:7] 여호와 하나님이 땅의 흙으로 사람을 지으시고 생기7를 그 코에 불어넣으시니 사람이 생령8이 되니라

그 말은 하나님의 생명으로 인하여 인간은 하나님의 본질을 나누어

---

6 이것은 이 땅에 육신으로 오신 예수 그리스도를 통해서도 알 수 있다. "이는 하나님의 영광의 광채시요 그 본체의 형상이시라"(히 1:3). 예수님은 보이지 않는 하나님의 본질과 본성을 이 땅에 나타내는 형상임을 알 수 있다.

7 생기의 '생'은 히브리어로 '하이'이고 "살아있는"(living)을 뜻한다. 한편 '기'는 아람어 '니쉬마'로 히브리어 '네샤마'에 해당되며, "생명의 호흡, 숨"을 의미한다.

8 생령의 '생'은 동일하게 '하이'이고, '령'은 히브리어로 '네페쉬'이며 영이 아니라 "혼, 생명"이라는 뜻이다.

가지게 되었고(형상), 그 결과 자유의지를 가진 혼이 몸을 통하여 하나님의 본질을 개별화하고 점차 실현시켜 나가는 존재(하나님 형상 담지자 : divine image's bearer)(모양)라는 것이다.

[창 2:8] 여호와 하나님이 동방의 에덴에 동산을 창설하시고 그 지으신 사람을 거기 두시니라

성경에서 하나님의 이야기는 근본적으로 백성과 땅이라는 틀에서 볼 수 있다. 그 이유는 성경을 관통하는 핵심 주제가 하나님나라이며 하나님나라, 즉 하나님의 통치는 그 통치를 받는 영역인 땅과 사람인 백성을 포함하기 때문이다.9 하나님께서는 넓디넓은 지구 전체를 창조하셨음에도 불구하고, 특별히 인간을 위해 동방의 에덴에 동산을 만드시고, 왜 사람을 그곳에만 두셨는가? 그것은 하나님께서 아담과 하와를 통해 하나님께서 창조하신 온 땅을 에덴동산처럼 만들기를 원하셨기 때문이다.

[창 1:26-28] … 그들로 바다의 물고기와 하늘의 새와 가축과 온 땅과 땅에 기는 모든 것을 다스리게 하자 하시고 … 하나님이 그들에게 복을 주시며 하나님이 그들에게 이르시되 생육하고 번성하여 땅에 충만하라, 땅을 정복하라, 바다의 물고기와 하늘의 새와 땅에 움직이는 모든 생물을 다스리라 하시니라

---

9 하나님나라를 통치적인 면이 아니라 영역적인 면에서 볼 때는 주권, 백성, 영토를 포함하고 있다.

하나님께서 창조하신 인간은 하나님의 본질을 가진 영적 존재로서 이 땅에서 하나님을 대리하며 몸을 통해 그분의 영광을 나타내는 존재였다. 인간은 이 땅에서 보이지 않는 하나님을 피조세계에 보여주는 존재, 즉 하나님의 현현이며 하나님의 자녀로서 하나님과 하나임을 나타내고 있다. 다른 말로 인간은 하나님의 생명인 신성과 더불어 이 땅에서 몸으로 하나님을 나타내는 인성을 지닌 존재였다는 것이다. 신성을 지녔다는 것은 하나님의 영이 임하심으로써 영적으로 하나가 되었다는 것이며, 그 결과로 하나님께서 우리를 통해 나타나신다는 뜻이다. 인간의 입장에서 볼 때는 하나님께서 이 땅을 정복하고 다스릴 권세를 위임하신 것이고, 인간은 위임된 통치권을 가진 존재였다는 것이다. 우리는 성경을 통해 하나님께서 전지전능하신 분이지만, 이 땅을 다스릴 권세는 자녀에게 주었기 때문에 인간의 죄악과 타락 그리고 마귀의 통치에 대해서 직접 개입하지 않으시고 인간을 통해서 행하시는 것을 볼 수 있다.10

[시 115:16] 하늘은 여호와의 하늘이라도 땅은 사람에게 주셨도다

타락

[창 2:16-17] 여호와 하나님이 그 사람에게 명하여 이르시되 동산 각종 나무

---

10 하나님께서는 하나님의 자녀를 통하지 않으시고는 이 땅에 아무것도 하실 수 없다. 반대로 인간도 하나님 없이는, 즉 하나님의 통치권을 회복하지 않고는, 이 땅에 아무것도 할 수 없다. 전지전능하신 분이 왜 지금도 열방에 선교사를 보내 복음을 전하게 하시겠는가?

의 열매는 네가 임의로 먹되 선악을 알게 하는 나무의 열매는 먹지 말라 네가 먹는 날에는 반드시 죽으리라 하시니라

하나님께서는 왜 선악과를 만드셨을까? 많은 사람이 인간에게 자유의지를 주시고 선악과를 만드신 하나님을 오해한다. 하나님께서 창조주시라면 왜 선악과를 만들어 인간을 타락에 빠지게 했는가, 처음부터 만들지 않았다면 그런 일도 없었을 것이 아닌가 하고 생각하기 때문이다. 그 이유는 하나님께서는 그분의 형상과 모양대로 자녀들을 창조하셔서 그들과 인격 대 인격으로 사랑의 교제를 나누며 그들로 하여금 그분이 만드신 모든 만물을 통치하기를 원하셨기 때문이다. 선악과는 하나님께서 우리를 시험하기 위한 것이 아니라 하나님과 동일한 인격을 주시기 위한 사랑과 공의의 현현이자 자유의지를 가진 우리를 참자녀로 부르시는 초대장이었다.[11]

그렇다면 하나님께서는 왜 자유의지를 가진 인간에게 선악을 알게 하는 나무의 열매는 먹지 말라고 말씀하셨을까? 그것은 바로 타락한 천상의 존재들이 하나님을 대적하고 하나님의 자녀들을 속임으로 하나님의 뜻을 이루지 못하도록 할 것을 아셨고, 하나님의 자녀를 보호하기 원하셨기 때문일 것이다. 하지만 인간이 마귀의 속임에 넘어가 타락한 후 하나님의 영이 떠남으로써 인간은 하나님께서 부여하셨던 신성을 잃어버리고 단지 인성을 지닌 존재로 전락하게 되었다.

오늘날 마귀의 속임으로 인하여 인간은 마치 우연히 이 땅에 태어나 하나님 없이 스스로 살아가는 존재가 된 것처럼 여긴다. 그러나 성경

---

11 선악과에 담긴 하나님의 진정한 의도를 더 자세히 알기 원한다면, 《수수께끼 같던 영혼몸의 비밀이 풀린다》(규장) 219-222쪽을 참고하라.

은 이것에 대해서 아주 분명하게 말하고 있다. 하와가 타락하기 전에 마귀가 하와를 속인 것은 우리에게 너무나 중요한 사실을 알려준다. 그런데도 우리는 이 말씀을 제대로 보지 못하고 있다. 특별히 하나님 통치의 측면에서 보더라도 인간은 타락을 통해 하나님께서 본래 의도하셨던 영성을 잃어버리게 되었다. 뒤집어 생각해보고 이를 잘 깨달으면, 우리가 하나님께서 본래 의도하셨던 영성을 되찾고 경험할 수 있다는 말이다.

[창 3:1-5] 그런데 뱀은 여호와 하나님이 지으신 들짐승 중에 가장 간교하니라 뱀이 여자에게 물어 이르되 하나님이 참으로 너희에게 동산 모든 나무의 열매를 먹지 말라 하시더냐 여자가 뱀에게 말하되 동산 나무의 열매를 우리가 먹을 수 있으나 동산 중앙에 있는 나무의 열매는 하나님의 말씀에 너희는 먹지도 말고 만지지도 말라 너희가 죽을까 하노라 하셨느니라 뱀이 여자에게 이르되 너희가 결코 죽지 아니하리라 너희가 그것을 먹는 날에는 너희 눈이 밝아져 하나님과 같이 되어 선악을 알 줄 하나님이 아심이니라

(1) "뱀이 여자에게 물어 이르되 하나님이 참으로 너희에게 동산 모든 나무의 열매를 먹지 말라 하시더냐" 마귀는 여자에게 질문을 던졌다. 즉 여자에게 하나님의 말씀에 대한 여자의 생각을 물어본 것이다. 그리고 여자가 하나님으로부터 들은 말씀에 대해서 말하도록 한다. 이것이 바로 마귀의 속임수임을 알아야 한다. 왜냐하면 우리의 혼이 자유의지를 가지고 있기 때문에 그 혼이 영이요 생명이신 말씀 대신에 말씀에 대한 자신의 생각과 감정을 따르게 되면, 하나님을 나타내기보다는 자신을 나타내게 되는 것이다. 마귀는 하와가 하나님의 말씀 대

신에 그 말씀에 대한 자신의 생각에 초점을 두도록 만든 것이다(창 3:2-3).12

(2) "너희가 결코 죽지 아니하리라 너희가 그것을 먹는 날에는 너희 눈이 밝아져"13 마귀는 지금의 단계보다 더 나은 단계로 깨어날 수 있다고 하와의 마음에 말씀에 기초한 거짓말을 집어넣고 속이고 있다. 실상은 신성과 인성을 지니고 이 땅에 하나님을 나타내는 자(하나님, 즉 생명인 말씀을 말씀대로 생각하고 말하는 자)가 하나님 말씀 대신에 하나님 말씀에 대한 자기 생각을 가짐으로써(즉 마귀의 말에 속음으로), 하나님과 분리되어 신성을 잃어버리고 마귀의 통치를 받는 타락한 존재로 전락하게 된 것이다. 그 결과로 영적인 눈이 닫히고, 육의 눈이 열리게 되었다. 그 결과 혼이 더 이상 하나님을 나타내지 못하고, 자신의 생각과 감정을 나타내는 혼적인 존재로 전락하게 되었다.

(3) "하나님과 같이 되어" 하나님께서 지으신 인간은 본래 하나님의

---

12 하와는 하나님의 말씀에 대해서 자신의 생각으로 마귀에게 어떻게 답변했는가? 1 하나님께서는 동산 '각종' 나무의 열매, 즉 모든 열매(every fruit)를 '임의로'(freely) 먹을 수 있도록 해주셨다. 그러나 하와는 여기서 '모든'과 '임의로'를 생략해버렸다. 2 게다가 하와는 마귀가 말했던 것처럼 '여호와 하나님'이라고 하지 않고 '하나님'이라고 '여호와'를 생략하여 말했고, 3 하나님께서 말씀하신 적이 없는 '만지지도 말라'는 규정까지 자기 생각으로 추가하였다. 그리고 4 "반드시 죽으리라"는 하나님의 말씀을 "죽을까 하노라"(죽을지도 모른다)라고 바꾸어버렸다.

13 하나님의 말씀에 대한 자신의 생각이 가득한 하와의 답변을 듣자 마귀가 곧바로 "그 열매를 먹어라"라고 한 것이 아니라 하와의 생각을 강화시켜줄 '반쪽짜리' 진리를 말한다. 여기서 재미있는 사실은 표면적으로 볼 때 마귀의 답변이 다 이루어졌다는 것이다. 선악과를 먹은 아담과 하와는 육신적으로 결코 죽지 않았다. 선악과를 먹은 그들의 눈이 밝아져 선악을 알게 되었다(창 3:22, 여호와 하나님께서 그들이 선악을 아는 일에 우리 중 하나같이 되었다고 말씀하심).

생명을 나타내는 하나님과 하나된 존재였다. 앞서 설명한 것처럼 우리는 하나님의 형상을 지닌 자로서 이 땅에서 하나님을 대리해서 그분의 모양을 나타내는 자이다. 그런데 마귀가 "하나님과 같이 되어"라고 속인 것이다. 본래의 하나됨(unity)이 아니라 동등됨(equality)을 취하라고 유혹한 것이다. 마귀는 자신이 하나님에게 반역하여 하나님과 동등됨을 취하고자 하는 것처럼 인간도 그렇게 할 수 있다고 속인 것이다.

이 부분을 온전히 이해하기 위해서는 먼저 한 가지 잘못된 전통에서 벗어나야 한다. 그것은 많은 그리스도인들이 하나님과 하나가 된다는 말에 거부감을 지니고, 심지어 신성모독인 것처럼 여긴다는 것이다. 이것은 거짓자아가 가지는 죄책감과 두려움에 기초한 사고방식이라는 것을 알아야 한다. 흔히들 이렇게 생각한다. '그것은 예수님께나 해당되는 말이지 어떻게 우리에게 해당되는 말인가?' 그렇다면 지금 당신은 예수 그리스도 밖에 있는가? 아니면 안에 있는가? 지금 당신은 당신의 삶을 살아야 하는가? 아니면 예수 그리스도가 나타나는 삶을 살아야 하는가? 그러면 왜 그렇게 살고 있지 못하는지 아는가? 하나님과 우리의 하나됨을 믿지 않기 때문이다. 그렇게 말하는 것이 두렵기 때문에 우리는 전통적으로 연합(union)이라는 말을 주로 사용한다. 그러나 연합이라는 말은 본래의 뜻을 제대로 알려주지 못한다. 요한복음 17장 예수님의 대제사장 기도에서 예수님이 하나됨(11, 21-23절)을 위해 기도하신 것을 생각해보라. 성경이 말하는 진정한 연합의 궁극적 목적은 연합을 통한 하나됨이다(unity through union with Christ).14

---

14 하나됨(Unity) : Oneness, the state or fact of being one undivided entity(나누어질 수 없는 실체), 연합(Union) : The act of uniting or joining two or more things into one, 동등됨(Equality) : The fact of being equal.

[요 17:11] 나는 세상에 더 있지 아니하오나 그들은 세상에 있사옵고 나는 아버지께로 가옵나니 거룩하신 아버지여 내게 주신 아버지의 이름으로 그들을 보전하사 우리와 같이 그들도 하나가 되게 하옵소서

[요 17:21-23] 아버지여, 아버지께서 내 안에, 내가 아버지 안에 있는 것 같이 그들도 다 하나가 되어 우리 안에 있게 하사 세상으로 아버지께서 나를 보내신 것을 믿게 하옵소서 내게 주신 영광을 내가 그들에게 주었사오니 이는 우리가 하나가 된 것 같이 그들도 하나가 되게 하려 함이니이다 곧 내가 그들 안에 있고 아버지께서 내 안에 계시어 그들로 온전함을 이루어 하나가 되게 하려 함은 아버지께서 나를 보내신 것과 또 나를 사랑하심 같이 그들도 사랑하신 것을 세상으로 알게 하려 함이로소이다

하나님과 하나가 되었다는 것은 하나님의 본질인 생명을 나누어 가졌다는 뜻이다(벧후 1:3-4). 그분과 동등됨을 가진다는 뜻이 아니라는 것이다. 마귀가 우리를 속이는 것이 바로 우리로 하여금 하나님과 동등됨을 취하도록 하는 것이다. 타락한 마귀처럼 스스로 주인이 되는 삶을 살도록 하는 것이다. 이것을 쉽게 이해하기 위해서 바다와 파도를 생각해보라. 바다는 파도로 나타나고, 파도는 바다를 나타내고 있다. 파도도 바다도 동일한 물이다. 한 바가지의 물을 바다에 부었을 때 연합을 통해 하나가 된다. 그렇다고 해서 파도가 바다일 수는 없으며, 파도는 단지 바다의 현현일 뿐이다. 지금 마귀가 속이는 것은 하나님과 우리의 하나됨을 분리시켜 우리로 하여금 독립된 개체로서 하나님과 동등됨을 취하게 만들고자 하는 것이다. 하나님과의 하나됨은 거짓자아가 추구하거나 도달할 수 있는 것이 아니다. 그 거짓자아가

죽을 때 하나님에 의해서 이루어지는 것이다. 거짓자아인 나는 결코 하나님과 하나됨을 이룰 수 없다. 그 거짓자아가 하나됨을 추구하거나 생각할 때 생기는 것이 바로 자신의 죄와 분리에 대한 죄책감과 신성모독에 대한 두려움이다.

(4) "선악을 알 줄 하나님이 아심이니라" 마귀는 하나님을 대적한 후에 자신이 가지게 된 선과 악을 인간에게 주입하고자 한다. 하나님은 악을 창조하신 적이 없으시며, 절대선이시다. 하나님이 계시지 않는 것이 악이다. 마치 빛의 부재가 어두움인 것처럼 말이다. 이것은 창세기 3장 22절에서 "여호와 하나님이 이르시되 보라 이 사람이 선악을 아는 일에 우리 중 하나같이 되었으니"의 말씀을 통해서도 알 수 있다. 이때 '우리 중 하나같이'는 삼위일체 하나님이 아니라 타락한 천상의 존재들을 일컫는 말이다. 마귀는 인간에게 하나님께서 마치 선악을 만드신 것처럼 속이고 있다. 하나님의 생명 밖에 있는 자가 가지는 것이 악이며, 그 관점에서 볼 때 하나님의 법 안에 있는 것이 선이 되는 것이다. 선악을 안다는 것은 하나님과 분리된 존재(하나님의 생명이 없는 타락한 존재)가 진리의 말씀에 기초하여 판단하는 것이 아니라, 자신이 만든 기준이나 기초 위에 이원성15을 가지고 판단하는 것이다. 예를 들어, 주체와 객체, 좋다와 싫다, 선과 악, 거룩함과 속됨, 여기와 저기 등을 생각해보라.

---

15 이원성 : 스스로 존재하는 인간의 모든 판단은 그 관념이나 개념의 정반대의 것을 상정한 기초 위에 생겨나는 것이다. 예를 들어, 우리가 좋다고 말할 때는 우리 내면에 이미 나쁘다는 개념을 가지고 있는 것이다. 그렇지 않고 좋다는 개념을 가질 수 없다.

[창 3:6] 여자가 그 나무를 본즉 먹음직도 하고 보암직도 하고 지혜롭게 할 만큼 탐스럽기도 한 나무인지라 여자가 그 열매를 따먹고 자기와 함께 있는 남편에게도 주매 그도 먹은지라

마귀의 유혹과 인간의 타락이 어디서 시작되었는지 보이는가? 바로 자유의지를 가진 혼이 영이요 생명인 하나님의 말씀대로 생각하거나 느끼지 않고, 그 말씀에 대한 자신의 생각을 가졌을 때이다. 마귀의 해석을 듣고 난 다음에 하와가 선악을 알게 하는 나무를 보니까 먹음직도 하고, 보암직도 하고, 지혜롭게 할 만큼 탐스럽기도 해서, 그 열매를 따먹고 함께 있던 아담에게도 준 것이다.

하나님께서 자녀에게 준 이 땅의 통치권이 마귀의 통치권으로 넘어가게 된 것은 우리가 하나님의 말씀에 순종하는 것이 아니라 마귀의 말에 순종했기 때문이다. 그 결과로 하나님께서 자녀에게 준 통치권이 마귀에게 이양된 것이다. 그것은 무엇을 의미하는가? 우리가 하나님의 말씀을 말씀대로 말하지 않고, 하나님의 말씀에 대한 자신의 생각을 믿고 말하는 것, 그것이 바로 마귀의 말에 순종하는 것이다.16 그것은 말의 내용에 있는 것이 아니라 주체에 있는 것이다. 하나님의 자녀로서 하나님을 나타내고자 하는 자인가? 아니면 하나님의 자녀이면서도 단지 말씀을 믿고자 하는 자인가에 대한 것이다. 하와는 하나님의 말씀을 모른 것이 아니다. 말씀에 대한 지식과 이해도 가지고 있고, 말씀에 대한 믿음도 가지고 있다. 그러나 하와는 그 말씀에 대한 자기의 생각

16 이것을 인간의 존재적 측면에서 보면 자유의지를 가진 혼이 하나님의 생명을 나타내는 것이 아니라 하나님의 말씀에 대한 자신의 생각을 나타내는 것으로, 눈이 밝아져 몸의 종노릇하는 것이다. 이 부분에 대한 자세한 내용은 1부 4장을 보라.

을 가지고 마귀와 대화를 나누었고, 그럴 때 마귀가 상황, 처지, 환경, 탐욕을 통하여 그 생각을 변질시킨 것이다.

타락한 후 인간은 죄에 대한 형벌은 받았지만, 저주를 받지는 않았다. 형벌은 하나님의 법(영광) 밖에 있을 때 주어지는 것이지, 하나님께서 의도적으로 심판하신 것이 아니었다. 저주를 받은 것은 뱀과 땅이었다(창 3:7-20). 하나님의 영이 떠남으로 인하여 아담과 하와가 타락한 후 죄와 수치심과 두려움 속에 있을 때에도 하나님께서는 그들을 보호하시기 위해서 가죽옷을 지어 입히셨다. 하나님께서는 동물의 피로 그들의 죄를 덮어 인간들과 계속 교제하기를 원하신 것이다. 그리고 죄 가운데서 영생하지 못하게 하기 위해 그들을 에덴동산에서 쫓아내셨다(창 3:21-24).

> [창 3:21-22] 여호와 하나님이 아담과 그의 아내를 위하여 가죽옷을 지어 입히시니라 여호와 하나님이 이르시되 보라 이 사람이 선악을 아는 일에 우리 중 하나같이 되었으니 그가 그의 손을 들어 생명 나무 열매도 따먹고 영생할까 하노라 하시고

타락과 복음을 어떻게 보아야 하는가?

인간이 죄를 지은 것은 마귀 때문이다. 인간이 하나님의 말씀 대신에 마귀의 말에 순종함으로써 타락하게 된 것이다. 그렇다면 마귀와 그

---

17 십자가 대속의 복음을 부정적으로 표현한 것은, 십자가 대속 사건 자체를 부정하는 것이 아니다. 그 대속을 받아들이는 인간의 잘못된 복음관(태도와 믿음)을 언급한 것이다. 십자가 대속의 진정한 의미는 내 죄를 사해주는 것만이 아니라, 먼저 내가 예수님의 죽으심에 연합함으로써

졸개들의 정체가 드러나고 내쫓기는 것이 없이 하나님의 통치의 복음이 임할 수 있을까? 그런데 오늘날 마귀는 하나님 통치의 복음을 십자가 대속의 복음으로 교묘하게 변질 축소시킴으로써17 하나님나라의 복음을 인간의 복음으로 전락시키고(하나님께서 죽을 수밖에 없는 우리를 다시 자녀 삼아주시는 것을, 우리가 예수 그리스도를 믿음으로 죄사함을 받는다는 식으로), 우리로 하여금 마귀의 존재와 영향력에 대해서 알지 못하도록, 심지어 부정하도록 만든 것이다. 그런데 우리는 마귀의 통치를 생각하지 않은 채, 인간이 하나님께 불순종함으로써 죄를 짓고 타락했으며, 마침내 예수님께서 이 땅에 오셔서 우리의 죄를 사해주셨다는 식의 단편적인 복음을 마치 복음의 전부로 착각하고 있다. 우리가 예수 그리스도를 믿으면 죄사함을 받고 구원을 받기 때문에 열심히 신앙생활을 해야 하고, 때가 되면 천국에 갈 수 있다는 왜곡된 복음을 말하고 믿고 있는 것이다.

타락 후 하나님의 영이 떠남으로써 기능하지 못하는 인간의 영으로는 자신이 누구인지 알 수 없기 때문에18 혼이 자신과 외부에 대한 생각과 감정을 자신과 동일시함으로 만들어진 거짓자아(에고, 겉사람)로 살아가게 된 것이다. 이때 기능하지 못하는 영인 옛자아는 마귀의 영에 영향을 받아 죄성(sinful nature)을 지니게 된다. 우리가 마귀에게 속지 않고 마귀의 통치에서 벗어나기 위해서는, 거짓자아가 주체가 되어 진리의 말씀에 대한 내 생각과 믿음으로 살아서는 안 되는 것이다. 그럴

새로운 피조물이 되어야 한다는 것이다. 그런데 그 십자가를 통해서 새로운 피조물이 되고, 그리스도 안에서 매일 자기 몸의 죄사함을 받는 십자가 대속을 경험하지 않고, 예수 그리스도 밖에서 예수님께서 지신 십자가의 대속만을 믿음으로써 자신의 죄를 사함 받는다는 식의 신앙을 추구하고 있다는 의미이다.

18 이 부분에 대한 상세한 내용은 《수수께끼 같던 영혼몸의 비밀이 풀린다》(규장) 73-108쪽을 참고하라.

때는 언제나 마귀의 시험과 속임에 넘어가게 된다. 오직 하나님의 영이 다시 우리 안에 임하심으로써 우리의 혼이 하나님의 영에 속할 때 비로소 영이요 생명인 말씀대로 생각하고 느끼고 말할 수 있게 되는 것이다. 그것이 바로 인자로 오신 예수님께서 보여주셨던 태도이자 삶이었다.19

오늘날 우리로 하여금 복음을 하나님나라 관점에서 통전적으로 깨닫지 못하게 하고, 십자가 대속에 따른 인간의 구원만을 강조하는 복음을 붙들게 하는 것이 바로 마귀의 궤계라는 사실을 제대로 알아야 한다. 마귀와 그 졸개들은 자신들의 존재를 나타내지 않음으로써 하나님의 통치의 복음을 마귀의 통치를 제외한 채, 하나님과 인간의 관계, 즉 죄와 타락에 대한 속량과 구원의 문제만으로 속이는 것이다. 오늘날 그들은 자신들을 교묘하게 숨기고, 우리를 도둑질하고 죽이고 있다.

[요 10:10] 도둑이 오는 것은 도둑질하고 죽이고 멸망시키려는 것뿐이요 내가 온 것은 양으로 생명을 얻게 하고 더 풍성히 얻게 하려는 것이라

또한, 죄의 원어적 뜻은 "과녁에서 벗어나다"라는 사실을 염두에 두고 하나님의 생명의 관점에서 창조와 타락을 보면, 창조는 하나님과

---

19 이 문제에 대해 명확한 답을 얻기 위해서는 마지막 아담으로 오신 예수님께서(고전 15:45) 요단강에서 성령충만함을 받은 후에 성령에 이끌려 광야로 가서 마귀의 시험을 어떻게 물리쳤는지에 대해 묵상해보라 (마 4:1-11). 마귀가 말씀에 대해서 예수님 자신이 어떻게 생각하는지 질문했다. 이것은 마귀가 하와에게 했던 것과 똑같은 속임수이다. 그러나 예수님께서는 말씀에 대한 자신의 생각을 말한 것이 아니라 하나님의 말씀을 말씀대로 말함으로써 마귀의 시험을 무력화시키셨다.

그분의 자녀이자 이 땅에 그분의 현현인 우리의 하나됨의 시작이다. 반면, 타락은 하나님의 생명이 떠남, 즉 하나님과의 하나됨에서 분리됨을 의미하고, 스스로 존재하는 자아독립적 개체가 된 것을 뜻한다. 죄의 원인과 결과는 하나님과의 분리에서 일어나며, 그 결과로 인간은 하나님과의 생명적 관계를 통해 주어진 신성이 사라지고 스스로 생존해 가야 하는 존재로 전락하게 된 것이다. 따라서 타락을 단지 범죄함으로만 볼 것이 아니라 하나님과의 분리로 보아야 한다. 하나님과의 하나됨으로 그분의 형상을 가지고 모양을 나타내는 존재에서 하나님과 생명적으로 분리되어 스스로 생존을 위해서 살아가는 존재로 전락했다는 것이다. 우리는 전적 타락과 원죄는 알지만, 하나님과의 생명적 하나됨에서 분리가 일어났다는 관점으로는 보지 못하고 있다. 이런 관점에서 볼 때 타락은 우리의 영혼의 타락이 아니라 혼의 타락이다. 만약 우리 영혼이 타락했다면, 하나님께서 타락한 것이 되기 때문이다.[20]

우리가 복음의 핵심인 통치의 개념을 온전하게 깨닫기 위해서는 복음을 마귀의 존재와 인간의 타락이라는 관점뿐만 아니라 동시에 차원적인 관점에서도 보아야 한다. 하나님께서는 만물을 지으실 때 보이는 세계(물질세계)뿐만 아니라 보이지 않는 세계(비물질세계)도 창조하셨다(골 1:16). 또한 하나님의 생명을 가진 영적 존재인 자녀로 하여금 영이요 생명인 말씀대로 이루어진 실상(실체의 근원이 되는 본질)이 비물질세

---

20 물론, 인간을 정의하는 영혼몸은 나누어서 생각할 수 없다. 인간은 하나님의 영으로 지음 받은 존재이고, 혼은 그 영을 나타내는 의식체이고, 혼은 몸을 통하여 자신을 나타내기 때문이다. 그러나 타락 전후와 구원 전후의 인간의 존재적 변화를 제대로 알기 위해서는 영혼몸을 구별해서 보는 것이 좋다. 현재 한국어 성경과 중국어 성경만 영과 혼을 구분하지 않고 영혼이라는 용어를 사용하지만, 그 외 모든 성경은 영 혹은 혼으로 나누어 기술하고 있다. 영혼에 대한 정확한 정의와 존재의 상태에 따라 구분하지 않고 영과 혼을 합성한 단어로 사용하기 때문에 성경적 인간론과 구원론에 엄청난 혼돈을 주고 있는 실정이다.

계에 나타나게 하시고, 그 결과로 물질세계에서 그 실체를 경험하도록 하셨다. 이것이 바로 예수님께서 우리에게 알려주신 하나님나라의 삶이기도 하다.

[마 6:10] 나라(하나님의 통치/영적 세계)가 임하시오며 뜻이 하늘(보이지 않는 세계)에서 이루어진 것같이 땅(보이는 세계)에서도 이루어지이다

그러나 자유의지를 가진 혼이 하나님의 말씀 대신에 마귀가 들려준 말에 순종함으로써 하나님의 영이 떠나가게 되었다. 그 결과 하나님의 통치에서 마귀의 통치를 받게 된 인간은 육신의 눈이 밝아짐으로써 단지 오감으로 감각하는 보이는 세계(물질세계)만이 현실이라고 생각하게 되었고, 보이지 않는 세계(비물질세계)에 대해서는 두려움을 가지게 되었다. 마귀는 바로 이 보이지 않는 세계(비물질세계)를 통하여 보이는 세계(물질세계)와 인간을 통치하고 있는 것이다. 결국, 하나님께서 자녀들에게 준 위임된 통치권이 마귀에게 이양된 것이다. 그래서 하나님의 영이 없는 구약의 사람들은 하나님이 누구이신지도 모르고, 보이지 않는 세계를 통치하고 있는 타락한 천상의 존재들을 신으로 우상숭배하게 된 것이다.

[사 26:13] 여호와 우리 하나님이시여 주 외에 다른 주들이 우리를 관할하였사오나 우리는 주만 의지하고 주의 이름을 부르리이다

예수님을 통한 하나님의 통치

타락한 인간은 하나님의 형상담지자(divine image's bearer)라는 신분을 잃어버리고, 하나님나라의 그림자인 에덴동산에서 쫓겨나 하나님과 생명적 교제를 할 수 없게 되었으며, 하나님의 위임된 통치권을 잃어버리고 마귀의 통치 아래 스스로 생존해야 하는 존재로 전락하게 되었다. 그러나 하나님께서는 다시금 하나님의 자녀들과 땅을 회복시키기 위해서 만세 전부터 감추었던 비밀의 경륜을 예수 그리스도를 통하여 계시하기로 섭리하셨다. 그리고 그분이 오시기 전까지는 그분에 대한 예표와 그분께서 이루실 것에 대한 모형과 그림자를 우리에게 보여 주셨다.

[엡 3:9-11] 영원부터 만물을 창조하신 하나님 속에 감추어졌던 비밀의 경륜이 어떠한 것을 드러내게 하려 하심이라 이는 이제 교회로 말미암아 하늘에 있는 통치자들과 권세들에게 하나님의 각종 지혜를 알게 하려 하심이니 곧 영원부터 우리 주 그리스도 예수 안에서 예정하신 뜻대로 하신 것이라

마침내 때가 이르러 구약의 말씀을 성취하시고 새언약을 맺으시기 위한 하나님의 비밀의 경륜에 따라 이 땅에 예수 그리스도께서 성육신 하신 것이다.

[마 1:18-23] 예수 그리스도의 나심은 이러하니라 그의 어머니 마리아가 요셉과 약혼하고 동거하기 전에 성령으로 잉태된 것이 나타났더니 … 아들을 낳으리니 이름을 예수라 하라 이는 그가 자기 백성을 그들의 죄에서 구원할 자이심이라 하니라 이 모든 일이 된 것은 주께서 선지자로 하신 말씀을 이

루려 하심이니 이르시되 보라 처녀가 잉태하여 아들을 낳을 것이요 그의 이름은 임마누엘이라 하리라 하셨으니 이를 번역한즉 하나님이 우리와 함께 계시다 함이라

마귀는 예수 그리스도를 죽이고자 했지만 실패했다. 그리고 하나님이 정하신 때가 되었을 때 예수님께서는 공생애 사역을 시작하셨다. 하나님나라의 복음의 핵심은 바로 새언약(신 29:1-4, 14-15, 30:6 ; 렘 31:31-33 ; 겔 36:26-27)의 성취로써 하나님의 영이 다시 임하시는 것이다.

그 관점에서 타락을 보면 아래 질문들에 다음과 같이 답할 수 있다.

(1) 타락의 원인자는 누구인가? 사탄(마귀)이다.
(2) 타락의 핵심은 무엇인가? 자유의지를 가진 인간의 혼의 타락이다.
(3) 타락의 결과는 무엇인가? 하나님의 영이 떠남으로써 하나님과 인간이 분리된 것이다. 그 결과 인간은 하나님의 통치권을 잃어버리고, 보이는 세계가 전부라고 생각하며 살아가게 된 것이다.
(4) 사탄은 인간을 어떻게 통치하는가? 세상 신인 사탄은 우리로 하여금 하나님의 말씀대로 생각하는 대신에 세상에 대한 자신의 생각으로 살아가게 만드는 것이다.

그렇다면, 사탄이 통치하는 나라에 성육신하여 인자로 오신 예수님께서 인간을 타락으로부터 구원하기 위해 이 땅에서 보여주시고, 해야 할 일이 무엇인가? 다음 네 가지로 요약할 수 있다.

(1) 인자로 오신 예수님께서 세례를 받음으로 첫째 아담과 동일한 조건과 상태가 되는 것이다. 그것은 죄사함을 받고, 떠나가신 하나님

의 영이 다시 인간에게 임함으로써 하나님의 영에 인도함을 받는 성령 충만한 자가 되는 것이다. 예수님께서는 성령으로 잉태하셨고 죄가 없으신 분이시지만, 하나님의 모든 의를 이루기 위해서 이 일을 행하신 것이다(마 3:15).

(2) 하나님의 자녀로 하와와 동일한 시험을 받을 때, 하와와는 다르게 성령 안에서 말씀대로 말하심으로써 마귀의 일을 무력화시키는 것이다(마 4:1-11).

(3) 그리고 자신 안에 하나님의 나라가 이루어진 것을 보여주는 것이다(눅17:20-21). 즉 하나님의 영에 인도함을 받는(하나님의 통치함을 받는) 삶을 보여주는 것이다. 마지막 아담으로서 본래 하나님께서 계획하신 하나님의 통치를 나타내는 삶을 살면서 마귀가 통치하는 나라에서 마귀와 그 졸개의 일들을 무력화시키는 것이다(마 12:28-29).

(4) 십자가 대속과 부활을 통한 새생명으로 예수 그리스도를 믿는 모든 자들에게 하나님의 영이 임하도록 함으로써 자신 안에 있는 하나님나라가 모든 자들에게 임하도록 하며, 그들로 하여금 하나님 자녀의 삶을 살도록 하는 것이다(눅 12:32).

[고전 15:45] 기록된 바 첫 사람 아담은 생령이 되었다 함과 같이 마지막 아담은 살려 주는 영이 되었나니

이것이 바로 하나님 속에 감추어졌던 비밀의 경륜이 예정하신 뜻대로 예수 그리스도를 통해서 이루어진 것이다(엡 3:9-11). 하나님께서는 자신의 통치권을 자녀들에게 위임하고 이 땅을 다스리도록 했지만, 자녀들이 하나님을 대적하던 마귀의 속임에 넘어가 타락함으로써 그 통

치권을 마귀에게 넘겨주고 말았다. 그 결과로 자녀들과 땅은 마귀의 통치 아래 들어갔고, 인간의 역사는 죄와 고통, 전쟁과 죽음, 악과 형벌, 우상숭배와 타락으로 점철되었다. 마침내 성자 하나님께서 성육신하셔서 우리와 성정이 동일한 인자로서 마귀에게 이양된 통치권을 다시 찾으시고, 마귀의 일을 멸하신 것이다(눅 4:6).

[요 17:4] 아버지께서 내게 하라고 주신 일을 내가 이루어 아버지를 이 세상에서 영화롭게 하였사오니

[눅 4:6] 이르되 이 모든 권위와 그 영광을 내가 네게 주리라 이것은 내게 넘겨준 것이므로 내가 원하는 자에게 주노라

[요일 3:8] 죄를 짓는 자는 마귀에게 속하나니 마귀는 처음부터 범죄함이라 하나님의 아들이 나타나신 것은 마귀의 일을 멸하려 하심이라

예수님께서는 인간이 하나님과 타락 전의 관계로 돌아가는 은혜를 베풀어주셨다.

[롬 5:8] 우리가 아직 죄인 되었을 때에 그리스도께서 우리를 위하여 죽으심으로 하나님께서 우리에 대한 자기의 사랑을 확증하셨느니라

[골 1:13] 그가 우리를 흑암의 권세에서 건져내사 그의 사랑의 아들의 나라로 옮기셨으니

그것은 바로 우리가 예수 그리스도를 믿음으로 그분의 십자가 대속으로 인하여 죄사함을 받고, 하나님의 영이 우리에게 임하심으로써 예수 그리스도 안에서 새로운 피조물이 되고, 그분 안에서 하나님의 자녀, 하나님의 의가 되는 것이다. 그분의 죽으심은 구약의 예언을 성취하는 것이었고(렘 31:31-33 ; 겔 11:19-20, 36:26-27), 그리스도의 영으로 우리 안에 오시는 것은 하나님과 우리가 새언약을 맺는 것이다.

새언약의 성취와 하나님나라의 복음

구약의 이스라엘 백성들이 광야에서 40년을 방황한 후에 가나안 땅에 들어가기 전 모압 땅에서 하나님께서 모세에게 준 새언약을 생각해 보라. 그리고 이스라엘 왕국의 멸망을 바라보며 새언약을 다시 기억하게 했던 선지자들의 예언들을 생각해보라.

[신 29:1] 호렙에서 이스라엘 자손과 세우신 언약 외에 여호와께서 모세에게 명령하여 모압 땅에서 그들과 세우신 언약의 말씀은 이러하니라

[신 29:14-15] 내가 이 언약과 맹세를 너희에게만 세우는 것이 아니라 오늘 우리 하나님 여호와 앞에서 우리와 함께 여기 서 있는 자와 오늘 우리와 함께 여기 있지 아니한 자에게까지이니

[신 30:6] 네 하나님 여호와께서 네 마음과 네 자손의 마음에 할례를 베푸사 너로 마음을 다하며 뜻을 다하여 네 하나님 여호와를 사랑하게 하사 너로 생명을 얻게 하실 것이며

[렘 31:31-33] 여호와의 말씀이니라 보라 날이 이르리니 내가 이스라엘 집과 유다 집에 새 언약을 맺으리라 이 언약은 내가 그들의 조상들의 손을 잡고 애굽 땅에서 인도하여 내던 날에 맺은 것과 같지 아니할 것은 내가 그들의 남편이 되었어도 그들이 내 언약을 깨뜨렸음이라 여호와의 말씀이니라 그러나 그 날 후에 내가 이스라엘 집과 맺을 언약은 이러하니 곧 내가 나의 법을 그들의 속에 두며 그들의 마음에 기록하여 나는 그들의 하나님이 되고 그들은 내 백성이 될 것이라 여호와의 말씀이니라

[겔 36:26-27] 또 새 영을 너희 속에 두고 새 마음을 너희에게 주되 너희 육신에서 굳은 마음을 제거하고 부드러운 마음을 줄 것이며 또 내 영을 너희 속에 두어 너희로 내 율례를 행하게 하리니 너희가 내 규례를 지켜 행할지라

죄의 삯은 사망이고 피흘림이 없이는 죄사함이 없다. 따라서 예수님의 죽으심은 구약의 완성과 동시에 새언약의 시작이고(마 26:28 ; 눅 22:20 ; 고전 11:25), 예수님의 부활 승천하심으로 인하여 약속하신 보혜사 성령님을 보내주신 것은 새언약의 성취이다. 그 결과로 예수 그리스도를 믿는 자가 물과 성령으로 거듭남은 바로 하나님과 다시 하나되는 것이며, 도래한 하나님나라로 들어가는 것이다.

[요 3:3-5] 예수께서 대답하여 이르시되 진실로 진실로 네게 이르노니 사람이 거듭나지 아니하면 하나님의 나라를 볼 수 없느니라 니고데모가 이르되 사람이 늙으면 어떻게 날 수 있사옵나이까 두 번째 모태에 들어갔다가 날 수 있사옵나이까 예수께서 대답하시되 진실로 진실로 네게 이르노니 사람이 물과 성령으로 나지 아니하면 하나님의 나라에 들어갈 수 없느니라

[고전 6:17] 주와 합하는 자는 한 영이니라

[요일 5:11] 또 증거는 이것이니 하나님이 우리에게 영생을 주신 것과 이 생명이 그의 아들 안에 있는 그것이니라

[골 3:1-3] 그러므로 너희가 그리스도와 함께 다시 살리심을 받았으면 … 이는 너희가 죽었고 너희 생명이 그리스도와 함께 하나님 안에 감추어졌음이라

하나님께서는 자녀가 된 우리로 하여금 자유의지를 가진 타락한 혼이 다시 하나님의 영 안에 거하게 함으로써 생명의 말씀이 다시 심중에 기록되어지도록 하고, 그 결과 예수 그리스도 안에서 말씀대로 생각하고 느끼고 말함으로써 마귀의 일을 멸하며, 이 땅에 주의 말씀을 이루는 삶을 살도록 하신 것이다.

성경을 피상적으로 보면, 인간의 전적인 타락과 부패 그리고 예수 그리스도를 통한 속량과 구원이라는 십자가 대속의 복음으로 볼 수 있다. 그 관점에서 보면 마귀의 통치뿐만 아니라 하나님이 누구이신지, 또한 그분 안에 감추어진 비밀의 경륜을 알 수가 없으며, 하나님을 두려운 하나님, 심판의 하나님으로 볼 수밖에 없다. 그러나 하나님나라, 즉 하나님의 통치의 관점에서 볼 때는, 겉으로 드러나지 않지만 자기 백성을 포기하지 않으시는 놀라운 하나님의 사랑을 보게 된다.

구속사는 인간의 죄에 대한 하나님의 심판과 구원에 대한 이야기가 아니라, 마귀의 통치 아래 있는 하나님의 자녀들을 보호하시고, 그들을 다시 하나님의 자녀로 회복시키기 위한 눈물겨운 하나님 아버지의 사랑 이야기이다. 부모가 자식을 구출하고 보호하기 위해 자신이 고

통받는 말할 수 없는 사랑을 보게 된다.

구약은 죄에 대한 하나님의 벌과 심판이 아니라 하나님의 자녀를 끝까지 포기하지 않으시고, 다시 구원해내어 그들(하나님의 자녀)로 하여금 본래 하나님의 뜻을 이 땅에 이루고자 하시는 놀라운 그분의 이야기이다. 구약이 감추어진 자녀들에 대한 하나님의 사랑 이야기라면, 신약은 예수 그리스도를 통하여 나타난 하나님의 사랑 이야기이다. 우리는 왜 이것을 제대로 보지 못하는 것일까? 그것은 구속사를 하나님의 관점에서 보지 않고 인간의 관점에서만 보아왔기 때문이다. 그 결과로 타락한 천상의 존재가 하나님을 지속적으로 대적하고, 타락한 하나님의 자녀들로 하여금 끊임없이 하나님께 불순종하도록 하고 자신들을 숭배하도록 하는 것을 보지 못하게 하기 때문이다.

우리는 하나님나라의 관점에서 구속사를 새롭게 보아야 한다. 하나님나라를 지금처럼 현재적 하나님나라와 미래적 하나님나라와 같이 단순히 시간적 관점으로만 보는 것이 아니라 하나님의 통치와 마귀의 통치적 관점, 영의 세계와 보이지 않는 세계와 보이는 세계와 같은 차원적 관점, 그리고 주권, 백성, 영토와 같은 나라의 영역적 관점을 통합적으로, 그리고 통전적으로 보아야 한다. 우리는 오랫동안 구속과 성화를 하나님과의 생명적 관계, 인간의 존재론적 변화, 그리고 마귀의 통치에서 하나님의 통치로의 전환(轉換, conversion), 그리고 차원적인 관점에서 보지 않고, 단지 인간의 타락으로 인한 원죄와 대속함 그리고 윤리 도덕적 측면에서의 거룩함만을 봄으로써, 새언약 안에 있으면서도 여전히 거짓자아로 죄와 수치심에 기초한 신앙생활을 하고 있다. 우리가 예수 그리스도를 믿기 전에는 전적 타락과 원죄, 하나님과의 분리와 마귀의 통치 속에 살았다. 그러나 예수 그리스도를 믿고 거듭난 자는 하나님과의 연합을 통한 하나됨 안에 있다. 즉 법적 뿐만 아니라 현실적으로 영의 구원으로 자신의 본질이 새롭게 창조되었고, 다시 원복을 누리게 되었다는 것을 알아야 한다. 예수 그리스도 안에서 하나님과 하나됨으로 인하여 주어진 신성과 원복은 구원받은 자의 믿음의 대상이 아니라 존재 의식이 되어야 한다.

결론

우리가 예수 그리스도 안에서 새로운 피조물, 하나님의 의, 하나님의 자녀가 되었다면, 하나님의 본질(신성, 하나님의 형상)을 나누어 가졌으며, 이제는 그 본질이 우리의 몸에 나타남으로 그분을 닮아가는(모양대로) 삶을 살아가야 한다.

[고후 3:6] 그가 또한 우리를 새 언약의 일꾼 되기에 만족하게 하셨으니 율법 조문으로 하지 아니하고 오직 영으로 함이니 율법 조문은 죽이는 것이요 영은 살리는 것이니라

하나님나라의 복음은 새언약의 성취로 예수 그리스도로 인하여 다시 하나님과 하나가 되고, 우리 안에 하나님의 신성이 나타나도록 하기 위해서 하나님과 우리가 맺은 언약이다. 예수 그리스도 안에서 우리가 다시 하나님의 형상대로 지음을 받고 모양대로 살도록 하는 언약이다. 지금 우리가 거듭난 하나님의 자녀라면, 우리는 하나님과 분리된 채 거짓자아로(신성이 있음에도 불구하고 없는 자처럼) 주님을 믿고 경배만 하는 자가 아니라 하나님의 신성을 지닌 자임을 알고, 그분을 우리 몸

에 나타내는 자가 되어야 한다. 새언약의 성취인 하나님나라의 복음적 삶이야말로 진정한 영성이다.

하나님나라의 복음적 관점에서 볼 때 예수님께서 성육신하신 것은 타락으로 인해 하나님과 우리가 분리된 것을 다시 하나됨으로 회복시키기 위해서이고, 그 결과로 마귀의 통치에서부터 벗어나 하나님의 통치 안에 거하도록 하기 위함이다(요일 3:8). 또한 예수님께서 우리를 위해서 행하신 일은 대속과 구원뿐만 아니라 예수님 자신이 전하신 하나님나라 복음의 살아있는 모델로서 성육신(incarnation)의 삶을 친히 보여주신 것이다. 따라서 우리가 하나님의 자녀라면 우리도 예수 그리스도 안에서 성육신적 삶을 살아야 하지 않겠는가? 하나님의 영이 다시 임하여 하나님의 신성이 우리의 거짓자아를 뚫고 나타나는 삶(갈 2:20), 영으로써 몸의 행실을 죽이는 삶(롬 8:13), 속사람이 겉사람을 뚫고 나타나는 삶(고후 4:16), 우리의 몸이 하나님의 원복을 경험하는 삶(눅 15:31)을 통하여 이 땅에 하나님의 뜻을 나타내야 하지 않겠는가?(마 6:10) 이러한 삶은 기존의 전통적인 복음관과는 달리 하나님나라 복음적 영성을 통해서만 가능하다.

[갈 6:15] 할례나 무할례가 아무것도 아니로되 오직 새로 지으심을 받는 것만이 중요하니라

[갈 6:15 NRSV] For neither circumcision nor uncircumcision is anything ; but a new creation is everything!

04

새로운 패러다임으로
킹덤빌더의 정체성을
확립하라

지금까지 하나님나라 복음적 영성이란 무엇이며, 현 개신교의 흐름과 기독교 영성훈련의 한계에 대해, 그리고 올바른 영성을 위한 기초를 다지기 위한 하나님나라 복음적 관점에서의 구원에 대해 알아보았다. 이제 이를 바탕으로 예수님께서 전하신 하나님나라 복음을 담을 수 있는 새 가죽부대가 되기 위해서 어떠한 패러다임의 전환이 필요한지에 대해 알아보도록 하자.

새 포도주는 새 부대에 담아야 한다

우리는 매일 자신이 온전하지 못함을 느끼며 동시에 자신이 해결하기 싫거나 힘든 문제들을 어쩔 수 없이 직면하면서 하루를 보내게 된다. 대부분의 그리스도인들이 당면한 문제들을 해결하고 좀 더 나은 삶을 살기 위해 말씀을 읽고 기도하는 다양한 기독교적 활동을 한다. 2천 년 전 이 땅에 오신 예수님께서는 이 문제에 대해 어떻게 말씀하셨는가?

첫째, 먼저 우리 자신이 누구인지를 알려주시고, 예수 그리스도 안에 있을 때 하나님께서 주신 생득권(生得權)이 무엇인지를 알도록 하셨다. 그 말은 우리가 하나님을 떠난 후 전적 타락과 더불어 전적 무능한 존재라는 것을 알려주신 것이고, 동시에 예수 그리스도를 통하여 우리가 진정 누구인지를 알게 하신 것이다. 둘째, 매일 닥치는 힘든 문제들을 해결해가며 좀 더 자유롭고 행복한 삶을 사는 것이 우리가 살아가는 이유가 아니라, 그보다는 그런 일들이 일어나는 이 세상에 더 이상 묶이지 않고 하나님나라에서 하나님의 자녀로서 하나님의 영광을 드러내는 삶을 살아가는 것임을 알려주셨다.

그런데 지금 우리의 신앙생활을 되돌아보면, 이 두 가지에 대해서 우리가 주님의 뜻을 제대로 알지 못하고 있음을 볼 수 있다. 첫째, 자신의 타락과 무능을 알고 하나님의 은혜를 경험하기보다는 거짓자아의 노력으로 하나님의 약속을 얻어내고자 하는 삶을 살고 있다. 예수 그리스도를 믿고 하나님의 자녀임을 믿지만, 실상은 자신이 예수 그리스도 안에서 자녀됨을 체험하지 못하고 그 결과 생득권(birthright)을 누리지 못하고 있는 것이다. 둘째, 자신의 생각과 감정을 통해 하나님을 나타내기보다는(다른 말로 몸이 하나님을 체험하고, 그 결과로 세상에 하나님의 영광을 드러내기보다는) 단지 자기 방식대로 하나님의 지혜와 능력을 이용해서 더 나은 삶을 사는 데 초점을 두고 있다는 것이다.

오랜 세월 교회에 다니면서 열심히 배우고 최선을 다해 신앙생활을 하는데, 우리의 신앙이 다람쥐 쳇바퀴 도는 것처럼 제자리로 느껴지고 말씀대로 살지 못하는 이유는 무엇 때문일까? 그것은 구원받은 후에도 낡은 가죽부대에 새 포도주를 넣기 때문이다. 이에 대해, 예수님께서는 공생애 사역 동안에 하나님나라의 실체를 보여주시며, 율법적인 사고방식에 사로잡힌 자들에게 그들이 왜 새언약의 성취인 하나님나라의 복음을 깨닫지 못하는가에 대해 다음과 같이 비유로 말씀해주셨다.

[눅 5:37-39] 새 포도주를 낡은 가죽부대에 넣는 자가 없나니 만일 그렇게 하면 새 포도주가 부대를 터뜨려 포도주가 쏟아지고 부대도 못쓰게 되리라 새 포도주는 새 부대에 넣어야 할 것이니라 묵은 포도주를 마시고 새 것을 원하는 자가 없나니 이는 묵은 것이 좋다 함이니라

새 포도주는 새언약을 말한다. 그렇다면 가죽부대는 무엇을 의미하는가? 가죽부대는 언약을 받아들이는 곳이다. 이 말씀의 뜻은 생명의 말씀인 새 포도주를 거짓자아로 받아들이는가, 아니면 예수 그리스도 안에 새로운 피조물로서 받아들이는가에 대한 것이다. 즉, 육체에 속한 사람(거짓자아, 겉사람)으로 받아들이는가, 아니면 신령한 자(하나님의 영에 속한 자, 속사람)로서 받아들이는가에 대한 것이다.

[고전 3:1] 형제들아 내가 신령한(헬, 프뉴마티코스) 자들을 대함과 같이 너희에게 말할 수 없어서 육신에 속한(헬, 사르키노스) 자 곧 그리스도 안에서 어린 아이들을 대함과 같이 하노라

[고후 3:3] 너희는 우리로 말미암아 나타난 그리스도의 편지니 이는 먹으로 쓴 것이 아니요 오직 살아계신 하나님의 영으로 쓴 것이며 또 돌판에 쓴 것이 아니요 오직 육(헬, 사르키노스)의 마음(헬, 카르디아 : 심중)판에 쓴 것이라

육체에 속한 자이든 신령한 자이든 간에 영이요 생명인 말씀을 받아들이는 곳은 심중(heart)[21]이다(고후 3:3). 좀 더 정확히 말해서 가죽부

---

21 심중(헬, 카르디아 : heart)에 대한 더 구체적인 내용은 본서 3부 12장을 보라.

대는 심중에 해당된다고 볼 수 있다. 육체에 속한 자는 혼이 이미 자신의 경험과 지식에 기초한 생각으로 말씀을 받아들이기 때문에 말씀에 대한 자신의 생각을 마음(mind)으로 받아들일 뿐이다. 그것이 낡은 가죽부대이다. 한편, 신령한 자는 혼이 더 이상 몸에 종노릇을 하지 않고 하나님의 영 안에 거하기 때문에 하나님으로부터 오는 생명의 말씀이 자신의 심중에 기록되어지는 것을 허용한다. 그것이 새 가죽부대이다. 오늘날 그리스도인들이 하나님의 생명이 자신 안에 임했음에도 불구하고 여전히 거짓자아가 주체가 되어(육체에 속한 자가 되어) 낡은 가죽부대에 새언약을 넣고자 한다는 것이다. 그러나 새언약을 자신의 경험과 지식에 기초한 심중에 넣고자 하면 받아들일 수 없을 뿐만 아니라 혼돈만 올 뿐이다. 그리고 그들은 이미 세상의 법과 율법을 자기의 심중에 넣고 그 틀에 기초하여 마음의 생각으로 살아가기 때문에, 새언약을 원하지 않는다.

[렘 31:33] 그러나 그 날 후에 내가 이스라엘 집과 맺을 언약은 이러하니 곧 내가 나의 법을 그들의 속에 두며(히, 케레브 : 심중) 그들의 마음에 기록하여 나는 그들의 하나님이 되고 그들은 내 백성이 될 것이라 여호와의 말씀이니라

■ 거짓자아라는 옛 가죽부대

거짓자아는 하나님의 영이 떠난 후 타락한 혼이 자신의 정체성을 유지하기 위해서 뇌와 심중을 통해 떠오르는 생각을 선택하여 자신과 동일시할 때 만들어진 자아이다. 심리학에서는 이를 에고, 성경에서는 겉사람이라고 부른다. 이 거짓자아는 스스로 만든 허상이고 하나님의

생명에 의해 새롭게 창조된 새로운 자아가 아니기 때문에 예수님께서 알려주신 생명의 말씀(새 포도주)을 지식적으로는 받아들일 수 있지만, 생명적으로는 받아들일 수 없다.

> [요 6:63] 살리는 것은 영이니 육은 무익하니라 내가 너희에게 이른 말은 영이요 생명이라

이 말씀을 깊이 묵상해보자. 주님께서는 우리에게 진리의 말씀을 전해주시지만, 실상 그 말씀이 영이고 생명이라는 것이다. 말과 언어는 생명을 나타내는 표현일 뿐이지 생명 그 자체는 아니다. 예수님께서 말씀하시고자 하는 핵심은 예수께서 전하는 말을 통해서 그 말의 근원인 영과 생명을 만나야 한다는 것이다. 그런데 우리는 어떻게 하고 있는가? 기록된 진리의 말씀을 거짓자아로 해석하고 이해하고 받아들이는 것을 믿음이라고 생각한다.

생명은 무엇인가? 바로 예수 그리스도이시다. 우리는 말씀을 해석함으로써 진리를 깨닫는 것이 아니라 영이요 생명이신 예수 그리스도와 하나가 되어야 한다. 거짓자아로서는 말씀을 해석하고 이해할 수 있지만, 말씀이신 생명을 누릴 수는 없다. 그것은 말씀을 해석하고 분석하는 것이 잘못되었다는 것이 아니라, 말씀 묵상의 궁극적인 목적은 우리의 혼이 몸에 종노릇하는 것이 아니라 하나님의 영 안에 거함으로써 말씀이 우리의 심중에 거하도록 해야 한다는 것이다. 그렇게 되기 위해서는 혼이 몸의 종노릇에서 벗어나야 하며, 말씀을 볼 때 진리의 영이신 성령의 인도함을 받아야 한다.

[고전 2:9-10] 기록된 바 하나님이 자기를 사랑하는 자들을 위하여 예비하신 모든 것은 눈으로 보지 못하고 귀로 듣지 못하고 사람의 마음으로 생각하지도 못하였다 함과 같으니라 오직 하나님이 성령으로 이것을 우리에게 보이셨으니 성령은 모든 것 곧 하나님의 깊은 것까지도 통달하시느니라

❷ 깨어남을 통해 옛 가죽부대를 버려라

요한복음 6장 63절을 묵상하게 되면, 사도 바울이 로마서와 빌립보서에서 말하는 것을 기억하게 된다.

[롬 8:5] 육신을 따르는 자는 육신의 일을, 영을 따르는 자는 영의 일을 생각하나니

이 구절에서 "육신을 따르는 자"는 바로 혼이 자신의 몸에 종노릇하는 거짓자아로 살아가는 자를 말하는 반면, "영을 따르는 자"는 혼이 하나님의 영 안에 거함으로써 그리스도 의식으로 살아가는 자를 말한다. 말씀을 잘 알고 말씀에 정통한 것과 그 말씀대로 사는 것(우리 몸이 그 말씀을 경험하는 것)은 전혀 다른 별개이다. 즉, 내가 주의 말씀에 대한 많은 생각을 가지는 것과 영이요 생명이신 주의 말씀이 내 생각을 통해 나타나는 것은 정반대이다. 전자의 주체는 거짓자아로서 내가 아는 것이고, 후자의 주체는 내 안에 계신 그리스도로서 내 영 안에 계신 그분이 내 생각을 통해 나타나는 것이다. 전자는 인간적인 추구이며, 후자는 신성의 깨어남이라고 볼 수 있다.

그래서 사도 바울은 8장 6-8절에서 이렇게 말한다.

[롬 8:6-8] 육신의 생각은 사망이요 영의 생각은 생명과 평안이니라 육신의 생각은 하나님과 원수가 되나니 이는 하나님의 법에 굴복하지 아니할 뿐 아니라 할 수도 없음이라 육신에 있는 자들은 하나님을 기쁘시게 할 수 없느니라

[빌 3:8-9] 또한 모든 것을 해로 여김은 내 주 그리스도 예수를 아는 지식(헬, 그노시스)이 가장 고상하기 때문이라 내가 그를 위하여 모든 것을 잃어버리고 배설물로 여김은 그리스도를 얻고 그 안에서 발견되려 함이니…

한편 빌립보서 3장 8절의 그리스도 예수를 아는 '지식'은 헬라어 '그노시스', 히브리어 '야다'에 해당되는 말로, "어떤 것이나 사실에 대한 관념적 지식"이라는 뜻뿐만 아니라 관계적 앎을 의미하는 "경험하다, 하나가 되다"라는 뜻도 포함한다. 이것은 내가 추구해서 알아가는 지식이 아니라 내 안에 계신 하나님에 의해서 주어지는 지식이다. 그것은 예수 그리스도에 대한 지식이 아니라 바로 예수 그리스도의 지식, 즉 그분 자신을 관계적으로 앎을 뜻한다. 8절을 정확하게 알기 위해서는 9절 말씀인 "그 안에서 발견되려 함이니"를 체험해야 한다.

안타깝게도 우리는 너무나 오랫동안 낡은 가죽부대에 새 포도주를 넣는 일을 해왔다. 하나님의 생명이 임했음에도 불구하고 여전히 거짓 자아로 살면서 자신의 심중에 기록된 세상에 대한 경험과 지식에 기초하여 주의 말씀을 생각하고 느끼고 판단해온 것이다. 거짓자아가 주체로 살아갈 때는 아무리 진리의 말씀을 듣고 믿어도 그 말씀은 자신의 심중에 기록되어질 수 없으며, 그 결과로 진리의 말씀이 자신의 몸과 그리고 삶에 풀어지는 것을 경험하지 못하게 된다. 오히려 열심히 신앙

생활을 하면 할수록 더 혼미함에 빠져드는 것을 경험한다(눅 5:37 ; 롬 7:24). 왜냐하면 자신이 믿고 생각하는 것과 실제로 살아가는 것이 일치하지 않기 때문이다.

우리가 하나님의 자녀라면 혼이 하나님의 영 안에 거하는 깨어남을 통해 영이요 생명이신 말씀이 우리 심중에 기록되어짐으로써 그에 따라 우리의 몸(생각, 감정, 신체)이 하나님을 경험하도록 해야 한다. 그것이 바로 새로운 피조물로서 매일 구원을 이루어가는 삶이다. 그것은 하나님의 영에 인도함을 받는 혼이 - 마치 수도꼭지를 틀면 물이 흘러가는 것처럼 - 하나님의 영이요 생명인 말씀이 우리의 몸에 경험되어지도록 허용하는 것이다.

본래 우리는 생각과 감정 그리고 신체를 통해서 하나님을 나타내는 존재이다. 그런데 타락한 인간은 자신의 생각과 감정으로 이 세상에 존재하는 자신을 만들고, 지키고, 생존해 나가야 한다고 생각한다. 다시 한번 말하지만, 그리스도인은 세상에 대한 생각과 감정으로 자신을 만들어가는 존재가 아니라 하나님의 영 안에 거하는 존재로서(창 2:7) 생각과 감정을 통하여 하나님을 나타내는 존재가 되어야 한다. 그렇게 되기 위해서는 내가 하나님의 말씀을 생각하는 것이 아니라, 하나님의 말씀대로 생각하고 느끼고 말함으로써 하나님의 말씀이 내 생각이 되는 것을 체험해야 한다.

킹덤빌더의 시대

지금 우리가 마주하고 있는 현실과 앞으로 다가올 시대에는 피상적인 영성, 거짓자아의 영성으로는 영적 승리는커녕 생존조차 보장받을 수 없다. 다가올 시대에 생존을 넘어 하나님께서 각자에게 주신 하나님의 소명과 비전을 이루어 마지막 때를 준비하는 자로 살기 위해서는 반드시 새 가죽부대에 새 포도주를 담은 킹덤빌더로 세워져야 한다.

진정한 영성을 위한 훈련에는 자기부인과 자기 십자가를 통해서 내가 누구인지를 체험하는 '그의 나라를 구하는 훈련'과 그리스도 안에서 무엇이 내가 아닌지를 분별하는 '그의 의를 나타내는 훈련'이 있다. 마지막 때는 언제나 현존하시는 하나님과의 생명적 관계를 가지고 자신들 안에 있는 하나님나라(통치)를 경험한 자로서, 뜻이 하늘에서 이미 이루어진 것을 자신들의 몸을 통하여 이 땅에서도 이루어지도록 하는 삶을 사는 킹덤빌더[22] 들이 세워질 것이다.

[마 7:13] 좁은 문으로 들어가라 멸망으로 인도하는 문은 크고 그 길이 넓어 그리로 들어가는 자가 많고

앞으로는 과거 빌리 그래함이 행했던 것과 같은 대규모 집회를 통한 양적인 부흥보다는, 추수 때가 가까워 올수록 복음이 삶의 일부가 아닌 전부인 킹덤빌더의 질적인 부흥이 일어날 것이다. 세상은 갈수록 더 어두워지지만, 성도들 안에 하나님나라가 이루어짐으로써 세워지는 킹덤빌더는 점점 더 많아질 것이다.

혹자는 성경에 다른 좋은 용어가 있는데 왜 굳이 킹덤빌더라고 부

---

22 킹덤빌더(kingdom builder)란 예수 그리스도 안에서 생명적으로 하나님의 자녀성을 체험한 자가 성령과 말씀을 통하여 자신 안에 하나님나라를 이루어감으로써, 예수 그리스도의 대위임령에 기초하여 자신의 일터에서 제자적인 삶을 사는 그리스도인을 말한다. 이 부분에 대한 더 구체적인 내용은 《킹덤빌더》(규장)를 참고하라.

르는지 의문을 가질 수도 있을 것이다. 예를 들어 제자, 자녀, 신부, 성도 등 말이다. 이러한 모든 용어는 하나님과의 관계성에 기초한 용어이다. 그러나 예수 그리스도께서 이 땅에 전하신 하나님나라의 복음에 기초한 관점에서 볼 때 우리의 존재와 하나님과의 관계, 그리고 삶의 목적을 동시에 가장 잘 표현할 수 있는 용어가 킹덤빌더라고 본다.

천국(kingdom of heaven)은 하나님나라(kingdom of God)와 어원상 동일한 의미이다. 그러나 천국의 경우에 동양적 의미인 천당, 즉 죽고 난 다음에 가는 저 높은 하늘 위에 있는 복락의 장소를 지칭하는 의미로 혼동되기 쉽다. 한편, 하나님나라에서 '나라'는 헬라어로 '바실레이아'인데 이 단어의 뜻은 통치, 주권, 치세, 왕권이다. 그러나 오늘날 21세기를 살아가는 우리는 일반적으로 나라라고 하면, 마치 공간적 영역을 나타내는 'nation'으로 오해하기 십상이다. 하지만 성경이 말하는 하나님나라는 하나님의 통치를 의미한다. 따라서 하나님나라를 가장 잘 표현해주는 용어는 바로 킹덤(kingdom : king's dominion, 왕의 통치)이다.

한편, 빌더(builder)는 건축업자를 의미한다. 빌더들은 주인이 준 청사진대로 만들어가는 자이지, 자신이 원하는 대로 건축하는 자가 아니다. 따라서 킹덤빌더라 함은 하나님나라를 이루어가는 자를 말한다. 그러나 혹자들이 생각하는 것처럼 킹덤빌더가 이 세상에 하나님나라를 건설해 나가는 것은 아니다. 하나님나라는 우리 안에 있기 때문에, 킹덤빌더는 자신 안에 있는 하나님나라가 온전하게 이루어지도록 하는 자이다. 그럴 때 하나님께서는 우리 몸을 통해 이 세상에 하나님의 통치권을 나타내실 수 있게 된다.

킹덤빌더의 정체성 확립

하나님나라의 복음을 제대로 이해하기 위해서는 예수님의 대속과 부활 사건을 단지 구약의 율법에서 벗어나는 관점이 아니라 인자로 오신 예수 그리스도를 통하여 하나님과 새언약을 맺게 됨으로써, 우리가 다시 하나님의 자녀로 돌아가 하나님께서 본래 우리를 창조하신 목적대로 사는 관점에서 보아야 한다.

> [갈 3:19] 그런즉 율법은 무엇이냐 범법하므로 더하여진 것이라 천사들을 통하여 한 중보자의 손으로 베푸신 것인데 약속하신 자손이 오시기까지 있을 것이라

> [요 1:17] 율법은 모세로 말미암아 주어진 것이요 은혜와 진리는 예수 그리스도로 말미암아 온 것이라

대속과 구원을 새언약의 성취적 관점, 즉 새언약의 일꾼인 킹덤빌더의 관점에서 본다면, 다음의 네 가지 진리를 깨닫고 체험할 수 있어야 한다.

1 하나님과의 생명적 관계를 가지게 되었음을 알아야 한다

우리의 죄로 인하여 떠났던 하나님의 영이 다시 우리에게 임하심으로, 하나님과 분리되어 스스로 살아가는 존재에서 다시 하나님과 생명적으로 하나가 된 것이다. 예수님께서 하나님의 생명으로 하나님 아버지와 하나인 것처럼, 우리도 예수 그리스도 안에서 하나님과 하나가 된 것이다(요 17:11, 21-23).

[요 5:26] 아버지께서 자기 속에 생명이 있음 같이 아들에게도 생명을 주어 그 속에 있게 하셨고

[요일 5:11] 또 증거는 이것이니 하나님이 우리에게 영생을 주신 것과 이 생명이 그의 아들 안에 있는 그것이니라

[고전 15:45] 기록된 바 첫 사람 아담은 생령이 되었다 함과 같이 마지막 아담은 살려주는 영이 되었나니

2 인간의 존재적 변화를 깨달아야 한다

우리가 다시 하나님의 형상을 나타내는 존재가 되었기 때문에 그 모양을 따라 살아가야 한다. 지금 우리는 하나님으로부터 나서 예수 그리스도 안에 있는 존재이고, 나의 삶이 아니라 예수 그리스도께서 사는 삶을 사는 자이다. 옛사람이 죽고 새사람이 되었다는 것이다. 새사람 안에는 더 이상 옛자아, 옛본성, 죄성이 없다는 것을 알아야 한다.

[고전 1:30] 너희는 하나님으로부터 나서 그리스도 예수 안에 있고 예수는 하나님으로부터 나와서 우리에게 지혜와 의로움과 거룩함과 구원함이 되셨으니

[고후 5:17] 그런즉 누구든지 그리스도 안에 있으면 새로운 피조물이라 이전 것은 지나갔으니 보라 새 것이 되었도다

[고후 5:21] 하나님이 죄를 알지도 못하신 이를 우리를 대신하여 죄로 삼으

신 것은 우리로 하여금 그 안에서 하나님의 의가 되게 하려 하심이라

하나님께서는 예수 그리스도를 통하여 우리를 새롭게 창조해주셨다. 그러나 우리가 예수 그리스도 안에 있을 때는 새로운 피조물로 존재하지만, 그렇지 못할 때는 여전히 육체의 삶을 살 수밖에 없다. 이것이 바로 현재적 하나님나라에서의 우리 존재의 속성이다. 그래서 우리는 늘 예수 그리스도 안에서 하나님의 자녀의 삶을 살도록 믿음의 선한 싸움을 해나가야 하는 것이다.

❸ 새롭게 창조된 인간의 소속과 삶터가 달라졌음을 알아야 한다
우리는 하나님의 가족(royal kingdom family)이 되었고, 하나님나라(영적 세계)와 세상(보이는 세계와 보이지 않는 세계)이라는 세 차원의 삶을 사는 자이다.

[히 2:11] 거룩하게 하시는 이와 거룩하게 함을 입은 자들이 다 한 근원에서 난지라 그러므로 형제라 부르시기를 부끄러워하지 아니하시고

[골 3:1-3] 그러므로 너희가 그리스도와 함께 다시 살리심을 받았으면 위의 것을 찾으라 거기는 그리스도께서 하나님 우편에 앉아 계시느니라 위의 것을 생각하고 땅의 것을 생각하지 말라 이는 너희가 죽었고 너희 생명이 그리스도와 함께 하나님 안에 감추어졌음이라

우리는 죽고 나서 천국에 가는 존재 이전에 이미 하나님의 가족이 되었다는 것을 알아야 하며, 우리의 본향은 이 땅이 아니라 하나님 보좌

가 계신 곳이다. 우리의 의식은 그곳에서 시작되어야 한다. 그곳에서 하나님의 가족으로서 누리는 것을 이 땅에서 나타내는 삶을 살아야 한다.

4 이전과 다른 새로운 삶을 살아야 한다

우리는 내가 하나님을 위해서 사는 삶을 산다거나 지금보다 더 나은 존재가 되기 위해서 사는 것이 아니라, 예수 그리스도 안에 있는 진정한 나의 존재를 나타내는 삶을 살아가야 한다. 그것이 바로 하나님이 나타나시는 삶이고 그분을 닮아가는 삶이다. 우리는 예수 그리스도 안에서 하나님의 뜻을 이루는 삶을 살아야 한다. 그렇게 하기 위해서는 매순간 우리의 몸(생각, 감정, 신체)이 하나님을 경험하도록 혼이 허용하는 삶을 살아야 한다.

> [롬 6:4] 그러므로 우리가 그의 죽으심과 합하여 세례를 받음으로 그와 함께 장사되었나니 이는 아버지의 영광으로 말미암아 그리스도를 죽은 자 가운데서 살리심과 같이 우리로 또한 새생명 가운데서 행하게 하려 함이라

> [엡 2:10] 우리는 그가 만드신 바라 그리스도 예수 안에서 선한 일을 위하여 지으심을 받은 자니 이 일은 하나님이 전에 예비하사 우리로 그 가운데서 행하게 하려 하심이니라

> [빌 2:13] 너희 안에서 행하시는 이는 하나님이시니 자기의 기쁘신 뜻을 위하여 너희에게 소원을 두고 행하게 하시나니

킹덤빌더의 실제적인 삶

우리가 예수 그리스도 안에서 새로운 피조물이 되었음에도 불구하고, 현재적 하나님나라의 관점에서 볼 때 우리는 구원을 이루어가는 삶을 살아야 한다. 예수님의 대속으로 인하여 법적으로는 우리의 영혼몸 전부가 구원을 받았지만, 현실적으로는 우리의 영만이 구원을 받았다. 즉 우리가 새로운 존재가 되었지만, 우리의 혼과 몸은 예수 그리스도 안에서 구원을 이루어가야 한다는 것이다. 그 일을 위해 예수님께서 우리 안에 계시는 것이고, 우리는 그분을 나타내는 삶을 살아야 한다. 이것이 바로 현재적 하나님나라에서 우리 존재의 속성이고 삶이다.

[롬 8:10-11] 또 그리스도께서 너희 안에 계시면 몸은 죄로 말미암아 죽은 것이나 영은 의로 말미암아 살아있는 것이니라 예수를 죽은 자 가운데서 살리신 이의 영이 너희 안에 거하시면 그리스도 예수를 죽은 자 가운데서 살리신 이가 너희 안에 거하시는 그의 영으로 말미암아 너희 죽을 몸도 살리시리라

[롬 8:13-14] 너희가 육신대로 살면 반드시 죽을 것이로되 영으로써 몸의 행실을 죽이면 살리니 무릇 하나님의 영으로 인도함을 받는 사람은 곧 하나님의 아들이라

우리는 영으로써 몸의 행실을 죽이는 삶을 살아야 한다(성령의 인도함을 받는 삶), 내 안에 계신 그리스도의 지혜, 의로움, 거룩함, 구원함이 나타나는 삶(고전 1:30), 하늘에서 이루어진 뜻이 땅에서도 이루어지도

록 하는 삶을 살아야 한다.

지금까지 함께 나눈 네 가지 진리를 깨달았다면, 이제는 거듭난 우리가 킹덤빌더로서 어떠한 삶을 살아가야 하는지에 대해 알아보도록 하자.

1 하나님께서 이 땅에 그의 통치권을 행사할 수 있는 통로가 되어야 한다

거듭난 우리는 하나님나라에서 하나님의 자녀로서 이 땅에 하나님의 영광을 드러내는 위치에 있다. 즉 인간의 타락으로 인하여 세상 신이 통치하는 이 세상에서, 예수님께서 우리를 구원하심으로써 다시금 하나님께서 이 땅에 그의 통치를 이루시도록 하는 통로의 역할을 해야 한다는 것이다.

구약의 하나님의 백성들이 하늘에 계신 하나님을 바라보는 관점에서 신앙생활을 했다면, 우리는 새언약의 성취로 예수 그리스도 안에서 하나님의 자녀가 되어, 다시 이 땅에 파송됨으로써 하나님께서 이 땅을 통치할 수 있는 통로, 수단이 된 것이다. 하나님께서는 우리를 통하여 이 땅을 통치하시고 그분의 영광을 드러내신다. 반대로 우리가 하나님의 자녀로 살아가지 않으면, 하나님께서는 이 땅에 그분의 통치권을 행사하실 수 없다. 그만큼 우리에게 주신 하나님 자녀의 특권과 책임이 막중한 것이다.

그런데 지금 우리는 어떻게 신앙생활을 하고 있는가? 구원의 의미를 부분적으로만 이해하여 단지 죄사함 받고 구원을 얻은 자로서 - 다른 의미에서 여전히 하나님과 분리된 존재로서 - 구원받았기 때문에 하나님을 좀 더 잘 섬김으로써 더 나은 그리스도인, 거룩한 그리스도인이

되고자 열심히 신앙생활하고 있지는 않은가? 복음은 우리로 하여금 예수 그리스도 안에서 성육신적인 삶을 살게 하는 것인데, 지금 대부분의 그리스도인들은 자기가 하나님의 말씀을 믿음으로써 더 나은 자신이 되고자 하는 탈육신적인 삶을 살고자 애쓰고 있지는 않은가?

[요 17:18] 아버지께서 나를 세상에 보내신 것 같이 나도 그들을 세상에 보내었고

[요 17:16] 내가 세상에 속하지 아니함 같이 그들도 세상에 속하지 아니하였사옵나이다

2 생득권으로 주어진 신성과 원복을 누리는 성육신적인 삶을 살아야 한다

우리는 예수 그리스도로 말미암아 하나님과 하나가 되었으며 그분의 신성이 우리 안에 임함으로써 이제는 원죄나 결핍과 부족이 아니라 원복이 회복되었기 때문에, 우리 몸이 하나님의 신성과 원복을 경험하도록 혼이 허용하는 삶을 살아감으로써 하나님께서 우리를 통해 이 땅에 그분의 영광을 드러내도록 해야 한다. 그것이 바로 그분의 말씀을 이루는 것이다.

예수님께서 그러한 삶을 사셨다면, 예수 그리스도 안에 있는 우리도 그렇게 살아야 한다(요일 2:6, 4:17). 하나님께서 아들을 이 땅에 보내주신 것은 우리가 예수 그리스도 안에서 하나님의 자녀의 삶을 살도록 하기 위함이 아닌가? 이것이 복음이고 우리를 구원하신 하나님의 본뜻이 아닌가? 지금의 내가 누구인지 모르고, 거짓자아에 기초한 정체성

으로 지금과 다른 내가 되고자 하는 탈육신적인 삶에서 이제는 벗어나야 한다.

❸ 우리가 거듭났다면 우리의 혼은 언제나 하나님의 영 안에 거하도록 해야 한다

사실 우리가 느껴지든 느껴지지 않든 구원받은 하나님의 자녀로서 깨어 있는 상태라면, 우리의 혼은 이미 하나님의 영 안에 거하고 있다. 그것이 거듭난 우리 존재의 기본 상태이기 때문이다. 그런데 현실은 늘 과거의 습성 때문에, 세상에 대한 욕심 때문에, 마귀의 유혹에 이끌려 우리의 혼이 늘 자신의 생각과 감정을 선택함으로써 거짓자아로 스스로 존재하고자 한다는 것이다. 그래서 우리의 존재는 마치 육신에 기초한 거짓자아로 살아가는 것처럼 느껴진다는 것이다. 그래서 성경은 다음과 같이 말씀하는 것이다.

[갈 5:16] 내가 이르노니 너희는 성령을 따라 행하라 그리하면 **육체의 욕심을 이루지 아니하리라**

갈라디아서 5장 16절은 명령문이다. 육체의 욕심을 이루지 않기 위해서는 우리 안에 계시는 성령을 따라 행해야 한다고 말씀한다. 이 말씀의 전제인즉, 우리가 성령을 따라 행할 수 있는 것은 구원받은 후 우리 혼의 본래 위치가 하나님의 영 안에 있기 때문이다. 거기서 벗어나지 말라는 것이다. 거짓자아에 속아 다시 관념과 형상세계로 끌려 나오지 말라는 것이다. 거짓자아로 죄를 짓지 않는 삶을 살기 위해서 애쓰는 것이 아니라, 그리스도 안에서 하나님의 의를 나타내는 삶을 살아야 한다는 것이다. 설령 죄를 지었다 할지라도 다시 그리스도 안에 거함으로써 죄사함을 받고, 다시 하나님의 의를 나타내는 삶을 살아야 한다는 것이다.

[롬 8:2-3] 이는 그리스도 예수 안에 있는 생명의 성령의 법이 죄와 사망의 법에서 너를 해방하였음이라 율법이 육신으로 말미암아 연약하여 할 수 없는 그것을 하나님은 하시나니 곧 죄로 말미암아 자기 아들을 죄 있는 육신의 모양으로 보내어 육신에 죄를 정하사

킹덤빌더의 영성

하나님께서는 우리가 하나님의 사랑 가운데서 온전하고 풍성한 삶을 누리며 이 땅을 다스리는 자로서 살아가도록 우리를 창조하셨다. 그런데 우리는 마귀의 말에 속아 타락함으로써 마귀의 통치를 받는 자로 두려움, 죄책감, 슬픔과 원망, 시기와 질투 가운데 결핍과 부족 그리고 질병과 고통, 분열과 전쟁을 이루는 삶을 살아온 것이다. 예수님께서 하신 일이 무엇인가? 하나님의 말씀은 영원불변하지만, 그 말씀을 이루지 못하게 된 우리를 구원하시고 우리가 하나님의 말씀을 이룰 수 있도록 모든 조치를 취하신 것이다.

예수님께서 십자가를 지시고 부활하시며 이루신 모든 것들이 무엇을 의미하는가? 그것은 우리를 예수 그리스도 안에서 하나님의 자녀로 다시 회복시켜주셔서 우리가 다시 하나님의 신성과 원복을 가지도록 하신 것이고, 이제는 하나님의 말씀대로 생각하고 느끼고 말하는 존재로 살도록 하셔서 하나님의 영광을 나타내는 삶을 살도록 하신 것이다.

그렇다면 우리는 어떻게 살아야 하는가? 예수 그리스도 안에서 다시 하나님의 자녀로 태어난 우리가 예수 그리스도의 이름으로, 주의 말씀대로 이루어진 실상을 붙드는 예수 그리스도의 믿음으로, 이 땅에 그 실체를 이루는 삶을 살아야 하지 않겠는가?

> [요일 2:5-6] 누구든지 그의 말씀을 지키는 자는 하나님의 사랑이 참으로 그 속에서 온전하게 되었나니 이로써 우리가 그의 안에 있는 줄을 아노라 그의 안에 산다고 하는 자는 그가 행하시는 대로 자기도 행할지니라

가지가 포도나무에 붙어 있으면, 열매는 자연스럽게 맺히게 된다. 따라서 우리는 열매보다는 가지가 포도나무에 붙어 있어 하나가 되는 것에 초점을 두어야 한다. 거짓자아인 내가 죽고 그리스도 안에 있는 내가 될 때(즉 우리의 혼이 더 이상 자신의 생각과 감정에 자신을 동일시하지 않고, 혼이 하나님의 영의 인도함을 받을 때), 또한 거짓자아인 내가 말씀을 믿는 것이 아니라 말씀대로 생각하고 느끼고 말할 때, 즉 내 몸이 말씀을 경험할 때, 하나님의 권능이 우리 몸을 통하여 실제 삶에 나타난다는 것이다.

결론

예수님께서 전하신 하나님나라의 복음은 하나님과 분리된 타락한 인간을 다시 예수 그리스도로 인하여 하나님과 하나되게 하는 개혁인데(즉, 예수 그리스도 안에서 하나님의 의가 되는 것인데) 오늘날 기독교는 거짓자아가 주체가 되어 하나님과 분리된 상태에서 모든 것을 이원성적

인 관점에서 이분법적으로 나누고(부정적 인간론에 기초해서 선과 악, 영과 몸, 신과 인간이라는 관념과 개념과 신념으로 나누고) 자신의 죄와 타락으로부터 벗어나고자 스스로 예수님을 닮아가고자 하는 굴레와 속임에서 벗어나지는 못하고 있다.

오늘날 기독교는 하나님나라의 관점에서 복음을 보지 않기 때문에, 다음 세 가지에 대해서 침묵하고 있다. 첫째, 전적 타락에 대해서는 이야기하지만 구속 후 우리의 본질이 새로워진 것에 대해서는 말하지 않고 있다. 둘째, 원죄에 대해서는 강조하지만 구속 후 원복을 생득권으로 가지는 것에 대해서 말하지 않고 있다. 셋째, 오직 하나님을 섬기고 우상숭배하지 말아야 하는 것은 알지만, 구속 후 하나님의 생명(본질)을 나누는 하나됨에 대해서는 말하지 않고 있다.

새로운 피조물이 되었다는 것을 알고 믿는다고 하더라도 그것은 거짓자아의 깨달음과 관념적 믿음일 뿐이다. 그 거짓자아가 허상이라는 것을 알 때 비로소 우리 안에 있는 신성(그리스도 의식)이 우리의 육신으로부터 깨어나는 것을 경험하게 된다. 하나님나라의 복음은 죽고 난 다음에 천당이 아니라 지금 이 순간 여기에서 주님과 생명적으로 연결되어 우리 몸을 통하여 그분이 주신 원복을 나타내는 삶을 사는 것이다.

오늘날 교회는 하나님의 자녀가 되었음에도 불구하고, 우리의 몸과 삶을 통해 하나님을 나타내는 의의 삶을 살아내어야 하는 것을 알려주지 않고, 여전히 거짓자아에 기초하여 윤리와 도덕을 잘 지키는 것에 주안점을 두는 신앙생활을 가르치고 행하도록 하고 있다. 이것은 복음의 일부인 십자가의 대속만을 강조함으로써 부정적 인간론에 기초한 신학을 만들고, 신적 생명의 나눔과 성육신적인 삶 대신에 교리와 그에 대한 믿음체계 훈련 그리고 윤리 도덕적 회복만을 강조한 결과이다. 인간의 온전히 변화된 삶은 존재적 변화에 따른 열매여야지, 교리와 믿음에 따른 행위로 이루어지는 것이 아니라는 것을 수백 년에 걸쳐서 경험했지만, 여전히 똑같은 우를 범하고 있다고 해도 과언이 아니다.

이것은 지금 죄를 지어도 된다, 윤리와 도덕은 지키지 않아도 된다고 말하는 것이 아니다. 우리 몸이 하나님을 경험하면 할수록, 그분이 나를 통해 나타날수록 하나님의 의와 성품이 더 드러나게 된다는 점을 강조하고 있는 것이다. 거듭난 후에도 우리 안에 임한 신성이 우리의 인성을 뚫고 나타나지 않는 것이 오늘날 그리스도인의 슬픈 현실이다. 속사람이 겉사람으로부터 깨어나야 한다. 그것은 겉사람이 죽을 때 가능한 것이다. 겉사람과 속사람이 무엇인지 아는 것은 거짓자아의 깨달음일 뿐이다.

주체가 바뀌면 말씀을 받아들이는 것도, 믿음도, 기도도, 삶도 바뀌게 된다. 복음의 궁극적인 목적은 하나님과 우리가 다시 하나가 되게 하고, 그 하나님을 나타내는 것에 있다. 그것은 바로 내(에고, 거짓자아)가 진정한 내(그리스도 안에 있는 자아)가 되어(고전 15:10) 하나님나라의 삶을 사는 것이며, 이것은 그리스도 안에 거하는 신비이다.

하나님께서 예수 그리스도 안에 있는 우리에게 정말 원하시는 것은 무엇일까? 그것은 바로 우리로 하여금 죄와 죄악으로 인한 고통과 괴로움으로부터 벗어나(자신과 마귀가 통치하는 세상으로부터 벗어나) 다시금 하나님의 형상을 따라 모양대로 지음을 받은 존재가 되어(다시 예수 그리스도 안에서 하나님의 자녀가 되고, 자신의 존재와 능력을 알고), 다시 이 세상에서 하나님의 영광을 드러내는 존재로 살아가는 것이다(이 세상으로 파송되어 하나님께서 우리를 통해 이 땅에 그의 뜻을 이루도록 하는 데 쓰임 받도록 하는 것이다). 이것이 바로 하나님 아버지께 영광을 올려 드리는 킹덤빌더의 삶이다.

PART 2

그리스도 안에
들어가기

: 거짓자아에서 벗어나기

1부를 통해 킹덤빌더 영성을 체험하기 위한 진리에 기초한 새로운 토대와 그에 따른 패러다임의 전환에 대해 알아보았다. 그것은 전통적인 십자가 대속의 복음에서 한 걸음 더 나아가 하나님나라의 복음에 기초한 신앙관을 가지는 것이며, 이는 신앙의 주체를 바꾸기 위한 초석이라고 볼 수 있다. 2부에서는 '나의 진정한 정체성'과 '거짓자아의 실체' 그리고 '거짓영성'에 대해 알아보고자 한다. 그 결과로 거짓자아에서 벗어나 지금 이 순간 여기에서 있는 그대로의 온전함을 알고, 예수 그리스도 안에서 하나님과의 생명적 관계를 가지도록 하는 데 그 목적이 있다.

05

이제는
내가 누구인지를
알아야 한다

내가 누구인지 알고자 하는 것은 모든 종교적 철학적 가르침의 핵심이다. 우리가 올바른 삶뿐만 아니라 진정한 영성을 나타내기 위해서는 자신이 누구인지를 제대로 알아야 한다는 것이다. "나는 …이다"라는 문장에 어떤 단어라도 집어넣어보라. 그 모든 것은 나에 대한 설명일 뿐이지 나의 본질일 수는 없다. 심지어 "나는 하나님의 자녀다"라고 고백해도 그것은 내가 이해하는 내 존재에 대한 설명이지 나의 본질일 수는 없다. 왜냐하면 그 진술은 내가 받아들인 개념일 뿐 지금 이 순간 체험되는 실재가 아니기 때문이다. 우리가 하나님의 생명과 하나되어 그 생명을 체험하지 못하면, 우리는 개념적인 나로 신앙생활을 할 수밖에 없다. 왜 삶이 변화되지 않는가? 왜 내 영성은 늘 제자리인 것처럼 느껴지는가? 나의 본질을 알고 체험하지 못했기 때문이다.

"나는 누구인가?"

당신은 자신이 정말 누구인지 아는가? 그것을 알 때 고통과 방황의 삶에서 해방된다. 우선 "나는 누구인가?"라는 질문을 자신에게 던져보고 그에 대한 자신만의 답을 해보라. 아마 모두 내면의 목소리로 "나는 ○○이다"라고 자신의 이름을 말할 것이다. 과연 당신의 이름이 당신인가? 그것은 각 사람에게 붙인 꼬리표이고, 나를 표방하거나 다른 사람이 나를 인지하기 위한 이름이지 내가 아니다. 그렇다면 이번에는 동일하게 자신의 이름을 넣어 "나는 OO가 아니다"라고 말해보라. 그렇게 하면 당신이 사라지는가? 단지 '내가 지금 거짓말하고 있네'라는 것을 인식할 뿐이다. 그 말은 OO라는 내 이름은 맞지만, 이름은 나를 나타내는 표현일 뿐이지 내 존재가 아니라는 것을 입증하고 있다.

우리는 자신의 몸을 생각하며, "내 얼굴은 어떻고, 내 키는 얼마고, 건강 상태는 어떻다"라고 말할 수도 있을 것이다. 그렇다면 어릴 때는 어땠는지 생각해보라. 과거의 자신을 기억해서 대충 얼굴이 어떻고, 키가 어땠고, 몸무게가 어땠고, 건강 상태가 어땠는지 생각해볼 수 있을 것이다. 그렇더라도 어릴 때와 지금은 완전히 다르다. 그런데 그때도 "나는"이라고 말하고, 지금도 "나는"이라고 말한다. 그렇다면 지금 당신의 몸과 당신의 상태에 대한 이야기는 결코 당신일 수 없다. 지금 당신은 당신에 대한 것을 이야기할 뿐이다.

"나는 지금 어디에 다니고, 매일 어떤 일을 하고 있다"라고 말할 수도 있을 것이다. 나는 선생, 약사, 직장인, 전업주부이다. 또는 내 전공은 무엇이고, 어떤 일에 전문가이다. 하지만 마찬가지로 그것은 당신이 하는 일이지 당신의 존재일 수는 없다. 그 일을 하지 않는다고 해서 당신의 존재가 사라지는가? 당신이 일할 때뿐만 아니라, 당신이 쉴 때, 놀 때도 여전히 당신은 존재하고 있지 않은가?

더 재미있는 사실은 우리는 모든 것을 자신과 동일시한다는 것이다. 내 직장, 내 돈, 내 집, 내 차, 내 인기, 내 권세 등등, 본래 의미는 나의 존재를 유지하기 위해서 필요한 것이 직장, 돈, 집, 차, 인기인데, 언제부터인가 직장, 돈, 집, 차, 인기, 권세 등을 나와 동일시하고 있다는 것이다. 그렇게 되면, 직장, 돈, 집, 차, 인기 등이 괜찮으면 내 존재가 가치 있게 되고, 그것이 없어지면 자신의 존재가 무가치해지고 의미 없는 것처럼 여겨지게 된다. 실제로는 그것이 없어져도 자신은 여전히 존재하는데도 말이다.

"나는 어디서 태어났고, 어떤 학교를 나왔고, 내 과거는 이랬다" 등으로 자신의 삶에 대해 이야기할 수도 있을 것이다. 그러나 그것은 당신 삶의 여정일 뿐이다. 자신의 삶, 자신의 경험에 대한 이야기이지 자신의 존재에 대한 것은 아니다.

"어떤 질병으로 고통 중에 있습니다. 정말 힘들어 죽을 것 같아요"라고 말할 수도 있을 것이다. 그러나 당신이 4기 암환자라도 당신이 사라지는 것은 아니다. 건강했을 때나 지금 질병으로 고통받을 때도 "나는"이라고 말하지 않는가? 결국 몸 그 자체도 내 존재의 전부가 아니다.

"나 짜증나! 이제 그만해요. 그딴 이야기 더 이상 듣고 싶지 않아요"라고 말하고 싶은가? 지금 화를 내고 있는가? 지금까지는 외부에 대한 자신의 생각과 느낌을 이야기했을 뿐이다. 그렇다면 당신 자신의 마음속을 들여다보자. 지금 당신은 자기 내면의 목소리와 대화하고 있다. 그러면 당신은 누구인가? 내면의 목소리가 당신인가? 그렇다면 맞장구치거나 당신의 목소리에 반대하는 자는 누구인가?

지금까지의 이야기를 종합해서 잘 생각해보면, 당신의 경험이나 상태와 상관없이 그 이전에 이미 존재하는 무엇이 있다는 것을 알 수 있다. 가장 쉽게 이해할 수 있도록 마지막 예화를 다시 들어보자. "아, 나 짜증나!" 우리는 짜증을 내는 것이 나라고 생각한다. 그러나 잘 생각해보라. 한 걸음만 더 뒤로 물러나서 보면 짜증을 내고 있는 것을 보고 있는(인식하고 있는) 존재가 있지 않은가? 기쁠 때, 슬플 때, 좋을 때, 힘들 때 지금도 언제나 그 상황과 처지와 당신의 상태와 행동을 보고 있는 자, 인식하는 존재가 있지 않은가? 그렇다면 당신의 생각이나 감정이 당신일까?

누군가 치매에 걸려서, "나는 내가 누구인지 모르겠어! 왜 내가 여기에 있지? 나는 과거에 대해 아무것도 생각나지 않아"라고 말했어도 그 말하는 것을 인식하는 존재가 있기 때문에 말하는 것 아닌가? 내친 김에 한 걸음 더 나아가서, 도를 닦아 마침내 무념의 상태가 되었다면 어떻게 될 것 같은가? 추론해보라. 결국은 내가 명상하여 생각이 없는 상태에 이르렀다는 것을 인식하는 것이 아닌가? 생각하고 느끼지 않는다는 것을 인식하고 있지 않은? 그렇다면 그것을 아는 존재는 무엇이고 누구인가?

그렇다면 '나는'이라고 말할 때 '진짜 나는' 누구인가?

우리는 지금까지 자신의 생각과 느낌 그리고 몸으로 자신의 존재를 나타내고자 애썼다. "나는 누구인가?", "나는 지금 어떤 상태인가?", "나는 무엇을 하는 사람인가?" 등등. 이것이 일반적으로 우리가 무의식 가운데 자신을 자신이라고 생각하고 나타내는 방식이다. 그러나 우리는 지금까지의 이야기를 통해서 '진짜 나'는 내 생각과 감정으로 표현되는 것이 아니라 그 모든 것을 아무런 판단 없이 늘 언제나 보고 있는 존재가 바로 '나'라는 것을 알게 된다. 그것이 무엇인가? 그것은 우리 안에 우리의 기억에 기초한 경험이나 상태를 생각하고 감각하는 것을 바라보는(또는 인식하는) 어떤 존재이다. 내가 생각으로 무엇을 인식하고 있다는 것을 인식하는 존재이다. 그것이 바로 자아의식체인 '혼'(soul)이다.

그런데 너무 놀랍게도 우리는 평상시 진짜 자신의 존재가 있음에도 그것을 의식하지 못한 채 자신의 생각과 감정과 신체의 감각을 자신이라고 당연시하며 살아간다. 더 놀라운 사실은 그 생각과 감정을 멈추면, 또는 신체가 제대로 작동하지 않으면 죽음이라고 생각하고 두려워하며 살아간다. 지금 깨닫게 되는 중요한 사실은 내가 생각하지 않고 느끼지 않는다고 해서 내 존재가 없어지지 않는다는 것이 분명하다는 것이다. 그렇다면 우리가 오랫동안 지녀왔고 지금도 그 영향 아래 있는 인본주의적 사고방식이 얼마나 잘못된 것인지 다시 한번 생각해보라. "나는 생각한다. 고로 나는 존재한다"가 맞는 말인가? 아니면 반대로 "나는 존재한다. 고로 나는 생각한다"가 맞는 말인가?

의식과 나

우리는 자신 혹은 다른 사람과의 대화나 삶에서 한 번도 제대로 진짜 자신의 존재를 의식하지 않으면서도, 삶은 늘 이 의식에 기본을 두고 살아간다. 우리는 자신의 생각과 감정 그리고 신체의 감각이 마치 자기인 것처럼 속고 있는 것이다. 그러니까 대부분의 사람들은 평생 진짜 자신을 알지 못한 채 살아간다. 우리의 대화를 생각해보라. "내 생각에는 말이야", "내 느낌에는 말이야" 서로 이렇게 말하지만, 사실 그 생각이나 느낌을 인식하는 존재가 전제되어 있는 것이 아닌가? 그런데 우리는 서로가 그것을 깨닫지 못하고, 한번도 그 존재를 나누지 못하고 자신의 생각과 감정만 나누고 있는 것이다.

생각이나 느낌이나 감각을 배제한 상태로 어떤 상황이나 대상을 힐 끗 바라보라. 그것은 있는 그대로 보는 것이다. 그것이 바로 어린아이의 마음으로 보는 것이다. 병원에서 수술한 뒤 회복실에 들어갈 때를 생각해보라. 마취가 풀리면서 의식은 하지만 잠시나마 자신의 경험과 지식에 기초해서 생각하지 못하는 상태를 경험하게 된다. 그때 우리는 의식이 없는 상태에서 의식이 돌아온다고 말한다. 그때는 의식 그 자체 이며 내 의식(혼)이 있는 그대로를 바라볼 뿐이다. 의식 그 자체는 어떤 의도나 계획이나 목적 없이, 또는 주의를 기울이지 않은 채 그대로 모 든 것을 인식한다. 그러나 점차 의식이 돌아오면, 어떤 것에 집중하게 된다. 그때는 우리의 의식, 즉 혼이 당신의 경험에 기초한 생각과 감정 으로 해석하고 판단하게 될 것이다. 의사가 보이고 간호사가 보인다. '저 기계는 뭐지? 가족들이 걱정하며 기다리고 있겠지' 등등 자신도 알 지 못하는 사이에 혼이 자신의 존재를 유지하기 위해서(또한 자신을 보 호하기 위해서) 어떤 것에 주의를 기울이고(선택하여) 과거 자신의 경험과 지식에 기초한 생각과 감정으로 해석하고 판단한다. 다시 말하자면, 우리는 흔히 뭔가가 "보인다", "생각된다", "느껴진다"라고 표현하지 만, 사실은 의식이 어떤 대상에 주의를 기울이고 과거의 경험과 지식에 기초한 생각과 감정으로 선택하고 해석하여 자신과 동일시한 것이다. 그때 만들어지는 것이 '나'이다.

우리는 흔히 "내 마음이 늘 혼란하다. 갈피를 잡지 못한다"라고 말 한다. 그렇다면 내가 혼란하다는 것을 인식하고 있는 존재는 누구인 가? 그 말은 그 생각과 감정을 인지하는 내가 진정한 내가 아님을 뜻 하는 것 아닌가?

또 다르게 생각해보자. "아이고 시끄러워!"라고 말했다면 시끄러운 것은 이미 일어난 일이다. 지금 그렇게 말하는 것은 이미 일어난 일에 대해 해석한 것이고, 판단하고 있는 것이다. 그것을 통하여 자기 이야기를 만들고 있는 것이다. 우리의 혼은 외부 자극에 따라 과거의 습관과 자동화(프로그램화)된 사고방식에 따라 떠오르는 생각과 감정을 선택하고, 그것을 가지고 과거에 대한 견해와 미래에 대한 추론이 서로 상충되지 않도록 해석하고 판단하여 자신을 유지시키거나 보호하고자 한다. 다른 말로 자신의 경험과 지식에 기초한 생각으로 만든 과거와, 그것에 기초하여 추론한 미래를 가지고 현실을 보는 것이다. 그리고 "나는"이라고 말하는 것이다. '나'는 혼과 마음이 만들어낸 허상의 거짓자아이다. 진정한 나는 그 생각과 감정을 자신과 동일시하기 이전의 혼(의식)이다.

　마음은 모든 정보를 저장하고 재생하는 뇌의 활동으로부터 나타나는 것이다. 세상은 언제나 변한다. 따라서 세상의 자극을 받아들이는 감각이나 그에 따른 마음의 생각이나 감정은 언제나 변화무쌍하다. 우리가 진짜 누구인지를 알지 못한다면, 자아(영)를 나타내는 자아의 식체인 혼은 언제나 어떤 생각과 감정을 선택하여 자신과 동일시하는 거짓자아를 만들게 된다. 그렇게 되면 무의식 가운데 자신의 마음이 자신인 것처럼 여기게 되는 것이다. 그렇게 되면 자신은 늘 온전하게 되기를 원하고 만족을 누리고자 하지만, 결코 온전할 수 없으며 만족도 누릴 수 없다. 왜냐하면 세상의 변화에 따라 마음도 늘 변하기 때문이다. "내 마음은 내가 아니며, 나라고 여기는 것도 허상이다"라는 것을 성찰할 때 비로소 진정한 존재를 깨닫게 되고, 그 결과로 자신의 삶에 변화가 일어나게 된다.

거짓자아의 원료가 되는 생각이란 무엇인가?

1 생각은 있지만 본래 내 생각이라는 것은 없다

그냥 생각일 뿐이다. 끊임없는 자극에 대해 뇌가 자동적으로 반응하는 결과가 바로 생각들이다. 그 결과로 우리 마음판에는 수많은 생각이 만들어진다. 우리 자아의식체인 혼이 어떤 생각을 선택하기 전까지는, 생각은 그냥 마음판에 떠오른 생각일 뿐이다. 지금도 우리 마음판에는 수많은 생각들과 그에 따른 감정들이 떠오르고 있다. 그냥 두면 한순간에 지나가고 또 다른 새로운 생각들이 생겨나는 것을 볼 수 있다. 그렇지만 혼이 어떤 생각에 주의를 기울이고 집중할 때는 '내 생각'이 된다. 혼이 어떤 대상에 대한 생각들을 자신과 동일시할 때, 그 생각에 자아의식을 허용할 때 만들어지는 것이 바로 '나는'이라는 거짓자아이다. 그렇게 되면 자신도 알지 못하는 사이에 그 대상이 자신의 정체성의 일부가 되는 것이다. 그때 우리는 몸(생각, 감정, 신체)의 종노릇하며 살게 되는 것이다.

2 내가 생각한다는 것은 이미 일어난 일에 대한 해석일 뿐이다

내 생각은 이미 일어난 것에 대한(이미 존재하는 것에 대한) 내 방식대로의 해석이다. 그렇기 때문에 생각은 결코 있는 그대로 보지 못한다. 생각은 항상 현실을 뒤쫓아 가고 있는 것이다.

3 생각은 현재를 있는 그대로 보지 못한다

우리는 모든 것을 생각으로 본다. 우리가 마음으로 생각하는 것은 우리의 경험과 지식에 기초한 과거와 미래를 가지고 자신에게 가장 유

리한 방식으로(자신이 원하는 방식대로) 현실을 만들어보는 것이다. 따라서 자신이 현실이라고 보는 것은 결코 있는 그대로의 현실이 아니라, 자신의 관념 속에서 만들어진 환상일 뿐이다. 생각은 자신이 만든 과거 아니면 미래에 대한 것이다.

4 따라서 생각은 실재도 아니고 진리도 아니다

생각이 실재가 아니라는 것은, 외부의 자극에 대한 뇌의 활동으로 인해 생성된 에너지가 마음판에 이미지나 관념으로 나타난 것일 뿐이기 때문이다. 이미지와 관념은 언어로 저장되고 말로 표현된다. 언어와 말은 모든 실체에 대해 꼬리표를 붙이고 분류하는 것이다. 따라서 내 생각으로 살아간다는 것은 모든 실체의 표면만을 보며 살아가는 것과 같다. 또한 생각이 진리가 아니라는 것은 생각이 내 경험과 지식에 기초하여 만들어진 것이기 때문이다. 그런데 우리의 혼은 그 생각을 자신과 동일시할 뿐만 아니라, 어떤 대상에 대한 관념을 어떤 대상의 실재 그리고 진리라고 규정하는 것이다.

5 생각에는 실체적인 힘이 없다

우리는 흔히 우리가 생각하는 대상에 힘이 있다고 믿지만, 사실 그 힘은 내 경험과 지식에 기초한 생각이 만든 것이지 그 대상 자체에 힘이 있는 것은 아니다. 우리는 자신의 생각을 투사하고 인식하여 대상을 경험한다. 그때 투사한 대로의 힘을 인식하고 받아들이는 것이다. 예를 들어, 어떤 대상을 볼 때 과거의 경험에 기초해서 '힘들어'라고 생각한다면(투사하고 인식한다면), 그때부터 그 대상은 당신에게 힘을 가지게 되는 것이다. 그러나 사실은 그 대상이 힘을 가진 것이 아니라 당신이 힘을 만든 것이다. 우리가 그리스도 안에 있으면, 이 세상 어떤 대상도 아무런 힘이 없다는 것을 체험하게 된다. 온 우주에 오직 하나님의 힘만이 존재하며, 우리는 그분의 힘을 나타내는 존재로 살아야 한다.

의식(혼)과 생각

혼(의식)은 히브리어로는 '네페쉬', 헬라어로는 '프쉬케'인데, 자아(영)를 의식하는 존재로서 자유의지를 가지고 있다. 성경에서는 생명, 목숨, 그리고 인간 전체를 지칭할 때도 제유법적으로 혼이라는 단어를 사용한다. 혼은 혼자 존재하는 것이 아니라 어떤 영에 속하여 그 영의 본질을 나타내는 자아의식체이다. 그래서 구원받은 하나님의 자녀를 말할 때 흔히 영혼이라는 말을 사용한다. 그렇지만 단지 영혼이라고 말할 때는 어떤 영혼인지 알지 못한다. 예를 들어, 하나님의 영에 속한 혼인지, 제대로 기능하지 못하는 인간의 영에 속한 혼인지, 아니면 마귀의 영에 속한 혼인지 모르는 것이다. 어떤 영을 나타내는 혼(의식)과 생각의 관계에 대해서 알아보자.

❶ 이런 생각, 이런 느낌이 든다고 말해도 실은 자신의 혼이 무의식 가운데 수많은 생각과 감정 중에서 지금 자신이 생각하고 느끼는 것을 선택한 것뿐이다

그래서 "어떤 생각이 떠오른다", "자꾸 생각이 난다", "그렇게 느껴진다"라고 말하는 것이다. 그렇지만 사실은 스스로 인식하지 못해도 내면에서 혼이 자기 방식대로 그 생각과 감정을 선택한 결과이다. 그런데 우리는 내게 그런 생각이 들고, 그런 감정이 느껴진다고 받아들이는 것이다.

② 혼은 생각을 통해 거짓자아를 만든다

타락 전 인간은 본래 하나님을 나타내는 생혼(의식)을 가지고 말씀대로의 생각과 감정을 통하여 이 땅에 하나님의 영광을 드러내는 존재였다. 거짓자아의 생각으로는 이 부분을 제대로 이해할 수 없다. 그러나 우리가 하나님나라의 차원적인 삶을 생각하면 이 말이 무엇인지를 알게 된다. 즉 우리는 보이는 세계의 실체를 생각하며 사는 것이 아니라 하나님의 영안에서 하나님의 말씀대로 이루어지는 보이지 않는 세계의 실상을 통해서 세상과 관계한다는 뜻이다. 그러나 마귀에게 속아 죄를 지음으로 하나님의 영이 우리를 떠나게 되었고, 그 결과로 자기의 정체성을 잃어버린 타락한 혼은 외부에 대한 생각과 감정을 자신과 동일시함으로써 자신의 정체성을 유지하고자 한다. 그때 만들어지는 것이 거짓자아이다.

③ 우리의 혼도 자신의 정체성을 온전히 유지하기 위해서 에너지가 필요하다

우리의 육신이 활력을 얻기 위해서 에너지가 필요한 것처럼, 우리의 혼도 자신의 정체성을 유지하기 위해서는 에너지가 필요하다. 혼의 본래적 온전한 상태는 충만한 사랑, 온전함과 풍성함 등이다. 타락 전에는 하나님의 생명으로부터 주어지는 에너지를 받아 그 상태를 유지했는데, 타락한 혼은 이제 외부로부터 그것을 충당하고자 한다. 바로 생각과 감정을 통해서다. 따라서 늘 자신이 만든 상상의 이야기를 충족시켜주는 생각과 감정을 유지하고자 한다. 하지만 그렇지 못할 경우에 거짓자아는 늘 괴로움과 고통을 겪는다. 한마디로 혼은 자신을 유지하기 위해서 끊임없이 자신이 원하는 생각과 감정을 붙들고자 한다. 거짓자아는 생각과 감정이 있어야 존재하기 때문에, 싫은 생각이나 감정도 버리지 못하고 집착한다. 예를 들어 좋지 않은 생각을 생각하지 않으려고 애쓰는 것도 결국은 그 생각을 붙들고 있는 것이다. 그렇기 때문에 거짓자아가 고통과 괴로움으로부터 벗어나지 못하는 것이다.

4 거듭난 자로서 당신이 어떤 생각이나 감정에 주의를 기울이거나 선택하지 않은 상태라면 당신의 혼은 이미 하나님의 영에 속해 있는 상태이다

그러나 세상 신은 언제나 환경, 상황, 처지를 변화시킴으로 문제를 만들어내서 인간이 그 문제를 붙들고 해결하도록 부추긴다. 어떤 것을 문제로 삼고, 그 문제를 해결하기 위해서 선택하는 순간에는 자신도 모르는 사이에 그 혼은 몸에 종노릇하게 된다. 그래서 하나님의 영이 우리 안에 계심에도 불구하고, 우리의 혼이 몸으로부터 자유케 된 것을 누리지 못하는 것이다.

우리가 거듭나기 전, 거짓자아로 살았을 때 늘 들었던 내면의 소리가 '나는 온전하지 못해', '나는 부족하고 모자라', '나는 사랑이 필요해', '나는 무언가 추구해야 해', '나는 자유하고 행복해야 해' 등이었다. 그러나 거듭난 지금도 그 소리들이 거짓말이라는 것을 알지 못하고(지금 자신의 혼이 몸에 속한 것이 아니라 영 안에 있다는 것을 알지 못하고), 그 생각과 감정에 속아 스스로 그 문제들을 해결하고자 하는 순간, 자신의 혼은 다시 몸에 종노릇하게 됨으로써 거짓자아로 살아가게 된다는 것을 알지 못하는 것이다.

우리의 혼이 하나님의 영 안에 거함으로써 이미 주어진 하나님의 모든 것(생명과 경건에 속한 모든 것, 원복)을 누리지 못하고 늘 자신의 생각과 감정으로 스스로 해결하고자 한다. 새로운 피조물이 되었음에도 불구하고 너무 오랫동안 몸에 묶여 있었기 때문에(인류의 역사 이래로, 부모로부터 태어날 때부터 그렇게 믿고 살았기 때문에, 그리고 모든 사람이 그렇게 살기 때문에, 생득권과 원복에 대해 제대로 배우지 못했기 때문에) 자신의 혼의 상태가 어떤지 알지 못하고 누리지 못하고 있는 것이다.

이제는 진실을 알아야 한다. 지금 당신이 거듭났다면 혼은 하나님의 영에 속해 있다. 거듭나기 이전의 습관 때문에 자신도 알지 못하는 사이에 혼이 자신의 생각과 감정을 선택함으로써 몸의 종노릇을 하고 있지만, 본래의 상태는 우리의 혼이 하나님의 영 안에 속해 있다는 사실이다(롬 8:9). 마귀가, 또는 자신의 몸이 무엇인가를 촉발시킬 때 자신도 모르는 사이에 스스로를 보호하거나 만족시키기 위해서 과거의 습관대로 혼이 자신의 생각과 감정을 선택하는 것뿐이다. 자신의 혼으로 거짓자아를 만들고, 그것이 나라고 믿으며 그 생각과 감정 때문에 고통받고 괴로워하며 사는 것은 속는 것이다.

당신이 만든 상상의 이야기(정신세계)로부터 깨어나 예수 그리스도 안에 거하라. 그 말은 우리의 혼이 더 이상 몸의 종노릇을 하지 않고 하나님의 영 안에 거하면서 사는 것을 훈련하라는 것이다. 우리는 예수 그리스도 안에서 하나님의 영을 나타내는 그리스도 의식을 가진 존재이다. 우리가 그리스도 의식 상태일 때는 어떤 생각도 감정도 우리의 진정한 존재에 아무런 영향을 미치지 못한다. 자유의지를 가진 혼이 그것들을 선택하지 않는 이상, '내 생각', '내 감정'이 아니라 그냥 마음판에 올라온 생각일 뿐이고, 감정일 뿐이다.

우리 자신을 성찰해보면, 우리는 지금 엄청난 속임에 속고 살아가는 것이다. 우리가 하나님의 자녀가 되었음에도 불구하고 진짜 자신이 누구인지를 모르고 살아가고 있기 때문이다. 오순절 이후 예수 그리스도를 믿는 자는 현재적 하나님나라에서 살고 있지만, 마귀, 즉 세상 신이 여전히 이 세상과 우리의 몸을 통치하고 있다. 왜냐하면 우리가 여전히 거짓자아가 주체인 삶을 살고 있기 때문이다. 다른 말로 혼이 영이요 생명이신 하나님의 말씀을 나타내기보다는 여전히 세상에 대한 생각과 감정을 자신과 동일시하고 있기 때문이다.

결론

타락 후 인간은 하나님의 영이 떠남으로 인하여 기능할 수 없는 자신의 영을 가진 존재가 되었다. 그 영은 늘 마귀(세상 신)의 영향을 받고 죄를 짓고자 하는 본질적 성향(하나님과 분리된 상태를 가지고자 하는 성향)을 지니고 있다. 마귀는 우리가 본질적으로 영적 존재임을 잊게 할 뿐만 아니라, 자유의지를 가진 혼이 마귀가 넣어주는 생각과 감정을 붙들어 자기의 정체성을 유지하도록 했다. 성경에서는 하나님의 영이 떠난 존재를 옛사람이라고 부른다. 그 옛사람이 자신의 정체성을 유지하기 위해서 타락한 혼이 마음에서 올라오는 생각과 감정을 자신과 동일시함으로 만든 것이 거짓자아이다.[23] 따라서 우리가 성령의 도우심으로 구원을 받았을 때 우리의 원죄가 사함을 받았을 뿐만 아니라

---

23 성경에서는 혼이 하나님의 영에 인도함을 받는 사람인 속사람과 대별하기 위해서 거짓자아를 겉사람이라고 부른다. 한편, 하나님의 영이 임했음에도 불구하고 그 영의 인도함을 받지 않고 여전히 거짓자아로 살아가는 사람을 육체에 속한 자라고 부른다(고전 3:1).

하나님의 영이 다시 임하셨다. 그 결과 우리는 새사람이 되었으며, 우리에게 더 이상 옛사람의 본성인 옛자아, 죄성, 타락한 본성은 없다.

[롬 6:6] 우리가 알거니와 우리의 옛 사람이 예수와 함께 십자가에 못 박힌 것은 죄의 몸이 죽어 다시는 우리가 죄에게 종 노릇 하지 아니하려 함이니

그러나 우리 안에 하나님의 영이 임하심으로 우리가 새사람이 되었지만, 여전히 우리 안에는 자유의지를 가진 혼이 자신의 생각과 감정을 자신과 동일시하는 거짓자아가 사라진 것은 아니다. 그렇기 때문에 우리의 몸은 여전히 죄 가운데 거하며 사는 것이다.

[롬 8:10-11] 또 그리스도께서 너희 안에 계시면 몸은 죄로 말미암아 죽은 것이나 영은 의로 말미암아 살아있는 것이니라 예수를 죽은 자 가운데서 살리신 이의 영이 너희 안에 거하시면 그리스도 예수를 죽은 자 가운데서 살리신 이가 너희 안에 거하시는 그의 영으로 말미암아 너희 죽을 몸도 살리시리라

그렇지만 우리의 혼(의식)이 성령의 인도함을 받아 깨어날 때 우리는 이미 하나님과 하나된 자아를 가졌기 때문에 그리스도를 나타내는 그리스도 의식을 가지게 된다. 우리는 우리 몸을 통하여 그리스도를 나타내는 자이다. 하나님의 자녀인 우리는 혼이 하나님의 영 안에 거함으로써 생명의 말씀이 우리의 몸을 통치하고, 이 땅에 그 말씀의 실체를 드러내는 삶을 살게 되는 것이다.

흔히들 자아, 의식, 마음 이런 이야기를 하면 뉴에이지나 명상, 요가

등에서 하는 이야기로 치부한다. 그러나 잘 생각해보라. 자아, 의식은 현대적 용어일 뿐이다. 이미 말한 것처럼 자아는 영을 나타내고, 의식은 혼을 나타낸다. 사실 인간의 내면에 대해 가장 많이 이야기하고 강조하는 것이 바로 성경이다.

06

거짓자아의
속임에서 벗어나라

지난 장을 통해서 진정한 내가 누구인지를 깨달았다면, 우리가 마치 영화 '매트릭스'처럼 세상이라는 알아차리기 힘든 거대한 3D 영화 속에서 거짓자아로 살아가고 있었다는 것을 느꼈을 것이다. 거짓자아로 살아가는 삶은 꿈속에서 살아가는 것과 많은 부분 흡사하다. 자신이 엄연히 현존하고 있음에도 불구하고 꿈속에서는 또 다른 자아, 거짓자아를 만들어 그 자아로 생각하고 느끼고 행동하기 때문이다. 꿈속에서 우리는 우리 자신을 정말 진짜라고 믿지 않는가? 이 세상의 삶이 꿈이라고 생각해보라. 우리는 언제나 실제 같은 꿈을 꾸고 있기 때문에 현존하는 자신을 제대로 의식하지 못하고, 늘 거짓자아로 생각하고, 느끼고, 행동하며 살고 있는 것이다.

그렇다면 왜 꿈에서 깨어나지 못하는가? 첫째, 죽지 않기 위해서 안간힘을 쓰고 있기 때문이다. 만약 낭떠러지에 매달려 있는 꿈을 꾸고 있다고 생각해보라. 그 상황에서 벗어나는 가장 좋은 방법은 꿈에서 깨는 것이다. 그러나 스스로 살아남으려고 안간힘을 쓰며 낭떠러지에서 떨어지지 않으려고 하기 때문에 꿈에서 깨지 못하는 것이다. 둘째, 더 많은 것을 누리기 위해 꿈에서 깨어나고 싶지 않은 것이다. 만약 당신이 꿈에서 로또에 당첨되었다고 생각해보자. 당첨금을 쓰며 행복한 삶을 살기 위해서는 꿈에서 깰 수 없는 것이다.

우리가 삶에서 깨어나야 할 사실은 무엇인가? 우리가 자신에 대해서 발견할 수 있는 어떤 것도 내 존재가 될 수 없다는 것이다. 그리고 자신에 대해서 알 수 있는 그 어떤 것도 내가 아니라는 것이다. 자기자신에 대해서 아는 것과 자기자신을 아는 것을 혼돈하지 말아야 한다. 우리에 대한 모든 것은 우리 자신에 대한 내용물이지 나의 본질이 아니다. 누구도 진정한 내가 누구인지를 가르쳐줄 수 없다. 왜냐하면 진정한 나는 '생명'인데, 내가 누구인지에 대한 모든 설명은 단지 언어와 말로 만들어진 개념이기 때문이다. 이것을 깨달으면 신앙과 영성에 엄청난 돌파가 일어난다.

　예수 그리스도를 믿기 전에는 '내가 누구인지'를 믿어야 한다. 그러나 예수 그리스도를 믿은 후에는 이미 거듭났기 때문에 '나는 누구인지'에 대한 믿음이 필요하지 않다. 예수 그리스도를 믿은 후에 우리가 거듭났다면, 예수 그리스도 안에서 하나님과 하나되었으며, 신성과 원복을 지닌 새로운 피조물로 새롭게 창조된 것이다. 그런데 우리는 어떤가? 여전히 구원받기 이전의 거짓자아로 하나님과 분리된 채 '자신이 누구인지'(예수 그리스도 안에 새로운 피조물이 된 것을)를 내가 믿고 있지 않은가? 그리고 영이요 생명이신 예수님의 말씀을 이루기보다는 여전히 내가 그 말씀을 믿는 신앙생활을 하고 있다. 그래서 지금 우리는 거짓자아로 복음은 믿지만 복음을 누리지 못하는 자기기만적, 자기모순적 신앙생활을 하고 있다.

　구원을 받은 후에 거짓자아가 가지는 '나에 대한 믿음' 그리고 '말씀에 대한 믿음'은 오히려 진정한 나를 알고 말씀을 경험하는 데 장애물이 될 뿐이다. 진정한 나는 이미 예수 그리스도 안에 새로운 피조물이기 때문이다. 즉 진정한 나는 지금 이 순간에도 예수 그리스도 안에 현존하고 있기 때문이다. 그러나 그것은 오직 거짓자아로부터 깨어날 때 체험되어지는 것이다. 그 일을 위해서 성령님이 우리 안에 오신 것이다. 거짓자아의 속임에서 벗어나기 위해서는 거짓자아의 속성인 심리적 동일시와 심리적 시간 그리고 심리적 상상에 대해 알아야 한다. 이에 대해 차례대로 살펴보도록 하자.

심리적 동일시가 만든 거짓자아의 속성

본래 생각과 감정은 감각기관에 기초한 인식의 도구였다. 타락 전 인간은 하나님께서 주신 생각과 감정을 통해 이 땅에서의 삶을 살아가는 것이다. 그런데 타락한 혼이 자신의 정체성을 유지하기 위해서 세상에 대한 생각과 감정을 자신과 동일시함으로써 거짓자아로 살게 된 것이다. 마음이 하나의 도구가 아니라 자아의 느낌(자아 인식)의 근원이 되어버린 것이다.

가장 아이러니한 사실은 우리의 혼이 생각을 선택함으로 만들어진 거짓자아는 자신의 정체성을 유지하기 위해서, 자신의 삶에 온전함과 풍성함을 유지하기 위해서, 자신의 생각에 질문하고 그 답을 얻기를 원한다는 것이다. 그리고 거짓자아는 자신의 정체성을 확고히 유지하기 위해서 모든 경험과 지식을 총동원하여 자신의 생각을 정당화시키는 일을 행한다. "나는 누구인가?", "이 일은 어떻게 해야 하는가?", "미래는 어떻게 되어갈까?" 답이 있을 수 없는데도 우리는 끊임없이 답을 추구한다. 그래서 수많은 이론과 추론들만 난무할 뿐이다. 거짓자아는 자신이 누구인지를 알 수 없다. 우리를 창조하신 자만이 내가 누구인지를 알게 해주신다.

우리가 거짓자아를 나라고 믿으며 살 때는 내가 생각과 감정을 가지고 삶을 살아가는 것이 아니라 그 생각과 감정 때문에 나라는 존재가 고통받고 괴로워하며 사는 것이다. 생각해보라. 지금 당신이 당신의 생각과 감정을 통제하는가? 아니면 생각과 감정이 당신을 지배하고 있는가? 만약 당신의 생각과 감정을 자신이라고 생각하거나 자신의 생각과 감정이 모두 진실이라고 생각하거나 그것들의 지배를 받는다면, 그것은 혼이 몸의 종노릇하는 것이며, 성경에서는 그것을 육체에 속한 사람으로, 육신의 생각으로 살아가고 있다고 말한다. 체험적으로 그것이 사망이라는 것을 알 것이다. 즉 하나님 안에 있는 것을 체험하기보다는 늘 '어떻게 하면 하나님 안에 거할 수 있을까?'라는 생각(개념)으로 살아가는 것이다.

[롬 6:16] 너희 자신을 종으로 내주어 누구에게 순종하든지 그 순종함을 받는 자의 종이 되는 줄을 너희가 알지 못하느냐 혹은 죄의 종으로 사망에 이르고 혹은 순종의 종으로 의에 이르느니라

[롬 8:6] 육신의 생각은 사망이요 영의 생각은 생명과 평안이니라

나라는 존재가 그리스도 안에서 인식의 도구인 생각과 감정을 통해 살아가는 것이 아니라, 생각과 감정이 내 존재를 지배하고 있는 것이다. 다른 말로 우리는 자신의 생각과 감정에 자신을 맡기고 살아가는 것이다. 당신의 삶 대부분이 경험과 사건과 상황에 대한 생각과 감정의 통치를 받고 있지 않은가? 예를 들어, "나는 무엇 때문에 힘들어, 괴로워, 불안해, 불쾌해, 화가 나"라고 하지 않는가? 생각이 존재하고 느

낌이 존재하지만, 나는 없다. 여기서 깨어나라. 그것이 진짜처럼 보이고 실재처럼 느껴질 뿐이다. 깨어나지 못하면(하나님의 영의 인도함을 받지 못하면) 우리는 그것이 진짜 나이고 내가 그렇게 된 것처럼 살아가게 된다. 우리는 거짓자아로 뇌에 저장된 경험과 눈에 보이는 형상에 대한 관념, 개념, 신념으로 이루어진 정신세계에서 살고 있는 것이다. 마치 영화 속에서, 꿈속에서 살고 있는 것처럼 말이다.

핵심은 지금 생각과 감정으로 세상을 산다고 믿고 있지만, 사실은 생각과 감정이 나를 지배하고 있다는 것을 깨달아야 한다는 것이다. 내가 마음을 다스리는 것이 아니라, 마음이 나를 다스리고 있다는 것이다. 지금 우리가 겪고 있는 가장 큰 문제의 본질은 외부 자극이나 외부 대상 때문이 아니라(즉 무엇 때문에 내가 이렇게 되었다는 식의 사고방식 때문이 아니라) 자신의 생각과 감정을 자신과 동일시하고자 하는 무의식적 강박적 집착이다. 왜냐하면 하나님의 영이 떠난 혼이 여전히 마귀의 영향 아래 '나는'이라는 존재를 스스로 유지하기를 원하기 때문이다.

심리적 시간이 만든 거짓자아의 속임

우리의 실재는 '지금 이 순간 여기'뿐이라는 것을 알아야 한다. 우리의 삶도 마찬가지이다. 삶도 지금 이 순간 여기뿐이다. 내가 지금 거짓자아로 살고 있는지, 아니면 그리스도 안에 살고 있는지를 확인할 수 있는 것은 내가 지금 이 순간 여기와 어떤 관계를 맺고 있는지 보면 알 수 있다. 왜냐하면 지금 이 순간 여기에서만 진정한 내가 존재하고, 실재 삶을 살 수 있기 때문이다. 따라서 '지금 이 순간'을 내가 어떻게 보느냐가 삶이 나에게 어떻게 대하는가를 결정한다. 다른 말로, 우리 삶의 모든 것은 오직 이 '끝없는 지금'이라는 '영원한 현재'에서 펼쳐지고 있다.

생각은 생각일 뿐 사실도 진리도 아니다. 생각은 단지 현상이나 사실에 대한 해석이고, 생각은 결코 현재를 볼 수 없다고 말했다. 왜냐하면 과거를 생각하든, 현재를 생각하든, 미래를 생각하든, 생각은 항상 영원한 현재(끝없는 지금)보다 한 발짝 느리기 때문이다. 우리가 거짓자아로 살 때 모든 것을 보고 이해하고 판단하는 것은 생각을 통해서다. 생각은 과거의 경험과 지식에 기초한 기억이고, 그것에 기초한 미래에 대한 기대이다. 현재를 본다고 하지만 그것은 자신의 생각으로 보는 것이고, 그것은 자신이 만든 과거와 미래에 기초하여 자신에게 가장 옳다고 믿는 생각으로 보는 것일 뿐이다. 또한, 생각은 대상의 실재와 진리를 보지 못하고 대상에 대한 관념과 이미지만을 가질 뿐이다.

거짓자아는 시간의 수평적 차원에서만 존재할 수밖에 없다. 우리는 시공간 안에서 크로노스 시간, 시계 시간으로 살고 있다. 즉 비가역적인 시간 속에서 살아가고 있는 것이다. 우리는 흔히 그 시간을 경험하는 것처럼 생각하지만, 우리는 결코 실제 시간을 경험하지 못한다. 단지 심리적 시간만을 경험할 뿐이다. 생각해보라. 우리는 마치 과거를 경험한 것처럼, 미래를 경험한 것처럼 생각한다. 하지만 사실은 정신세계에서 경험하는 것이지 실제로 경험하는 것은 아니다. 과거는 이미 지나갔고 존재하지 않는다. 미래는 아직 오지 않았기 때문에 경험될 수 없는 것이다. 그리고 과거와 미래에 대한 생각은 지금 이 순간 여기에서 할 수밖에 없다. 그 내용물이 무엇이든지 그것을 경험하는 것은 지금 이 순간 여기뿐이라는 것이다. 우리는 생각으로 지금 이 순간 여

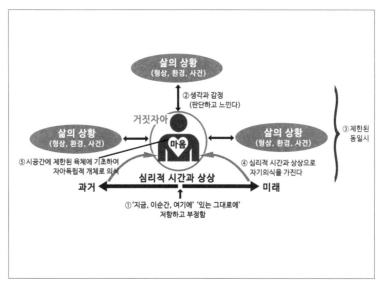

그림 1 거짓자아의 속성

인간이 타락 후 하나님과 분리된 다음에는 하나님으로부터 주어지는 모든 것이 사라졌기 때문에 내면에서 올라오는 타락한 마음의 속성(두려움/긴장/분리, 결핍/불안/욕구, 공허함/권태, 초조/행동)을 가지게 되었다. 그 결과로 지금 이 순간 여기에서 있는 그대로를 받아들이지 못하고 그것으로부터 벗어나고자 끊임없이 판단하고 느낀다. 그리고 외부 환경과 대상에 대한 생각과 감정을 자신과 동일시하며, 심리적 시간으로 존재하지 않는 과거에 집착하고 아직 오지 않은 미래를 추구하며, 심리적 상상으로 왜곡, 축소, 확대한 상상의 이야기를 만들어, 자신을 시공간에 제한된 몸에 기초한 자아독립적 개체로 여기게 된다.

기에서 과거라는 것을, 미래라는 것을 마음으로 경험하고 있는 것이다. 그런데 그것을 마치 자신이 과거를 경험하거나 미래를 실제로 경험하고 있는 것으로 착각하고 있다. 우리는 살면서 과거와 미래 등 수많은 생각을 하지만, 생각하는 것은 지금 이 순간 여기뿐이다. 그런데 마치 내가 과거나 미래의 시간을 경험하는 것으로 착각하고 있다. 그래서 우리는 시간의 환상뿐만 아니라 거짓자아의 환상도 가지게 되는 것이다.

우리는 지금이라는 시간에 과거의 기억과 미래에 기대하는 내용을 생각함으로써 생각의 내용물과 현재의 순간을 혼동하고 있는 것이다. 즉 지금 여기라는 곳에서 심리적으로 과거와 미래의 내용물을 경험하며 마치 과거와 미래를(다른 말로 시간을) 실제로 경험하는 것처럼 여기는 것이다. 다시 말하자면 크로노스 시간은 존재하지만, 우리가 시간 그 자체를 경험하는 것은 불가능하다. 경험할 수 있는 것은 오직 현재의 순간, 그리고 이 순간에 일어나고 있는 것뿐이다. 그 말은 거짓자아가 생각으로 정신세계에서 심리적 시간으로 과거와 미래를 경험하고 있을 뿐이라는 것이다. 이렇듯 시간과 마음은 떼려야 뗄 수 없다. 우리가 지금 나라고 하는 존재는 마음이 시간 속에서 만들어낸 거짓자아이기 때문이다. 나의 실제 존재도 삶도 지금뿐이다. 진정한 우리는 끝없는 현재의 삶을 사는 것이다.

심리적 상상이 만든 거짓자아의 속임

과거와 미래의 생각과 감정이라는 심리적 시간으로 '나는'이라는 상상의 이야기를 만들 때는 저장된 기억을 재생하는 것에 기초한다. 그리고 상황이 종결된 후 그 내용을 다시 장기기억 속으로 되돌릴 때는 항상 자신을 보호하기 위하여 그 당시 자신의 상황과 처지 그리고 환경 등에 기초하여 그 내용을 왜곡, 축소, 확대 등 다양한 기제를 사용하여 변질시킨다. 그리고 자기 방식대로 상상한 그 내용(부정적, 긍정적 합리화시킨 내용)을 저장하는 것이다. 그리고 다음에 어떤 자극이 왔을 때는 이미 변질된 내용을 기억 속에서 다시 끄집어내어 그것으로 '나는'이라는 상상의 이야기를 만드는 것이다.24 이것이 바로 심리적 상상으로 만들어진 거짓자아이다.

우리의 삶을 다시 생각해보라. 우리는 과거의 어떤 문제를 자신도 모르는 사이에 생각하고 되씹고 해석하고 판단하고 후회한다. '내가 왜 이러지? 이러면 안 되는데'라고 하지만 늘 그렇게 하는 자신을 발견하고 있지 않은가? 그리고 더 주의 깊게 생각해보라. 사실은 어떻게 해야 할지도 모르면서 '이러면 안 되는데'라고 생각하고 있지 않은가? 그 모든 생각들이 언제 일어나는 것인가? 지금 이 순간 여기에서다. 그런데 우리는 그 내용물에 사로잡혀서 그것이 언제 일어나는 일인지를 잊고 있다. 그렇다면 그것이 지금 이 순간 여기에서 일어나고 있다는 것을 인식한다면 인식하는 자는 누구인가? 그게 바로 인식하는 주체인 의식, 즉 혼이라는 것을 알아야 한다.

거짓자아의 모순

혼이 어떤 대상에 대한 생각을 자신과 동일시함으로써 내 생각이 되고, 그 결과로 거짓자아가 만들어진다고 말했다. 대상에 대한 자신의 생각에 자아의식의 옷을 입힘으로써(동일시함으로써) 그 대상으로부터 자신의 정체성을 이끌어내는 것이다. 다른 말로 그 대상에 나의 자아의식을 부여함으로써, 그 대상이 나의 정체성의 일부가 되는 것이다. 결국 핵심은 그 대상이 아니라 우리의 혼이 생각을 통해 그 대상과 동일시하고자 하는 무의식적인 강박심리이다. 왜냐하면 몸을 가진 존재는

---

24 이 부분에 대한 더 자세한 내용은 4부 15장을 참고하라.

"나는", "내가"라는 자신의 정체성을 찾고 유지해야 살아있다고 여겨지기 때문이다. 이것은 타락 후 유사 이래로 마귀의 영향을 받은 인간이 끊임없이 해온 일이다(반대로 마귀가 끊임없이 우리를 속여 온 일이기도 하다). 거짓자아는 혼이 어떤 대상의 가치에 기초한 동일시가 아니라 그 대상에 들어가 있는 '나', '나를', '나의 것'이라는 생각에 집착하는 것으로 만들어진 것이다. 혼이 대상에 대한 생각을 가지고 자신을 나타내고 있는 것이다. 본래는 혼이 하나님의 영에 속하여 그 영(하나님의 말씀)을 나타내어야 하는데, 거짓자아는 자신의 생각(뇌와 심중에 기록된 지식과 정보)을 나타내고 있는 것이다.

더욱이 우리는 모든 것의 출발을 우리 신체의 감각기관을 통해서 들어온 정보에 기초하기 때문에, 좀 더 넓게 생각하면 내 몸에 기초하여, "내가" 또는 "나는"이라고 말한다. 이 말은 거짓자아가 몸을 기초하여 자신과 세상을 분리시키고 있는 것이다. 즉 나는 몸 안에 있고 나머지 모든 것은 몸 밖에 있다는 사고방식을 가진다. 그 결과로 모든 행위와 경험의 주체를 '나'로 여기게 된다. 즉, 자기중심적 사고를 가지게 되고, 내가 삶을 경험한다는 식으로 믿게 되는 것이다. 자신이 하나님의 영을 나타내는 영적 존재임에도 불구하고, 자신의 존재를 시공간 안에 있는 몸으로 제한시키는 것이다. 그래서 인간은 스스로를 자아독립적 개체로 여기는 것이다.

그렇다면 어떻게 거짓자아에서 벗어날 수 있는가?

지금 이 땅에서 몸을 가지고 살아가는 동안에는 우리의 혼이 더 이상 자신의 생각과 감정을 선택하는 것이 아니라, 하나님의 영 안에 주의 말씀을 선택하는 삶을 살아야 한다. 다르게 표현하면 말씀대로 생각하는 삶을 살아야 한다는 것이다. 그렇게 하기 위해서는 자신의 경험과 지식에 기초한 모든 생각을 사로잡아 그리스도께 복종시켜야 한다(고후 10:4-5). 거짓자아에서 벗어날 수 있는 길은 자기부인과 자기 십자가를 지는 것이라고 예수님께서 분명히 말씀하셨다.

[마 16:24-25] 이에 예수께서 제자들에게 이르시되 누구든지 나를 따라오거든 자기를 부인하고 자기 십자가를 지고 나를 따를 것이니라 누구든지 제 목숨(헬, 프쉬케 : 혼)을 구원하고자 하면 잃을 것이요 누구든지 나를 위하여 제 목숨을 잃으면 찾으리라

자기를 부인한다는 생각은 뇌의 활동으로 나타난 현상일 뿐이며 단지 개념이나 관념이며 실재도 아니고 진리도 아니라는 사실을 깨닫는 것이다. 자기 십자가를 진다는 것은 혼과 생각이 만든 거짓자아도 역시 허상이고 현상일 뿐임을 깨닫는 것이다.

보통 우리가 25절을 해석할 때, 목숨의 본래 헬라어의 뜻은 혼인데, 이것을 목숨으로 번역해놓았기 때문에 자기부인과 자기 십자가라는 용어가 육체의 죽음을 연상시키게 되었다. 그렇기 때문에 이 말씀을 읽을 때마다 두려움과 피하고 싶은 마음이 든다. 이 말씀의 본질은 예수님과 복음을 위해서 "육체를 죽여라" 또는 "죽기까지 충성하라"(죽으라고 말하는데 우리는 안 죽고 충성하고자 한다)는 뜻이 아니다. 좀 더 근본적인 뜻은 자기를 부인하고 자기 십자가를 질 수 있는 핵심이 바로 '혼의 구원'에 있다고 말씀하신 것이다. 하나님의 생기가 우리 코에 불어 넣어졌을 때 우리는 생혼이 되었다. 즉 숨을 쉬며 생명 활동할 수 있는 힘

을 가진 자가 된 것이다(창 2:7 ; 행 17:28). 25절의 말씀은 24절의 말씀을 구체적으로 설명한 것으로, 거짓자아로부터 벗어나기 위해서는 혼의 구원을 받아야 한다고 말씀하신 것이다. 혼이 거짓자아를 유지하기 위해서 자신의 생각을 선택하는 대신에 하나님의 영 안에 거할 때, 즉 혼이 예수 그리스도를 위하여 몸의 종노릇에서 벗어날 때, 부활의 삶을 살 수 있다고 말씀하신 것이다.

[마 6:25] 그러므로 내가 너희에게 이르노니 목숨(헬, 프쉬케 : 혼)을 위하여 무엇을 먹을까 무엇을 마실까 몸을 위하여 무엇을 입을까 염려하지 말라 목숨이 음식보다 중하지 아니하며 몸이 의복보다 중하지 아니하냐

이 말씀을 올바르게 해석할 수 있는 베드로전서 2장 25절의 말씀을 보자.

[벧전 2:25] 너희가 전에는 양과 같이 길을 잃었더니 이제는 너희 영혼(헬, 프쉬케)의 목자와 감독 되신 이에게 돌아왔느니라

여기에 나오는 영혼은 헬라어 원어대로 번역하면 혼이어야 한다. 예수님은 우리 혼의 목자와 감독이시기 때문이다. 왜냐하면 구원받은 자에게는 주님께서 영의 목자와 감독이 되실 수는 없기 때문이다. 고린도전서 6장 17절에 "주와 합하는 자는 한 영이니라"라고 말씀하는 것처럼, 성령님으로 오셔서 우리의 영과 온전한 연합을 이루셨기 때문이다. 또한, 베드로전서 4장 19절도 마찬가지이다. 구원받은 자가 그 영을 하나님께 의탁한다는 것은 모순이다. 왜냐하면 진정으로 거듭났다

면 우리의 영은 이미 하나님의 영과 온전한 연합을 이룬 상태이기 때문이다. 그렇기 때문에 우리의 혼이 하나님의 영에 속하여 그리스도를 나타낼 수 있도록 신실하신 창조주께 의탁하는 것이 필요하다.

[벧전 4:19] 그러므로 하나님의 뜻대로 고난을 받는 자들은 또한 선을 행하는 가운데에 그 영혼(헬, 프쉬케)을 미쁘신 창조주께 의탁할지어다

예수 그리스도 안에서 구원을 받은 자는 자신의 타락한 혼이 거짓자아를 만들고자 하는 것을 포기함으로(제 목숨을 잃으며), 그 혼이 성령님 안에 거하게 되고, 비로소 영이요 생명인 말씀으로 살아갈 수 있다는 것이다. 우리가 지금까지 속고 살아왔지만, 허상이 허상이라는 것을 알아차리면, 즉 거짓자아가 단지 혼과 몸이 만든 현상이라는 것을 알면, 소멸되기 시작한다. 그것이 바로 진리를 아는 것이고, 깨어나는 것이다. 어떻게 해서 그것이 가능한가? 우리 안에 하나님의 영이 임하심으로 인하여 우리의 혼이 하나님의 영 안에 거하기 때문이고, 그 결과로 거짓자아로부터 신성이 깨어나기 때문이다.

[엡 5:14] 그러므로 이르시기를 잠자는 자여 깨어서 죽은 자들 가운데서 일어나라 그리스도께서 너에게 비추이시리라 하셨느니라

[고전 4:6] 어두운 데에 빛이 비치라 말씀하셨던 그 하나님께서 예수 그리스도의 얼굴에 있는 하나님의 영광을 아는 빛을 우리 마음(헬, 카르디아 : 심중)에 비추셨느니라

'무엇이 내가 아닌가'를 아는 순간 '나는 누구인가'의 실체가 자연스럽게 드러나는 것이다. 그리스도 안에 있는 혼이 자신의 존재를 의식할 때 과거처럼 거짓자아를 만들기 위해서 자신의 생각과 감정을 선택하지 않고, 모든 것을 있는 그대로 허용하는 것이다. 이제 우리의 삶에도 그렇게 적용해보라. 진정한 자아는 예수 그리스도 안에 있다. 따라서 우리의 혼은 과거처럼 자신의 생각과 감정을 선택함으로써 거짓자아를 만들고, 그 거짓자아가 나인 줄 알고, 슬프고 두렵고, 괴롭고, 부족하고, 죽을 것 같은 느낌으로 살아가는 것이 아니라, 우리가 어떤 상황에서도 요동함 없이 그리스도의 현존 안에서 그리스도의 의식[25]으로 살아가는 것이다. 사도 바울이 이러한 삶을 살아갈 수 있었던 것은 "나는 날마다 죽노라"라는 그의 고백처럼, 날마다 거짓자아의 죽음을 경험했기 때문이다.

> [고전 15:31] 형제들아 내가 그리스도 예수 우리 주 안에서 가진 바 너희에 대한 나의 자랑을 두고 단언하노니 나는 날마다 죽노라

고린도전서 15장 31절의 말씀이 바로 갈라디아서 2장 20절의 삶을 살아내는 핵심 열쇠이며, 그것이 바로 마태복음 16장 24절에서 예수님께서 자기를 부인하고 자기 십자가를 지라고 하신 말씀이다.

---

25 그리스도 의식이란 혼이 하나님의 영 안에 거함으로써 지금 이 순간 여기에 모든 것을 있는 그대로 허용하고 받아들이지만, 그 어떤 것에도 영향을 받지 않는 의식 상태이다. 마치 표를 구매하고 객석에 앉은 관객처럼 연극을 보는 것이 아니라 그 극장에 있는 직원처럼 연극을 보는 것이다. 연극을 보는 관객의 혼은 그 연극 내용에 묶여 있지만, 직원의 혼은 내용이 어떻다 할지라도 단지 연극일 뿐이라고 인식한다. 그리스도 의식에 대해서는 3부 11장에서 더 자세히 살펴보고자 한다.

[갈 2:20] 내가 그리스도와 함께 십자가에 못 박혔나니 그런즉 이제는 내가 사는 것이 아니요 오직 내 안에 그리스도께서 사시는 것이라

그럴 때 우리 안에 계시는 성령님께서 하나님의 원복을 우리 몸이 체험하도록 역사하신다. 그것이 바로 "이제는 내가 사는 것이 아니라 그리스도께서 사시는 것이다"라는 뜻이다. 다르게 말하자면, 우리의 혼이 하나님의 영 안에서 그리스도 의식으로 몸이 하나님의 생명을 경험하게 함으로써, 하나님께서 우리 몸을 통하여 그분을 나타내시는 삶을 말한다. 타락 이전 상태와 동일하게 형상을 따라 모양대로 살아가는 존재가 되는 것이다.

나는 지금 이 순간의 삶과 어떤 관계를 가지고 있는가?

이것은 내가 지금 어떤 상태로 존재하는가를 알려주는 중요한 지표이다. 거짓자아에 묶일수록 심리적 시간 속에서 살아간다. 그러나 그리스도 의식으로 살아가면 '지금'이 내 실재가 된다. 그리고 지금이 진정한 삶이 된다. 지금이 삶이고 삶은 지금이다. 거짓자아로 살면, 자신도 알지 못한 채 늘 지금의 삶을 회피하거나, 문제로 보거나, 적대시한다. 다른 말로, 늘 현재를 부정하거나 저항하고, 미래에 어떤 목적을 만들고 추구하는 삶을 살게 된다. 지금 이 순간을 회피하는 거짓자아의 태도는 현재의 순간을 미래에 이루어야 할 목적을 위한 수단으로만 여기게 된다.26 미래는 실재하는 것이 아니라 우리 머릿속에 있는

---

26 예를 들어, 지금 이 책을 읽다가 물을 마시러 부엌에 간다고 가정해보라. 당신은 미래에 물을 먹기 위한 목적을 달성하기 위하여 지금 일어나서 부엌으로 가지만, 지금 일어나서 부엌으로 가

생각일 뿐임에도, 거짓자아는 내 진정한 존재가 지금에 머물지 못하게 하는 것이다. 결국 진정으로 깊이 있는 풍성한 삶을 살지 못하게 하는 것이다.

> [요 10:10] 도둑이 오는 것은 도둑질하고 죽이고 멸망시키려는 것뿐이요 내가 온 것은 양으로 생명을 얻게 하고 더 풍성히 얻게 하려는 것이라

우리는 이 말씀의 본질을 알지 못한 채 너무나 피상적으로 해석한다. "예수님께서 십자가를 통해 생명을 주셨으니, 구원받은 이후에 열심히 신앙생활을 하면 내 삶이 풍성하게 될 것이다"라고 말이다. 마귀는 거짓자아로 형상과 관념의 세계에서 살다가 결국은 영혼이 구원받지 못하고 멸망하게 만들고, 예수님께서는 우리에게 새생명을 주심으로 우리가 그리스도 안에서 하나님께서 말씀으로 창조하신 모든 형상들에 대한 자기 방식의 관념세계가 아니라 하나님께서 창조하신 실재와 진리를 누리는 삶을 살도록 하신다. 그것이 바로 풍성한 삶이다. 만약 거짓자아가 주체가 되면 지금을 회피하거나, 장애물로 여기거나, 적으로 보게 된다. 그러나 그리스도 안에 있을 때는 지금 이 순간 여기에 있는 그대로에 열려 있고, 모든 것을 있는 그대로 허용하게 된다. 그렇지만 그 어떤 삶의 경험도 내 진정한 존재에 아무런 영향을 미치지 못한다는 것을 알게 된다.

거짓자아의 심리적 시간과 상상 속에서 살았던 것을 깨닫게 되면,

는 그 행동 자체는 목적을 달성하기 위한 수단일 뿐이지 당신에게 아무런 의미가 없는 것처럼 여긴다. 그러나 당신의 존재는 지금 이 순간 여기에만 존재한다는 것을 알아야 한다. 그렇지 않으면 우리는 늘 자신의 존재를 미래에 두고 살아가고 있는 것이다.

우리는 한 걸음 더 나아가 다음 세 가지의 중요한 진리를 깨닫게 된다.

(1) 우리가 산다는 것은 실재가 아닌 생각이 만들어지고, 생각하는 자가 만들어져서 정신세계에서 상상의 이야기를 만들고 그 속에서 살아가고 있는 것이다. 생각은 있지만 생각하는 자는 없다. 지금 우리는 우리가 만든 거짓자아에 놀아나고 있는 것이다.

(2) 진정한 우리의 삶도 지금 이 순간 여기에만 존재한다. 과거에 일어난 고통, 상처, 괴로움, 앞으로 일어날 것 같은 불안, 두려움 등을 언제 경험하고 있는가? 지금 이 순간 여기에서다. 우리는 과거의 삶, 미래의 삶을 실제로 경험하고 있는 것이 아니라 그 내용물을 지금 이 순간 여기에서 관념과 개념으로 경험하고 있는 것이다. 따라서 당신이 거짓자아로부터 깨어나면 과거도 미래도 당신에게 아무런 영향을 미치지 못한다. 거짓자아가 만든 심리적 시간과 상상으로 존재하지 않는 과거와 미래를 헤매지 말라. 그리스도 안에서 하나님의 생명과 연결되어 지금 이 순간 여기를 있는 그대로 보고, 영원한 지금 이 순간을 살자. 그것이 바로 현재적 하나님나라의 차원적 삶이다.

[사 43:18-19] 너희는 이전 일을 기억하지 말며 옛날 일을 생각하지 말라 보라 내가 새 일을 행하리니 이제 나타낼 것이라 너희가 그것을 알지 못하겠느냐 반드시 내가 광야에 길을 사막에 강을 내리니

[사 43:19 공동번역] 보아라, 내가 이제 새 일을 시작하였다. 이미 싹이 돋았는데 그것이 보이지 않느냐? 내가 사막에 큰 길을 내리라. 광야에 한길들을 트리라.

(3) 한 걸음 더 나아가 세상에 자유를 주자. 세상이 내 뜻대로 되어야 하는 것이 아니다. 지금 이 순간을 늘 내 삶의 장애물로 보거나 적대시하면, 즉 문제로 보면 문제로 되돌아온다. 현재 세상을 장애물로 보면 장애물로 되돌아온다. 지금 이 순간의 삶을 적대시하면 삶이 우리를 적대시한다. 우리는 세상의 모든 것에 대해서 자신의 방식대로 투사하고 인식한다. 즉 헤아리는 대로 헤아림을 받는다. 다른 말로 내가 삶을 대하는 대로 삶이 나를 대한다는 것이다. 거울을 생각해보라. 당신이 거울을 보고 손가락질하면 거울은 당신에게 손가락질하게 된다. 삶을 적으로 만들면 삶은 나와 싸우기 시작한다. 외부적 현실은 늘 나의 내면 상태의 반영이기 때문이다.

[마 7:2] 너희가 비판하는 그 비판으로 너희가 비판을 받을 것이요 너희가 헤아리는 그 헤아림으로 너희가 헤아림을 받을 것이니라

내가 세상으로부터 자유하기 위해서는 세상에게 자유를 주어야 한다. 우리는 세상에 대해 끊임없이 "나를 만족시켜주고, 나를 행복하게 해주고, 나를 안전하다고 느끼게 해주고, 내가 누구인지를 말해줘"라고 하는, 있을 수 없는 요구를 하지 말아야 한다. 세상은 우리에게 그것들을 줄 수 없다. 우리가 그런 기대를 내려놓으면 자신이 만든 괴로움과 고통은 막을 내린다. 그런 모든 고통들은 경험과 형상의 세계에서 살면서 자신의 현존을 알지 못하기 때문에 나오는 것이다. 이제 당신이 누구인지 알았다면, 당신의 혼이 그리스도 안에서 거하도록 하라. 거짓자아의 세계인 관념과 물질과 형상의 차원에서 벗어나라. 그렇게 되면 우리가 세상에 대해 자유하게 되고, 세상도 우리에 대해 자

유하게 된다. 말씀의 근원인 영이요 생명의 세계로 들어가야 한다. 신성과 원복의 세계로 들어가야 한다. 그곳이 바로 우리 안에 있는 하나님나라이다. 우리는 그곳에서 안식하는 것을 체험하고, 하나님의 때에 하나님께서 시키시는 일을 행할 줄 알아야 한다.

> [갈 6:14] 그러나 내게는 우리 주 예수 그리스도의 십자가 외에 결코 자랑할 것이 없으니 그리스도로 말미암아 세상이 나를 대하여 십자가에 못 박히고 내가 또한 세상을 대하여 그러하니라

타락한 후 우리의 혼은 형상과 사건과 상황의 무의식 가운데 사로잡혀서, 보이는 세계에서의 대상과 사건의 근원이 되는 보이지 않는 세계와 그것을 통치하는 하나님나라를 잊고 살고 있는 것이다. 시공간 안에 사로잡혀 영원을 잊고 있는 것이다. 그러나 우리의 혼이 하나님의 영 안에 거할 때 관념과 형상의 정신세계(보이지 않는 세계)가 아니라 영적 세계에 거하게 된다.

결론

그리스도 안에 들어가려면 먼저 자신의 거짓자아에서 나와야 한다. 내 마음에서 나오지 않았는데 어떻게 그리스도 안으로 들어가겠는가? 앞서 살펴본 것처럼, 진정한 영성은 내 혼이 그리스도 안에 들어가 성령님의 통치하심을 받음으로써 내 몸을 통해 하나님이 나타나시는 것이다. 출발이 하나님이며 진정한 내가 누구인지를 알 때부터 우리는 킹덤빌더의 영성대로 살아낼 수 있다. 거짓자아의 영성은 의도가 선하든

선하지 않든 하나님이 아닌 것으로부터 출발하는 것이다.

(1) 지금 우리는 예수 그리스도의 현존 안에 있다. 우리의 모든 생각과 감정에 '내가'가 없다는 것을 깨달아라. '내가' 대신에 '그리스도가'를 선포해보라. 삶이 없어지는 것이 아니라 내가 주체가 된 생각만 없어지는 것이다.

(2) 우리는 경험과 물질 차원의 세계에 살면서, 나 자신도 대상(몸)으로 정의해왔다. 나라는 존재를 인성을 지닌 존재로 즉 시공간 내의 하나의 독립적 개체(대상)로 축소시켜 놓고 있다는 것이다. 그리고 존재하지 않는 거짓자아로 나를 정의하고 있는 것이다.

(3) 우리는 하나님의 생명인 영생을 가진 자이다. 하나님의 영 안에 있는 혼은 신성을 지닌 영적 존재이다. 따라서 몸을 가진 우리는 인성뿐만 아니라 하나님의 영 안에 혼이 거하는 신성을 지닌 존재이다. 나는 그리스도 현존의식이지 내가 누구인지를 알 수 없다. 내가 누구인지를 안다는 것은 거짓자아의 차원에서나 가능하고, 그것은 나라는 대상이지 진정한 존재는 아니다. 무소부재하시고 전지전능하신 하나님께서 그분을 나타내고 있는 것이 내 존재이다.

(4) 거짓자아의 속임에서 벗어날 수 있는 핵심 비결은 자기부인과 자기 십자가를 지는 것이다. 자기부인은, 생각이 뇌의 활동으로 나타난 현상일 뿐이며, 그것은 단지 개념이나 관념일 뿐이지 실재도 아니고 진리도 아니라는 사실을 깨닫는 것이며, 자기 십자가를 진다는 것은 혼과 생각이 만든 거짓자아도 역시 허상이고 현상일 뿐임을 깨닫는 것이다.

07

거짓자아의 부재가
그리스도의
현존의식이다

거짓자아의 속임에서 벗어나 그리스도 안에 있는 진정한 자신의 정체성을 체험했다면 우리는 이제 그리스도 현존의식으로 살아가는 삶을 체험해야 한다. 즉 내 안에 계신 그리스도께서 사시는 삶을 체험하는 것이다. 그것이 바로 예수님께서 우리에게 전해주신 하나님나라의 복음이며, 예수님께서는 바로 그 삶을 친히 우리에게 보여주셨다. 따라서 우리는 예수 그리스도 안에서 나의 삶이 아니라 그의 삶을 살아야 한다. 그런데 여전히 많은 그리스도인들이 거짓자아로 자신이 만든 정신세계(가공세계)에서 살아가고 있으면서도 그리스도께서 사는 삶이 무엇인지를 잘 모르고 있다.

내 안에 그리스도께서 산다는 것은?

갈라디아서 2장 20절은 이 주제에 대해 분명하게 말씀하고 있다.

[갈 2:20] 내가 그리스도와 함께 십자가에 못 박혔나니 그런즉 이제는 내가 (헬, 에고) 사는 것이 아니요 오직 내 안에 그리스도께서 사시는 것이라

[갈 2:20 킹제임스흠정역] 내가 그리스도와 함께 십자가에 못박혀 있으나 그럼

에도 불구하고 사노라. 그러나 내(헬, 에고)가 아니요 그리스도께서 내 안에
사시느니라

세 부분으로 나누어서 이 구절의 의미를 자세히 알아보자.

(1)"내가 그리스도와 함께 십자가에 못 박혔나니" 예수 그리스도의 대
속으로 인하여 옛자아, 죄성이 죽었다. 그 결과로 하나님의 영이 우리
에게 임하시고 우리는 예수 그리스도 안에 새로운 피조물이 되었다. 그
말은 예수 그리스도 안에 새로운 자아가 탄생된 것이다.

(2) "그런즉 이제는 내가(헬, 에고) 사는 것이 아니요" 따라서 이제는
지금까지 살아왔던 것처럼 거짓자아가 주체가 된 삶을 살아가는 것이
아니다. 즉 우리의 타락한 혼이 자신의 생각과 감정을 자신과 동일시
함으로써 만들어진 거짓자아로 살아가는 것이 아니다.

(3) "오직 내 안에 그리스도께서 사시는 것이라"(그럼에도 불구하고 사
노라. 그러나 내가 아니요 그리스도께서 내 안에 사시느니라, 킹제임스흠정역)

우리의 혼이 하나님의 영 안에 거함으로써 그리스도를 나타내는 의
식으로 살아가는 것이다. 그리스도 의식이란 그리스도를 나타내는 자
아의식을 의미하는 것으로 그리스도는 말씀이시다. 따라서 그리스도
의식이란 생명의 말씀대로 생각과 감정을 나타내는 의식을 말한다. 반
면에 거짓자아의 의식이란 과거 경험과 지식대로 생각과 감정을 나타
내는 의식을 말한다.

그리스도 의식으로 살아가는 삶이란?

그리스도 안에 새로운 자아를 지닌 존재로서, 거짓자아가 아닌 그리스도 안에서 그리스도 의식으로 살아간다는 것은 도대체 무엇을 의미하는 것일까? 이것은 예수님이 우리에게 전하시고, 스스로 그렇게 사신 하나님나라 복음의 핵심이다. 이것을 쉽게 이해하기 위해서는 영화관에서 영화 보는 것을 비유로 생각해보면 좋을 것 같다. 이 비유를 통해서 우리가 거듭난 후 예수 그리스도 안에 있는 진정한 존재와 우리의 혼이 자신의 생각으로 만든 거짓자아를 분별해보고자 한다.

영화를 보러 극장에 갔다고 생각해보라. 영화관에서 지정된 좌석에 앉을 때는 자신이 지금 자리에 앉았다는 것을 의식하게 된다. 그렇지만 영화가 시작되면 어떤가? 영화관 화면에 영상이 떠오르면 자신도 모르는 사이에 장면에 집중하게 되고, 그 결과 영화 속으로 빨려 들어가게 된다. 흔히 영화 속으로 빨려 들어간다고 말하지만, 사실은 스크린 속으로 들어가는 것이 아니라 자신의 마음으로 만든 정신세계 속에 들어가는 것이다.

자신의 혼이 스스로 의식하지 못하는 순간에 영화를 볼 때 떠오르는 생각과 감정을 붙듦으로써 내 생각과 감정이 되고, 그 결과로 '나는', '내가'라는 거짓자아가 만들어지는 것이다. 그리고 그 내용에 따라 나는 웃기도 하고, 울기도 하고, 몸을 움직이기도 한다. 자신도 모르는 사이에 그 영화에 대한 생각과 감정이 자신과 동일시된 것이다. 그때는 내가 지금 영화를 보고 있다는 자체도 의식하지 못하게 된다.

잘 묵상해보면 영화를 보는 동안 자신의 정신세계 안에 나라는 존재가 만들어지고, 그 정신세계 속에서 내가 생각하고 느끼고 행동하고 있는 것이다. 그러나 실제는 어떤가? 진짜 나는 좌석에 앉아 영화를 보고 있을 뿐이다. 영화를 보지 않을 때는 내가 좌석에 앉아 있는 것을 의식하는데, 막상 영화가 시작되면 진짜 나는 사라지고, 내가 만든 정신세계(관념화된 현실) 안에서 또 다른 내(거짓자아)가 만들어지고 그것에 기초하여 생각하고 느끼고 움직이고 있는 것이다. (꿈꾸는 것도 이와 동일하다. 꿈속에서 실제처럼 느껴지는 내가 나온다. 그리고 생각하고 느끼고 행동한다. 그렇지만 진짜 나는 꿈속에서 살아가는 내가 아니라, 그 꿈을 인지하고 있는 존재이다. 그러나 자각몽인 경우에는 다르다. 꿈을 꾸면서도 내가 만든 정신세계에서 가짜 내가 출연하고 갖가지 일들을 경험하고 있다는 것을 인지하는 존재가 진짜 나라는 사실을 의식하게 된다. 자각몽일 경우 꿈에서 무슨 일이 일어나도 진정한 나는 언제나 한결같이 그 꿈을 바라보지만, 그 꿈에 아무런 영향을 받지 아니하는 현존이라는 것을 자각하는 것이다).

다시 영화관으로 돌아와서, 처음에는 내가 좌석에 앉아 있었는데, 영화가 시작되면 자리에 앉은 진짜 나는 자신으로 의식되지 못하고, 자신도 모르는 사이에 자신의 마음으로 만든 정신세계 안에 거짓자아가 만들어지고, 그 자아는 또다시 뇌에서 떠오르는 생각과 감정을 가지고, 자신에 대해서(나는 누구일까?) 그리고 세상에 대해서(왜 저런 거야?) 해석하고 판단하고 행동하고 있는 것이다. 그렇게 하면 할수록 진정한 존재(좌석에 앉아 있는 자아의식)를 알지 못하고, 세상에 대한 생각에 묶인 존재로 살아가게 되는 것이다.

깊이 성찰해보면, 이처럼 우스운 일이 없다. 영화를 보는 동안에는 그 생각과 감정을 갖는 것이 나라고 생각하지만, 영화의 내용에 대한 생각과 감정을 가지고 있다는 것을 인지하는 자가 진짜 내 존재, 즉 의식인 것이다. 한 걸음만 물러나서 보면, 우리는 정신적, 감정적, 신체적 차원의 대상과 사건들이 의식 앞을 끊임없이 지나가고 있음을 보게 된다. 우리는 이것을 경험(생각과 느낌)이라고 부른다. 거짓자아인 내가 경험하는 것이 아니라 경험들이 내 혼(의식)에 의해서 인식되어진 것뿐이다. 영화가 끝나면 어떤가? 그때 비로소 자신의 정신세계에서 만들어진 생각도 거짓자아도 사라지고 자신이 지금 자리에 앉아 있다는 것을 의식하게 된다.

이것은 영화를 볼 때뿐만 아니라 지금 우리가 살아가는 세상에서도 마찬가지이다. 모든 인간은 물리세계에 존재하면서 모든 것을 경험하며 살고 있지만, 진정한 존재가 실재와 진리를 경험하는 것이 아니라 환상의 자아의식으로 만든 거짓자아로 피조세계의 모든 것들을 자신의 정신세계에서 경험하고 있는 것이다. 한마디로 말하자면 관념화된 환상의 현실에서 살고 있는 것이다.

어떻게 그것을 증명할 수 있는가? 아주 쉬운 예를 들면, 우리는 동일한 대상을 보면서도 서로 다르게 이야기하는 경우가 매우 많다. 그것은 각자의 거짓자아가 자신의 과거 경험과 지식에 기초하여 정신세계에서 보고 생각하고 느끼기 때문이다. 영화관이 아니라 지금 우리가 사는 세상을 생각해보자. 영화관에서는 영화 화면을 자신의 내면세계에 옮겨서 그 내용에 대한 생각과 감정을 나와 동일시했다. 반면에 세상을 산다는 것은 세상이라는 거대한 화면을 나의 내면세계에 옮겨 세상에 대한 생각과 감정을 나와 동일시하면서 살아가고 있는 것이다. 깨어 있지 않으면 자신도 알지 못하는 사이에 거짓자아로 살아가게 되는 것이다.

영화는 내가 영화를 보러 갔기 때문에 의식적으로 내용에 집중하는 반면, 우리가 살아가는 삶은 태어날 때부터 무대가 만들어져 있었기 때문에 무의식적으로 모든 상황과 처지에 집중하게 된다. 그럴 때 과거의 경험과 지식에 기초하여 떠오르는 생각과 감정을 자신과 동일시하여 살게 되며, 진정한 자신은 세상을 인식하고 있는 것을 인식하는 존재라는 것을 알지 못하게 된다.

지금 살아가고 있는 것은 영화를 보는 것과 같다. 영화는 끝나면 깨어나지만, 삶은 죽을 때까지 끝나지 않기 때문에 깨어나지 못한 채(즉, 진정한 자신을 알지 못한 채) 거짓자아에 이끌려 다니는 삶을 사는 것이다. 영화를 볼 때는 길어야 몇 시간만 지나면 혼이 깨어날 수 있다. 하지만 인생이라는 삶을 살아갈 때는 죽기 직전 또는 죽은 후에야 비로소 깨어나게 된다. 그때야 비로소 자신의 정체성을 유지하고 보호하기 위해서 끝없이 추구하며 동일시한 것들이 자신의 진정한 정체성과 아무런 상관이 없다는 것을 알게 된다. 몸도, 물건도, 지위도, 소유도, 사라지기 때문이다. 안타깝게도 이처럼 이 땅에 살아가는 대부분의 사람들이 진정한 자신이 누구인지 알지 못한 채, 그리고 세상의 실재와 진리를 알지 못한 채 그것들에 대한 자신의 생각과 감정으로 만든 거짓자아로 살아가고 있다. 그리고 자신의 생각과 감정이 마치 실재이고 진리인 것처럼 여기며 살아가고 있는 것이다.

거짓자아가 부재한 삶이란?

내 의식(혼)이 본래의 자리로 돌아오면 더 이상 이 세상에 종노릇하거나 묶이지 않게 된다. 이 세상의 모든 문제는 내가 경험하고 있는 것이 아니라 그리스도 의식 안에서 인식되는 경험일 뿐이고, 의식이 지켜보고 있는 무엇일 뿐이다. 깨어 있다면 경험이 무엇이든 그것이 문제라는 느낌은 없다. 문제는 내 혼이 자신을 보호하기 위해서 생각과 감정을 자신과 동일시할 때 만들어지는 것이다. 세상은 끊임없이 변한다. 하지만 세상을 그저 내가 인식하는 그대로의 모습으로 놔두기만 하면 세상도 나를 있는 그대로 놔둘 것이다. '내가 경험한다'라는 거짓자아의 속임에 속지만 않으면 말이다(갈 6:14).

그리스도의 현존의식은 우리의 혼이 하나님의 영 안에 거할 때 주어지는 의식이다. 하나님의 생명 안에 있는 의식이다. 우리 존재의 실재는 지금 이 순간 여기밖에 없다는 것을 아는 의식이다. 우리는 과거를 생각한다. 내용은 과거이지만 생각하는 것은 언제인가? 지금 이 순간 여기에서다. 그것은 미래도 마찬가지이다. 생각하는 내용은 미래이지만 실제 생각하는 것은 지금 이 순간 여기에서다. 과거나 미래라는 것은 우리의 관념 속에서만 존재하는 것이지 실재가 아니라는 것이다. 우리의 실재는 지금 이 순간 여기에만 존재한다. 그렇다면 우리의 삶도 지금 이 순간 여기에만 존재한다. 그것을 깨닫고 지금 이 순간 여기에 있는 모든 것들을 있는 그대로 온전함으로 받아들이는 것이 바로 그리스도 현존의식이다. 영화가 시작되기 전에 영화관 좌석에 앉았을 때 의식은 무엇을 의미하는가? 그리스도의 영 안에 거하는 현존의식이다. 영화관에 앉아 있다는 사실을 의식하면서, 그 영화를 보는 것이 가능할까? 물론 가능하다.

우리 마음판에 생각과 감정이 일어나는 것을 알지만, 혼이 그것을 선택하지 않음으로써 내가 만들어지지 않는 것이다. 왜냐하면, 내 혼이 그 생각을 선택하는 대신에 하나님의 영 안에 속해 있다는 것을 의식하기 때문이다. 대상에 대한 생각이 일어난다. 감정이 생긴다. 그렇지만 그것들이 내 진정한 존재에 아무런 영향을 미치지 못한다. 왜냐하면 내 혼이 그것을 선택하지 않기 때문이다. 나는 그리스도의 현존 안에서 모든 것에 열려 있기 때문이다. 그것은 모든 것을 있는 그대로 허용하는 것이다. 그 상태에서는 어떤 생각이나 감정도 해석하거나 판단하거나 정죄함 없이 있는 그대로 볼 수 있다. 슬픔도 기쁨도, 좋은 것도 싫은 것도 그대로 받아들일 수 있다. '내가 슬프다', '내가 두렵다'라는 생각과 감정은 당신 자신을 정신세계에 가두고 있는 것이다.

우리가 그리스도 안에 있다면, 생각은 있지만 생각하는 자는 없다는 것을 알아야 한다. 생각하는 자 없이 살아보라. 즉 내가 없다고 생각해보라(사실은 내가 없다고 생각하는 것도 거짓자아의 생각일 뿐이다. 진실은 혼이 깨어나 새로운 의식을 체험하는 것이다). 우리는 내가 없으면 죽는 것으로 생각한다. 한 번도 내가 없다는 생각이나 상상을 해본 적도 없기 때문이다. 그렇지만 지금 내 삶의 중심에 당연히 있다고 여겼던 '나'는 하나의 환상이고 현상일 뿐이다. 일평생 단 한 번도 아무런 판단이나 의심 없이 당연히 여겨 왔던 것이 허상이라는 것을 깨닫고 벗어나보라.

당신이 거듭났다면 '내가 무엇을 경험한다'는 것은 속임수이다. 거짓자아가 주체일 때는 '내가 소리를 듣는다'. 나는 내 몸에 있고, 소리는 밖에 있다는 것을 가정하고 있는 것이다. 주체와 객체를 분리한 것이다. 그러나 내 혼이 그리스도 안에 있을 때는 '그냥 소리가 들리는 것일 뿐이다'. 우리의 감각기관이 소리를 감각한 것이다. 그리스도 의식 안에서 감각된 소리가 들린 것뿐이다. 내가 듣는 것이 아니다. '내가 숨쉬고 있다', '내가 보고 있다', '내가 듣고 있다'는 거짓자아가 만들어낸 이야기일 뿐이다. 또한 '무엇 때문에 슬프다, 힘들다, 괴롭다'는 사실이 아니다. 당신의 혼이 '슬프다, 힘들다, 괴롭다'를 선택하고 그것이 자기라고 믿는 것뿐이다. 속지 말라. 슬픔이 있을 때 슬픔이 있는 것뿐이다. 그렇지만 슬픔을 어떻게 하려고 애쓰는 사람(거짓자아)은 없다. 슬픔은 잠시 있다가 때가 되면 저절로 사라지는 것이다. 사람들은 내가 없어지면 모든 것이 사라진다고 생각한다. 과연 그런가? 생각해보라. 생각하는 자가 없어진다고 해서 모든 것이 사라지는가? 우리의 생각으로 만든 내가 없어지더라도 얼마든지 온전한 삶을 살아갈 수 있다. 내가 없다고 해서 듣지 못하는가? 내가 없다고 해서 보지 못하는가? 내가 없다고 해서 행동할 수 없는가?

그리스도의 현존의식

그리스도의 현존의식으로 산다면 어떤 일이 일어날까? 즉 혼이 더 이상 자신의 몸의 종노릇하지 않고, 하나님의 영 안에, 즉 예수 그리스도 안에 거한다면 어떤 일이 일어날까? 그리스도 의식이 나타날 때는 '나'라는 거짓자아는 더 이상 존재하지 않게 된다. 또한 그 사실을 인식하는 존재도 없다. 왜? 내가 없기 때문이다. 단지 있음(being)만이 의식될 뿐이다. 거짓자아의 부재가 그리스도의 현존의식이다. 당신의 생각과 감정으로 모든 것을 해석하고 판단하고, 자기 이야기를 만드는 것이 사라질 뿐이다. 우리는 스스로 보고, 듣고, 행한다고 하지만, 실제로 그 생각을 자신과 동일시하는 강박심리를 멈추면 모든 일들이 자연스럽게 그냥 일어나고 있을 뿐이다. 모든 것들이 하나님의 섭리와 경륜에 따라 일어나고 있을 뿐이다.

삶이 끝나는 것이 아니라 지금까지 경험해보지 못한 놀라운 삶이 열리는 것이다. 모든 것이 허용되는 삶을 살게 되는 것이다. 그것이 바로 그리스도 의식인 현존의식으로 살아가는 것이다. 모든 것이 지금 이 순간 여기에, 있는 그대로 온전함을 의식하는 것이다. 내가 없어지기 때문에 더 새롭고 신비롭고 생생하고 살아있는 것을 느끼지 않겠는가? 거짓자아인 내가 없어진다면 아침에 일어나 옷을 입고, 식사하고, 직장에 가고, 일하고, 이야기 나누고, 서로 즐기고, 이런 삶의 모든 일들을 아무것도 못하게 되는 것인가? 그렇지 않다. 그리스도가 내 몸을 통해서 나타나고 있는 것이다. 고통과 괴로움은 어디서 오는 것일까? 그것은 바로 거짓자아가 생각으로 모든 것을 해석하고 판단하고 통제하기 때문이다.

가장 놀라운 사실은 "변한 것은 아무것도 없다. 그럼에도 모든 것이 변한다"는 것이다. 외면적으로는 아무것도 변하지 않았지만, 삶의 주체가 변했기 때문에 모든 것이 변한 것이다. 이는 마치 늘 동일한 강이지만 그 물은 한순간도 동일한 적이 없는 것과 같다. 생각으로 해석하고 이해하고 판단하고 소유하고 통제하고자 하는 거짓자아가 없어진다면, 우리 안에 있는 신성이 드러나는 것이다. 그리스도 의식이 드러나는 것이다. 싫다, 좋다. 선하다, 악하고, 옳다, 그르다가 사라지는 것이다. 그냥 있는 그대로 모든 것에 대한 열림과 허용이 일어나는 것이다.

내 안에 계신 그리스도께서 사신 것이라는 '그리스도의 신비'가 마침내 우리의 몸을 통하여 드러나는 것이다. 하나님의 신성이 깨어나는 것이다. 내가 내 삶의 주체가 되지 않아도, 내가 무엇인가를 소유하거나 통제하지 않아도, 그분의 뜻이 자연스럽게 나타나는 삶이 살아지는 것이다. 그것은 내가 추구해서 얻은 삶이 아니다. 그 놀라운 자유와 행복, 평강과 기쁨은 그냥 거기에 있는 것이지, 나라는 개인과는 아무 상관이 없다. 모든 것은 과거와 똑같지만 모든 것을 자기 방식대로 해보고자 하는 사람(거짓자아)은 더 이상 존재하지 않는다는 것이다.

그리스도의 현존의식을 훈련하라

인간의 인식의 가장 기초가 되는 감각적 인식 뒤에서 모든 인식과 경험을 가능하게 하는 의식(혼)이 존재한다는 것을 알아차리면, 그 의식은 더 이상 감각, 인식, 감정, 지각으로 만든 형상에 의해 자신을 잃어버리지 않는다(다른 말로 동일시하지 않게 된다). 그럴 때 그 의식은 그 자체가 자신의 삶의 경험을 채우고 있는 그 어떤 사물이나 사건들 이전의 존재임을 알아차리고, 그 의식은 창조주 하나님을 나타내는 통로가 되는 것이다.

그리스도의 현존 안에 있다는 것은 우리의 혼이 하나님의 영에 속해 있는 상태라는 것이다. 또한 우리가 심리적 시간에 속지 않음으로써 나의 실재와 삶이 '지금 이 순간 여기'라는 진리를 알면, 우리는 그리스도의 현존 안에 있는 것이다. 그리스도 현존의식 안에서 내 존재가 관념이라는 정신적 인식 차원에서 영혼이라는 영적 차원으로 바뀔 때, 경험과 형상에 묶이지 않고 모든 것이 있는 그대로 허용되는 삶을 살게 된다. 그럴 때 지금 이 순간 여기에, 있는 그대로 온전함을 알아차리게 되는 것이다.

비유를 들어 설명하고자 한다. 우선 어두운 방에 들어가 손전등을 켠다고 가정해보라. 손전등으로 어둠을 비출 때마다 그곳에 있는 형상을 보고 '아, 무엇이 있구나'를 인식할 것이다. 그때 인식하는 주체는 거짓자아이며, 자신의 경험과 지식에 기초한 생각으로 투사하고 인식함으로 형상을 지각하는 것이다. 그러나 손전등으로 방의 일부만 비추는 것이 아니라 방문 스위치를 켜서 한순간에 방 전체를 비추면 어떻게 될까? 불이 들어오는 순간에 모든 것이 환하게 보일 것이다. 그때는 일 순간이지만 어떤 것을 집중해서 보는 것이 아니라(어떤 형상에 대해서 생각을 통한 어떤 판단도 없이) 있는 그대로 열려 있고, 모든 것을 있는 그대로 허용하게 된다. 그때는 단지 형상만 보는 것이 아니라 그 형상의 배경인 공간까지도 한꺼번에 받아들인다. 그것이 바로 현존의식이다. 어떤 것도 자신의 생각으로 자신과 동일시하지 않는 것이다('내가 본다'가 아니라 나는 없고 그냥 보일 뿐이다). 그것이 바로 우리의 혼이 어떤 생각을 선택하지 않고 자기를 부정하고 자기 십자가를 진 상태가 된 것이다. 그 의식 상태일 때 거듭난 우리의 혼은 하나님의 영 안에 거하는 것이다. 그 상태일 때부터 새로운 피조물인 나는 주의 성품과 말씀에 기초하여 세상을 볼 수 있게 되는 것이다. 자기를 부인하고 자기 십자가를 질 때부터 비로소 그의 나라와 의를 구할 수 있게 되는 것이다.

그 상태에 대해 좀 더 묵상해보고자 한다. 그것은 우리가 지금까지 거짓자아로 살아오면서 해왔던 일들에 영향을 받지 않는 상태이다. 즉 우리가 지금까지 살아온 것처럼 거짓자아가 세상의 모든 형상(대상과 사건)에 이름을 붙임으로써 다른 것과 분리시켜 독립적인 개체나 사건으로 보고, 자신의 경험과 지식에 기초한 생각으로 해석함으로써 자신에게 좋고 싫은 것, 선하고 악한 것, 옳고 그른 것이라는 식으로 판단했던 것에서 벗어난 상태이다. 거짓자아가 없어지면 어떤 것에도 꼬리표를 붙일 수 없다. 그리고 모든 것이 있는 그대로 온전하다. 우리가 형상에 어떤 이름을 붙이는 순간, 그 대상은 전체에서 분리된 것이고 하나의 생각에 불과하다. 즉 거짓자아라는 주체가 객체를 분리하여 인식하는 것이다. "내가 (무엇을) 경험한다"고 할 때 우리의 존재는 다시 거짓자아가 주체가 되어 형상세계에서 살게 되는 것이다.

우리는 무의식 가운데 이 진리를 이미 알지만, 현실적으로는 그렇게 살지 못하고 있다. 왜냐하면 우리의 영 안에 하나님의 영이 계시지만, 우리의 혼은 구습에 따라 늘 자신의 몸의 종노릇을 하고, 마치 그것이 정상인 것처럼 느끼고 있기 때문이다. 그러나 우리 안에 계시는 하나님께서는 늘 자신을 계시하심으로써 하나님 안에 거하는 내가 누구인지 알기를 원하신다.

[벧후 1:3] 그의 신기한 능력으로 생명과 경건에 속한 모든 것을 우리에게 주셨으니 이는 자기의 영광과 덕으로써 우리를 부르신 이를 앎으로 말미암음이라

우리는 이 생명과 경건이 우리 안에 있음에도 불구하고, 이 모든 것을 현재적으로 잘 누리지 못하지만, 성령 하나님께서는 이 진리를 알려주시기 위해서 우리를 늘 일깨우고 계신다. 지금의 삶을 통해서 말이다. 나의 생각, 감정, 말, 행동을 통해서 말이다. 지금도, 아니 앞으로도 우리를 부르시는 그날까지 쉼 없이 포기하지 않으시고 우리를 일깨우신다.

사도 베드로는 계속해서 우리에게 이렇게 말씀하신다.

[벧후 1:10-12] 그러므로 형제들아 더욱 힘써 너희 부르심과 택하심을 굳게 하라 너희가 이것을 행한즉 언제든지 실족하지 아니하리라 이같이 하면 우리 주 곧 구주 예수 그리스도의 영원한 나라에 들어감을 넉넉히 너희에게 주시리라 그러므로 너희가 이것을 알고 이미 있는 진리에 서 있으나 내가

우리는 이 진리 위에 있지만, 늘 구습에 사로잡히고, 세상 풍조와 초등학문, 부모의 유전 그리고 세상 신의 영향을 받아 우리의 혼이 다시 자신의 생각과 감정에 사로잡히는 삶을 사는 것이다. 그래서 우리는 늘 성령과 말씀 안에서 깨어 있어야 한다. 이 놀라운 삶의 비결이자 열쇠는 바로 우리 혼의 구원에 달려 있다.

[히 10:38-39] 나의 의인은 믿음으로 말미암아 살리라 또한 뒤로 물러가면 내 마음이 그를 기뻐하지 아니하리라 하셨느니라 우리는 뒤로 물러가 멸망할 자가 아니요 오직 영혼(헬, 프쉬케 : 혼)을 구원함에 이르는 믿음을 가진 자니라

결론

무의식 가운데 언제나 항상, 늘 해왔던 것처럼 모든 일에 대한 생각과 감정에 '내가' 대신에 '그리스도가'를 넣어보라. 그 순간 당신의 혼은 자신의 생각과 감정을 선택하는 대신에 그리스도의 영 안에 거하게 될 것이다. 그리고 더 이상 그 생각과 감정에 내가 종노릇하지 않게 될 것이다. 우리가 어떤 대상을 생각하는 순간, 그 대상은 하나의 생각에 불과하다. 그러나 내 생각으로 동일시하지 않고 있는 그대로 허용할 때 그 대상은 있는 그대로의 실재가 되는 것이다. 그것을 알 수 없고, 그것에 대해서 말할 수 없지만, 그것은 부정할 수 없는 실재이다. 내가 알 수 없다는 것이 바로 신비이다. 그것이 이해될 수 있고 이름을 붙인다

면 그것은 하나의 대상일 것이다. 그리고 그것은 하나의 개념일 것이다. 그러나 그리스도 의식은 그저 모든 것을 있는 그대로 받아들이는 의식이다. 그럴 때 불가사의한 신비가 드러난다. 하나님께서 나를 통해서 나타나는 것이다.

내가 사라질 때 그리스도의 현존이 임하고, 그럴 때 내 안에 계신 그리스도께서 몸을 통해 나타나는 것이다. 내가 삶을 사는 것이 아니라, 삶이 그냥 살아지고 있는 것이다. 내가 모든 경험의 주체가 아니라 모든 경험들이 의식 가운데 허용되는 것뿐이다. 삶이 스스로 살아지는 것이다. "어떻게 살아야 할까요?"라는 질문은 언제나 '내가'라는 거짓자아로부터 출발하는 잘못된 질문이다. 삶이 어떻게 살아지는지를 가만히 지켜보라. 하나님께서 나를 통해서 그분의 일을 행하시지 않는가? 그분의 영광을 드러내기 위해서 말이다. 그것이 바로 하나님나라의 복음의 비밀이다. 거짓자아인 내가 없어도 우리의 혼이 그리스도의 영 안에 거하면 그리스도 의식으로 우리가 정신세계 속이 아니라 실재와 진리 속에서 살아가게 된다. 그렇게 살기 위한 훈련 중 하나는 지금 내 삶에 하나님께서 나타나신다고 의식해보는 것이다. 생각할 때도, 느낄 때도, 말할 때도, 행동할 때도 주님께서 나타나신다는 의식으로 해보라. 당신은 분명히 다른 삶을 살게 될 것이다.

08

예수 그리스도를
닮아가는 삶이란?

오늘날 영성훈련과 예수 그리스도를 닮아간다는 말을 거의 동의어처럼 생각하고 쓰는 경향이 있다. 그런데 안타깝게도 예수님을 닮아간다는 것의 성경적 의미가 무엇인지, 그리고 예수님을 닮아가는 것의 주체가 누구인지에 대해서는 모호한 경우가 너무 많다. 이번 장에서는 예수님을 닮아간다는 것의 성경적 의미를 살펴봄으로써 거짓자아의 탈육신적 영성에서 벗어나 그리스도 안에서 성육신적 영성으로 한 걸음 더 다가가보도록 하겠다.

[고전 11:1] 내가 그리스도를 본받는 자가 된 것 같이 너희는 나를 본받는 자가 되라

성경이 말하는 예수 그리스도를 닮아간다는 것(예수 그리스도를 본받는 것)의 진정한 의미는 무엇일까? 내가 예수 그리스도를 추구함으로써 그분과 대등하게 되는 것이 닮아감인가? 그렇게 생각하는 것 자체가 불경스러운 일이지만, 실제로 우리는 지금 그렇게 닮아가려고 하고 있다. 우리는 흔히 "이런 경우에 예수님이라면 어떻게 하실까?", "어떻게 하면 예수님께서 가르치신 대로 살 것인가?", "어떻게 하면 예수님처럼 살 수 있을까?"라는 이야기를 하고 그렇게 살려고 애쓴다. 이 모든

생각의 대상은 예수님이다. 하지만 그 생각의 주체는 바로 거짓자아이다. 이 질문과 생각의 근저(根抵)에는 주님과의 생명적 하나됨 없이 주님과 내가 분리되어 있다는 것을 전제로 하고 있다.

예수님께서 전하신 하나님나라의 복음은 무엇인가? 여전히 하나님과 분리된 존재로 예수님을 바라보며, 윤리 도덕적으로 살지 못했음을 회개하고 그렇게 살려고 발버둥치는 것인가? 결코 아니다. 그것이 불가능한 일이기 때문에, 우리가 하나님의 생명을 나타내는 삶을 살도록 하기 위해서 예수님께서 우리 죄를 대속하시고 우리 안에 오시지 않았는가? 윤리와 도덕을 지키지 말라는 것인가? 거룩한 삶을 살지 말라는 것인가? 우리가 예수 그리스도를 믿고 구원을 얻었지만, 우리 스스로 예수님을 바라보고, 예수님이 말씀하신 대로 열심히 산다고 해도 그러한 삶을 살 수 없다는 것을 말하고자 하는 것이다. 내 안에 계신 주님을 우리 몸이 경험할 때 비로소 그 일들이 일어나는 것이다. 예수님께서 우리에게 가르치신 것은 문제해결이 아니라 바로 그 문제를 바라보는 자신을 주님께 맡기라는 것이 아닌? 생각하면 할수록 우리는 구속으로 인한 칭의와 성화의 진정한 비밀을 알지도 못하고 누리지도 못하고 있다.

우리는 무엇을 닮아가려고 하는가?

예수님을 바라본다는 것은 매우 아름답게 보일 수 있다. 하지만 실상은 여전히 자신이 주님과 분리된 상태로 주님을 닮아가고자 하는 것이며, 사실은 자신도 모르게 주님과 대등하게 되고자 하는 것과 같다는 것을 알지 못하고 있다. 그리고 그 사람의 삶의 주체가 누구인가?

거짓자아이다. 일반적으로 그리스도인들은 신앙적 성숙의 핵심을 무엇이라고 생각하는가? 죄 안 짓고 거룩하게 사는 것일 것이다. 결국 그것은 하나님과 분리된 내가 예수님처럼 살아가고자 하는 것이다. 내 안에 계신 예수님께서 내 몸을 통하여 나타나는 것이 아니라, 내가 나를 위하여 십자가 지신 예수님을 보고 닮아가려고 애쓰는 것이야말로 가장 교묘한 비복음적인 사상이다. 우리가 하나님과 분리된 채 거짓자아로 그분을 닮아가는 것은 마치 그분과 동등됨(equality)을 취하는 것과 마찬가지이다. 내가 그분을 닮아가는 것이 아니라 내 안에 계신 그분이 나를 통해서 더 나타나는 것(다른 말로 내 몸이 하나님을 더 경험하는 것)이, 바로 성경이 말하고 있는 그분을 닮아간다는 진짜 의미이다.

[롬 10:2-3] 내가 증언하노니 그들이 하나님께 열심이 있으나 올바른 지식을 따른 것이 아니니라 하나님의 의를 모르고 자기 의를 세우려고 힘써 하나님의 의에 복종하지 아니하였느니라

[갈 5:4] 율법 안에서(죄를 짓지 않음으로) 의롭다 함을 얻으려 하는 너희는 그리스도에게서 끊어지고 은혜에서 떨어진 자로다

다시 한번 강조하면, 진정한 닮아감은 내 안에 계신 그리스도가 더 나타나는 것, 다른 말로 내 몸이 주님을 더 경험하는 것이다. 그 주체는 누구인가? 결코 거짓자아, 겉사람일 수 없다. 속사람이 겉사람을 뚫고 나타나는 것이다.27 그것이 바로 그분의 형상을 따라 지음 받은

---

27 더 자세한 내용은 《수수께끼 같던 영혼몸의 비밀이 풀린다》(규장)의 194-197쪽을 참고하라.

자(divine image's bearer)가 모양(likeness)대로 살아가는 것이다. 하나님께서는 성령의 권능으로 생명과 경건에 속한 모든 것을 이미 우리에게 주셨다고 말씀하신다. 얼마나 놀라운 일인가? 사랑과 거룩한 삶은 얻어내는 것이 아니라 이미 주어졌기 때문에 누릴 줄 알아야 한다.

[벧후 1:3-4] 그의 신기한 능력으로 생명과 경건에 속한 모든 것을 우리에게 주셨으니 이는 자기의 영광과 덕으로써 우리를 부르신 이를 앎으로 말미암음이라 이로써 그 보배롭고 지극히 큰 약속을 우리에게 주사 이 약속으로 말미암아 너희가 정욕 때문에 세상에서 썩어질 것을 피하여 신성한 성품에 참여하는 자가 되게 하려 하셨느니라

"이는 자기의 영광과 덕으로써 우리를 부르신 이를 앎으로 말미암음이라"의 뜻은 거짓자아가 주체가 된 지식과 깨달음으로 알아낼 수 있는 것이 아니라, 하나님의 영광과 덕 때문에 우리가 알게 된다는 것이다. 즉 우리 안에 있는 하나님의 신성이 우리의 몸을 통하여 깨어난 것이다. 한마디로 내가 아는 것이 아니라 내 안에 계신 하나님께서 나를 일깨워주시는 것이다. 삶은 그분이 주체이지 결코 우리가 주체가 될 수 없다.28

---

28 우리는 흔히 깨어남 혹은 깨달음이라고 말하면 득도이고 해탈이며, 그 순간부터 모든 것을 알게 되고, 지복을 누린다고 생각한다. 세상에서 말하는 깨달음은 스스로 자신의 에고에서 벗어나 의식의 자유함을 누리는 것이며, 그때 자신의 의식이 우주, 신과 동일하다고 보는 것이다. 즉 자신의 의식을 영으로 보는 것이다. 사실, 영혼이라는 말은 영에 속한 혼을 의미하는데, 영과 혼을 동일시하는 것은 비기독교적이고, 뉴에이지적이라는 것을 알아야 한다. 기독교에서의 깨달음은 내가 주체가 아니라, 우리 안에 찾아오신 하나님의 영이 주체이다. 하나님께서 성령을 통하여 우리의 본래 존재로 돌아오게 하며, 말씀이신 자신을 우리의 혼을 통하여 드러냄으로써 그 생명이 우리의 생각이 되는 것이 바로 깨달음이다. 이 일을 행하시는 분이 바로 진리의 영이신 성령님이시다 (고전 2:9).

거짓자아는 태생적으로 죄책감, 수치심, 두려움을 느낄 뿐만 아니라 결핍과 부족으로 인하여, 소유하고자 하는 욕구로 인하여, 공허함과 상실감에 시달리기 때문에 세상으로부터 무엇인가를 채우고자 한다. 한마디로 지금의 현실과 자신이 온전하지 못하기 때문에 미래에 구원과 성취를 이루고자 하는 삶을 산다. 이것이 거짓자아로 살아가는 우리 삶의 전형이다. 그래서 우리는 항상 내가 내 생각으로 무엇인가를 얻어낼 수 있다고, 아니 얻어내야 한다고 믿고 있는 것이다. 진정한 영성은 내 지식의 더하기가 아니라 빼기이다. 내가 알고 있는 것을 포기하는 만큼 하나님의 은혜의 비밀을 알게 된다.

그러나 베드로후서 1장 3-4절의 말씀은 우리 안에 있는 신성이 우리의 몸을 통해서 나타나도록 해야 한다고 말하고 있다. 그것이 바로 하나님의 본성을 나누어 가지는 신성한 신의 성품에 참여한다는 뜻이다. 그분의 성품이 나의 성품을 없애고 나타나는 것이 바로 '닮아감'이다. 내가 하나님을 알아가는 것이 아니라 내 안에 계신 하나님께서 내 몸을 점점 더 통치하시는 것이다.

그리스도 안에서 성육신적인 삶과 그리스도 밖에서 탈육신적인 삶

그런데 지금 우리는 어떻게 살고 있는가? 우리는 예수 그리스도 안에서 성육신적인 삶을 살지 않고 스스로가 탈육신적인 삶을 살고 있다. 창세기에서 보았듯이 타락 전 인간은 예수 그리스도처럼 신성과 인성을 동시에 지녔으며, 세 차원의 삶을 사는 자였다.[29] 타락 전 인간은

---

29 하나님의 자녀는 하나님의 생명을 나타내는 영적 존재이며, 위임된 하나님의 통치권을 가지고 보이지 않는 세계에 말씀에 따른 실상을 가짐으로(그 심중에 말씀대로 생각하고 느낌으로)

이 땅에서의 하나님의 현현이었다. 그것을 우리에게 보여주신 분이 바로 인자로 오신 예수 그리스도이시다. 예수님께서 하나님이시지만 이 땅에 인자로 오신 것은, 먼저 인간으로 자신 안에 임한 하나님나라의 모델이 되시고, 우리도 그렇게 살 수 있다는 것을 전하시고, 그렇게 되도록 하기 위해서 우리의 죄를 대속하시고, 또 다른 보혜사 성령님을 보내주신 것이다. 그런데 지금 우리는 하나님의 자녀로서 예수 그리스도 안에서 우리 몸으로 그분을 경험하고 그분을 나타내기보다는 하나님과 분리된 자아독립적 개체로서 윤리와 도덕을 지키고 하나님을 경배하는 존재로 살기를 원하고, 또 그렇게 살도록 가르치고 있다. 그렇지 않은가? 복음을 다시 생각해보라. 하나님께서 사람으로 오신 것은 사람이 하나님께로 갈 수 있도록 하기 위함이 아닌가?

우리는 예수 그리스도 안에서 새로운 피조물이라는 말은 쉽게 받아들이지만 진정한 자기 존재로 돌아가 부활의 삶을 사는 것, 즉 하나님과 하나되어 그분의 본질을 나타내는 삶을 산다는 것을 받아들이기를 거북해한다. 왜냐하면 우리의 거짓자아의 인식으로는 이해할 수도 없고 상상할 수도 없기 때문이다. 사실 그렇다. 이것은 우리에 의해서 이루어지는 것이 아니다. 나라는 거짓자아가 죽을 때 하나님의 영에 의해서 비로소 이루어지는 것이기 때문이다.

칭의와 성화는 논리적으로는 나누어 생각할 수 있지만, 시간적으로, 그리고 체험적으로는 나눌 수 있는 것이 아니다. 마치 동전의 양면과 같다. 칭의의 바탕 위에서 성화가 이루어진다. 예수 그리스도의 구속, 즉 십자가와 부활 사건은 단순히 옛자아의 일회적 죽음뿐만 아니라

보이는 세계에 그 말씀대로 이루어진 실체를 나타내는 자이다. 그런 의미에서 영적 세계(하나님나라), 보이지 않는 세계(비물질세계), 보이는 세계(물질세계)의 세 차원의 삶을 사는 것이다.

동시에 거짓자아의 지속적인 죽음을 위한 것이기도 하다(고후 4:10-11). 즉 새로운 피조물로서의 재창조와 더불어 신성의 나타남을 위한 것이다. 그런 의미에서 볼 때, 예수 그리스도의 구속으로 인한 칭의를 기점으로 주체(존재)가 바뀌어야 한다. 하나님과 분리된 자에서 예수 그리스도로 말미암아 하나님과 하나된 자로 말이다. 육적 존재에서 영적 존재로, 예수 그리스도 밖에 있는 자에서 예수 그리스도 안에 있는 자로, 하나님을 바라보는 자에서 하나님을 나타내는 자로 말이다.

하나님께서는 우리를 다시금 타락 전 하나님의 자녀로 회복시키기 위해서 성자 하나님을 성육신(incarnation)하게 하셨다. 예수님은 인자로 오셨지만, 그 몸에 신성을 지니신 분이다. 즉 우리의 죄를 사하시기 위해서 하나님으로 오신 것이 아니라 신성을 지닌 인자로 오셔서 우리 죄를 대신하여 죽으시고, 우리로 하여금 새생명으로 살도록 하기 위해 부활 승천하시고 우리에게 약속하신 성령을 보내주셨다. 따라서 우리가 거듭났다는 것은 예수 그리스도 안에서 새로운 피조물이 되었다는 것이다. 그 말은 다시금 하나님의 영과 우리의 영이 연합함으로써 하나되어 하나님의 본질을 나누어 가지는 신성을 지니고(형상), 이제 우리는 자유의지를 가진 소생된 혼을 통하여 몸이 다시 하나님을 경험하고 나타내도록 하는 삶을 사는 자가 되었다는 것이다(모양).

[롬 8:13-14] 너희가 육신대로 살면 반드시 죽을 것이로되 영으로써 몸의 행실을 죽이면 살리니 무릇 하나님의 영으로 인도함을 받는 사람은 곧 하나님의 아들이라

[갈 6:15] 할례나 무할례가 아무 것도 아니로되 오직 새로 지으심을 받는 것

만이 중요하니라

[고후 3:18] 우리가 다 수건을 벗은 얼굴로 거울을 보는 것 같이 주의 영광을 보매 그와 같은 형상으로 변화하여 영광에서 영광에 이르니 곧 주의 영으로 말미암음이니라

[벧후 1:4] 신성한 성품(하나님의 본질)에 참여하는 자가 되게 하려 하셨느니라

이러한 성화의 주체는 결코 우리가 될 수 없다. 우리 안에 계신 하나님께서 우리의 거짓자아, 다른 의미에서 육체(겉사람)를 뚫고 나타나는 것이다(하나님의 신성이 거짓자아로부터 깨어나는 것이다). 그런 관점에서 볼 때 구원을 이루어가는 주체가 인간인 성화의 삶 대신에 하나님께서 주체이신 예수 그리스도 안에서 성육신적인 삶이라고 보아야 한다.30

성육신하신 예수님께서 우리로 하여금 예수 그리스도 안에서 성육신적인 삶을 살도록 하셨는데, 우리는 안타깝게도 거짓자아가 주체가 된 인간중심적 사고방식에 사로잡혀, 지금의 자신으로부터 벗어나고자 하는 탈육신적인 삶을 살고 있다. 예수 그리스도로 말미암은 신성을 몸을 통해 나타냄으로써 타락 이전 상태의 자녀로 돌아가는 것이 아니라, 타락한 인간이 예수 그리스도를 믿음으로써 지금의 자신으

---

30 오랜 세월 동안 '성화의 삶'이라고 말할 때는 하나님의 은혜로 믿음으로 칭의를 얻었기 때문에, 이제 우리가 죄를 짓지 않고 거룩한 삶을 살아감으로써 성화를 이루어야 한다고 믿고 있다. 그러나 칭의의 주체가 내가 아니라 하나님이시듯이 성화의 주체 또한 내가 아니라 하나님이셔야 한다. 우리의 본래 존재로 돌아오게 하며, 말씀이신 자신을 우리의 혼을 통하여 드러냄으로써 그 생명이 우리의 생각이 되는 것이 바로 깨달음이다. 이 일을 행하시는 분이 바로 진리의 영이신 성령님이시다(고전 2:9).

로부터 벗어나고자 하는 것이다. 왜냐하면, 지금 자신의 존재가 온전하지 못하고, 더 나은 사람이 되어야 한다고 믿기 때문이다. 하나님과 하나됨이 아니라 하나님과 분리된 상태에서 이분법적으로 자신과 세상을 보는 것이다.

우리가 예수 그리스도 안에서 성육신적 삶을 살 수 있는 것은 그분의 구속사역을 통해 하나님의 생명(영)이 우리의 영에 임하여 하나되었고, 법적으로는 혼과 몸의 구원이 이미 이루어졌기 때문이다. 그 결과로 예수 그리스도 안에서 그 신성이 우리의 몸을 통해 나타내는 것이 바로 그분을 닮아간다는 진정한 의미이고, 그것이 바로 구원을 이루어가는 삶이 되었다. 언제 그렇게 되는가? 내 생각과 감정이 실재도 진리도 나도 아니라는 사실을 깨달을 때이다.

우리는 피조물로서 하나님의 아들(sons of God by recreation/redemption)이며, 예수님은 본성적으로 영원한 하나님의 아들(the Son of God in nature)이시다. 우리와 하나님은 결코 동일할 수 없다. 그분은 창조주이시고 우리는 피조물이다. 우리는 그분과 완벽하게 동일한 삶을 살 수 없지만, 예수 그리스도 안에 있기 때문에 그분처럼 살 수 있는 것이다. 예수님께서 이 땅에 인자로 오셔서 우리처럼 사신 것은, 우리로 하여금 우리도 그렇게 살아야 한다는 것을 보여주시기 위해서였다(요일 2:5-6).

예수 그리스도를 나타내는 삶

[요일 3:2] 사랑하는 자들아 우리가 지금은 하나님의 자녀라 장래에 어떻게

될지는 아직 나타나지 아니하였으나 그가 나타나시면 우리가 그와 같을 줄을 아는 것은 그의 참모습 그대로 볼 것이기 때문이니

이 말씀의 뜻은 "우리가 예수 그리스도 안에서 성육신적인 삶을 살아갈 때, 예수님의 재림 후에 보게 될 그분의 참모습이 바로 우리의 모습이라는 것을 알게 될 것이다"라는 것이다. 이것이 바로 온전한 닮아감의 의미이다. 우리 안에 계신 예수님이 우리의 육신을 온전히 사로잡고 나타나심으로써 우리는 사라지고 그분이 우리의 전부가 되는 것이다. 우리의 본질에는 하나님의 사랑이 완전하시기 때문에 하나님의 사랑이 우리를 통하여 나타나는 삶을 지속적으로 살 때 우리는 심판 날에 담대함을 가질 수 있게 된다. 왜냐하면 이러한 삶이 바로 예수님께서 이 땅에서 사셨던 삶이기 때문이고, 우리도 그렇게 살아야 하기 때문이다.

[요일 4:17] 이로써 사랑이 우리에게 온전히 이루어진 것은 우리로 심판 날에 담대함을 가지게 하려 함이니 주께서 그러하심과 같이 우리도 이 세상에서 그러하니라

[요일 4:17 NLT] And as we live in God, our love grows more perfect. So we will not be afraid on the day of judgment, but we can face him with confidence because we live like Jesus here in this world.

우리가 주와 같은 형상으로 변화되는 것은 거짓자아가 하는 일인가? 아니면 내 안에 계신 주님께서 하시는 일인가? 내 안에 계시는 성

령 하나님께서 하시는 일이다. 결국, 예수 그리스도를 닮아가는 삶이란 예수 그리스도를 나타내는 삶이다. 흔히들 우리는 구원받은 후 예수 그리스도를 닮아가는 삶(예닮삶)을 살아야 한다고 생각하지만, 사실은 우리 안에 계신 예수 그리스도를 나타내는 삶(예나삶)을 살아야 한다.

> [고후 3:18] 우리가 다 수건을 벗은 얼굴로 거울을 보는 것 같이 주의 영광을 보매 그와 같은 형상으로 변화하여 영광에서 영광에 이르니 곧 주의 영으로 말미암음이니라

거짓자아의 부재로만 가능한 진정한 예닮삶

우리는 하나님을 경배하고 예수 그리스도를 바라볼 것을 권면하고 추구하지만, 우리가 하나님의 본성을 나누어 가지거나 예수 그리스도처럼 살아야 한다고 말하면 신성모독처럼 여긴다. 우리의 생명이신 하나님을 경배하는 것과 하나님의 생명이 없는 자들이 행하는 우상숭배의 차이를 제대로 구별하지 못하고 있다. 예수님께서 성자 하나님이시면서도 성부 하나님께 영광을 올려드린 것처럼 하나님의 자녀인 우리도 하나님과 생명적 하나됨 속에서 하나님 아버지를 경배해야 하는데, 그 하나님과 분리된 채로 마치 하나님을 우상처럼 숭배하고자 한다. 그것은 하나님과 유리된 인간이 가지는 수치심, 죄책감, 두려움 때문이다. 수치심이라면 하나님의 생명이 없는 자가 가지는 존재적 온전치 못함 때문이고, 죄책감이라면 하나님의 법 밖으로 나간 것에 대해 책임을 져야 한다는 생각 때문이고, 두려움이라면 마귀의 통치에 대한 존재적

외로움에 대한 것이다. 그럼에도 불구하고 우리가 하나님과 하나됨을 두려워하는 것은 하나님과 하나되기 위해서는 자신이 죽어야 하기 때문이다(히 2:15).

참된 하나님과 친밀함을 나누는 것과 그분이 예정하신 진정한 자신이 되어가는 것은 동일한 것이며, 동시에 경험되어지는 것이다. 진짜 자신을 발견하는 것이 곧 하나님을 발견하는 것이다. 그런데 안타깝게도 대부분의 그리스도인들은 기독교적인 거짓자아와 거짓자아의 영성을 만들어, 인생의 대부분을 보내고 있다. 거짓자아의 깨달음은 결코 기독교적 영성일 수 없다. 내 삶이 나에 관한 것이 아니라 하나님의 생명에 관한 것임을 깨닫고 체험하는 것이 영성훈련이며, 그것이 하나님나라의 삶이다. 그것을 누리기 위해서는 거짓자아가 먼저 죽어야 한다. 거짓자아의 부재(absence)가 바로 하나님의 현존(presence)이기 때문이다.

결론

진정한 복음은 영이요 생명인 영적 실체의 나타남이다. 종교는 이 실체에 대한 개념적 이해와 형식과 의식이다. 지금 자신이 종교행위를 하고 있는 종교인인가, 아니면 복음을 체험하는 하나님의 자녀인가를 진지하게 성찰해보라. 본질이 있을 때 형식과 의식이 필요하지만 본질이 없이 형식과 의식에 매달리는 것은 눈 가리고 아웅 하는 격이다. 기도하거나 묵상할 때 하나님의 임재와 그 하나님의 생명의 흐름을 느끼는가? 내 생각과 감정이 아니라 하나님의 생각과 감정이 나타나는가? 세상에 대한 생존의식이 아니라 하나님을 나타내고자 하는 창조의식이 있는가?

안타깝지만 수많은 그리스도인들이 그리스도 안에서(그리스도와 하나되어) 매일 거짓자아의 죽음을 경험함으로써, 자신의 몸이 하나님을 경험하고(하나님의 신성이 나타나고), 그 몸을 통하여 하나님의 뜻과 영광을 드러내기보다는 그리스도 밖에서(그리스도와 분리되어) 내가 주님을 좀 더 잘 섬기고 경배함으로써, 주님께서 내가 하는 일을 더 도와주시도록 하는 삶을 살고 있다. 자신이 누구인지 모르는 사람은 죽으면 끝이라고 생각한다. 그러나 자신이 누구인지 아는 사람은 매일 거짓자아를 포기함으로써 자신 안에 계시는 주님께서 자신의 몸을 통하여 나타나는 것을 경험하는 삶을 살게 된다(고후 4:11).

죄 안 짓는 삶과 거룩한 삶, 더 나은 삶을 살기 위해서는 내가 해야 하는 일들과 하지 말아야 하는 일들이 너무나 많다. 그러나 자기를 포기함으로써 누리는 자유와 해방을 경험해보라. 그리고 하나님께서 어떻게 행하시는지를 경험해보라. 우리 안에 진정 하나님이 계신다는 것을 안다면, 자신 안에 있는 거룩함과 풍성함이 자신의 몸을 통하여 더 나타나도록 하는 삶이 더 좋지 않겠는가? 노력하고 추구해서 상황으로부터 벗어나는 자유와 행복보다는 이미 주어진 자유와 행복을 지금의 상황에 나타내는 것이 더 좋지 않은가? "나는 사랑이다. 나는 온전하다. 나는 하나님을 나타내는 자다"라고 내가 믿는 것이 아니라, 그렇게 되었음을 내 몸이 경험하고, 그것을 세상에 나타내는 것이 바로 예수 그리스도처럼 살아가는 것이며, 예수 그리스도를 닮아간다는 진정한 의미이다.

PART 3

그리스도 안에
거하기

: 몸이 하나님을 경험하기

2부를 통해 "나는 누구인가?"에 대한 질문을 통하여 거짓자아를 밝혀내고, 거짓자아의 속성과 모순 그리고 속임에 대해 알아봄으로써, 우리가 새로운 피조물이라면 우리의 혼이 하나님의 영 안에 거함으로 그리스도의 현존의식을 누려야 한다는 것에 대해서 설명했다. 그 결과 거짓자아로 예수 그리스도를 닮아가고자 추구하는 삶(예닮삶)이 아니라, 그리스도 의식으로 주의 생명이 나를 통치함으로써 내 몸을 통하여 예수 그리스도가 나타나는 삶(예나삶)을 살아야 한다는 것을 알게 되었다.

3부에서는 그리스도 안에 거하는 실제적인 방법에 대해서 기술하고자 한다. 먼저 그리스도 안에서 무엇이 내가 아닌지를 분별하고, 하나님의 임재를 통한 생명적 관계를 어떻게 가질 수 있는지에 대한 체험적 방법에 대해서 설명하고, 그에 따르는 자연스러운 그리스도 의식의 생성에 대해서 알아본다. 그리고 우리의 혼이 하나님의 영 안에 거함으로써 우리의 심중에 영이요 생명인 말씀으로 새로운 신념체계를 형성시키는 것과 그에 따른 마음의 사고체계의 변화를 통하여 자신과 기독교와 세상을 어떤 사고방식으로 보아야 할지에 대해 살펴본다.

09

이제 그리스도 안에서
무엇이 내가 아닌지
알아야 한다

거짓자아에서 벗어나 그리스도 예수 안으로 들어가기 위해서는 반드시 내가 누구인지를 깨닫고 체험해야 한다. 하나님의 자녀로서의 정체성을 체험한 후 그리스도의 현존의식을 매일 체험하며 살아가기 위해서, 이제는 역설적이게도 그리스도 안에서 무엇이 내가 아닌지를 체험하며 그리스도 안에서 신비로운 매일의 삶을 살아가야 한다. 이번 장에서는 그리스도 안에 있는 참자아가 육체 가운데 살아가면서 경험하는 신비에 대해 알아보도록 하겠다.

우리는 구속의 진정한 의미를(즉 죄사함과 구원받았다는 의미가 아니라 내 존재가 새롭게 태어났다는 의미를) 하나님나라의 관점에서 깨닫지 못했기 때문에, 오랜 세월 거짓자아가 주체가 된 신앙생활을 해왔다. 2부 7장 서두에서 갈라디아서 2장 20절의 전반부인 "내가 그리스도와 함께 십자가에 못 박혔나니 그런즉(헬, 데 : 그리고, 지금) 이제는 내가(헬, 에고) 사는 것이 아니요 오직 내 안에 그리스도께서 사시는 것이라"에 대해서 알아보았다. 거듭남으로 인하여 우리의 영이 하나님의 영과 연합함으로 하나되어 우리 안에 하나님의 신성과 원복이 임했지만, 그럼에도 불구하고 우리는 여전히 동일한 거짓자아를 가지고 이 세상에서 살고 있다. 그래서 우리는 구원 전의 나와 동일한 내가 지금 신앙생활을 하는 것으로 착각하고 있는 것이다. 그러나 구원받은 후에는 거짓자아가 아닌 내 안에 계신 그리스도가 주체가 된 삶을 살아야 한다. 그것이 바로 갈라디아서 2장 20절 후반부에서 말하는 것이다.

[갈 2:20] … 이제(헬, 뉜 : 지금) 내가 육체 가운데 사는 것은 나를 사랑하사 나를 위하여 자기자신을 버리신 하나님의 아들을 믿는 믿음 안에서(하나님의 아들의 믿음으로, 킹제임스흠정역) 사는 것이라

이 구절의 "이제"라는 말은 지금 처해 있는 현재의 상황으로서 지금의 존재, 현재의 시간, 현재의 사건이라는 뜻이다. 이를 구원론적으로 표현하면, 법정적으로는 영혼몸이 구원을 얻었지만 현실적으로 영만이 구원을 받았기 때문에, 이제는 혼과 몸의 구원을 이루어가야 하는 것이 우리가 처한 상황이다. "이제" 다음 이어지는 "내가"는 과거의 거짓자아인 내가 아니라 하나님의 영 안에 거하는 그리스도 의식을 가진 존재로서, 하나님의 영 안에 있는 나, 예수 그리스도 안에 있는 나, 즉 내 안에 계신 그리스도가 되는 것이다. "육체 가운데 사는 것은"이라는 말은 그리스도께서 우리 육체 가운데 산다는 것을 의미하며, 하나님 아들의 믿음으로 우리의 몸이 하나님을 경험하도록 하는 삶을 말한다. 바로 예수 그리스도 안에서 성육신적인 삶을 의미하는 것이다.

그리스도 안에 있는 나(내 안에서 계신 그리스도)라는 신비

우리는 자신이 지금 그리스도 안에 존재한다는 것을 의식하지만, 거짓자아로 그 존재를 증명할 수는 없다. 그런데 우리는 거짓자아로 내가 누구인지를 알아야 제대로 살 수 있다고 생각한다. 거짓자아인 내

가 진정한 나를 알 수 없다는 것을 받아들이는 것이 죽음이다. 그 죽음을 통해서만 예수 그리스도 안에서 부활의 삶을 살 수 있다. 살고자 하는 자 죽을 것이요 죽고자 하는 자 살 것이라는 예수님의 역설의 말씀이 바로 하나님나라 복음의 비밀이자 신비이며, 이것은 이해의 대상이 아니라 체험의 대상이다. 그것은 거짓자아로는 알 수 없는 내(그리스도 안에 있는 나, 내 안에 계신 그리스도)가 몸(생각, 감정, 신체)을 통해서 나타나는 삶을 사는 것이다. 우리의 영 안에 있는 그분의 생명을 우리 몸이 경험하고, 우리 몸을 통하여 그분이 나타나는 것이다.

> [골 3:3-4] 이는 너희가 죽었고 너희 생명이 그리스도와 함께 하나님 안에 감추어졌음이라 우리 생명이신 그리스도께서 나타나실 그 때에 너희도 그와 함께 영광 중에 나타나리라

이 말씀은 미래적으로도 해석할 수 있지만, 차원의 관점으로 보면 현재적으로도 해석할 수 있다. 거짓자아가 죽었고, 우리의 생명이 하나님 안에 감추어져 있기 때문에 내 존재를 알 수가 없다는 것이다. 그러나 내 안에 계신 그리스도(그리스도 안에 있는 나)가 나타날 때 비로소 내 몸이 하나님의 영광을 경험하는 것이다. 그것이 내 안에 그리스도께서 산다는 의미이다. 거짓자아의 부재를 통해 그리스도가 나타나는 존재가 되어야 한다.

아마 지금까지 이 책의 흐름을 잘 이해하며 따라온 독자들이라면 신물이 날 정도로, '거짓자아와 그리스도 안에 있는 나'에 대해 깨닫게 되었을 것이다. "이제 개념적으로는 안다. 그래서 도대체 어떻게 죽는 것을 체험할 수 있다는 것인가?"라는 질문이 폭발 직전에 이르렀을 것이

다. 자신 안에서 이런 질문이 올라온다면 지금까지의 여정이 헛되지 않았다. 왜냐하면 죽고 싶어지는 것이 바로 우리 안에 계신 성령님의 역사이기 때문이다. 자신을 죽음으로부터 스스로 보호하기 위해 만들어진 거짓자아가 스스로 죽고 싶어 할 리 만무하기 때문이다.

> [마 16:24-25] 이에 예수께서 제자들에게 이르시되 누구든지 나를 따라오려거든 자기를 부인하고 자기 십자가를 지고 나를 따를 것이니라 누구든지 제 목숨(헬, 프쉬케)을 구원하고자 하면 잃을 것이요 누구든지 나를 위하여 제 목숨(헬, 프쉬케)을 잃으면 찾으리라

앞서 6장에서 자세히 살펴본 것처럼, 이 구절의 죽는다는 의미는 목숨을 잃는다거나 혹은 자기 육체를 쳐서 복종시킨다는 뜻이 아니다. 다시 한번 강조하자면 죽는다는 의미는 혼(헬, 프쉬케)과 관련되어 있다고 예수님께서 말씀하셨다(마 16:25). 혼을 구원하기 위해서는 자기를 부인하고 자기 십자가를 져야 한다고 말씀하셨다. 자기를 부인한다는 것은 자신의 생각과 감정이 실재도 아니고 진리도 아니며 어떤 힘도 없다는 사실을 아는 것이고, 자기 십자가를 진다는 것은 타락한 혼이 그 생각과 감정을 자신과 동일시함으로 만들어진 거짓자아가 내가 아님을 알고 깨닫는 것이다.

예수님께서 하신 이 말씀은 몸이 죽기 전에 거짓자아의 죽음을 미리 경험하라는 것이다. 언젠가 우리의 몸이 제기능을 못할 때 결국 우리의 영혼은 몸으로부터 분리된다. 더 이상 생각, 감정, 신체의 영향을 받지 않게 된다. 우리는 성령과 말씀의 도우심으로 거짓자아로부터 깨어남으로, 즉 언젠가 죽기 전에 매 순간 죽음을 경험함으로써, 죽고 난 다

음에 누리는 천국이 아니라 이 땅에서 먼저 현재적 하나님 통치의 삶을 경험해야 한다는 것이다. 그것이 바로 예수님께서 전하신 하나님나라의 복음이다. 한마디로 거짓자아가 "내가 누구인지를 알지 못할 때", 즉 "스스로 자신의 정체성을 유지하고자 하지 않고 죽을 때", 비로소 혼이 몸의 종노릇으로부터 벗어나 하나님의 영 안에 거함으로써 예수 그리스도를 나타낼 수 있게 되는 것이다. 우리가 거듭났다면 이제 우리의 혼은 하나님의 영 안에 거하고 있다. 따라서 자아의식체인 혼은 성령의 도우심으로 스스로 만든 정신세계로부터 깨어나야 한다.

[롬 8:2] 이는 그리스도 예수 안에 있는 생명의 성령의 법이 죄와 사망의 법에서 너를 해방하였음이라

[롬 8:16] 성령이 친히 우리의 영과 더불어 우리가 하나님의 자녀인 것을 증언하시나니

거짓자아가 내가 누구인지 아는 것은 결국, 물질과 소유와 관계에 대한 개념으로써 보이는 세계에 속하는 것이다. 나는 존재하지만, 거짓자아는 결코 나를 증명할 수 없다. 왜냐하면 진정한 존재는 개념이 아니라 생명을 나타내는 영혼이기 때문이며, 진정한 나는 영적 세계에 속하기 때문에, 물질세계와 정신세계의 작용으로는 절대 영적 세계의 신비에 도달할 수 없기 때문이다. 물질세계와 정신세계의 벽을 넘어 영적 세계로 들어가는 것은 '죽음'밖에 없다. 그래서 복음의 핵심은 예수 그리스도 안에서 내가 나이기를 포기하는 것이다. 그것은 죽기 전에 죽음을 경험하는 것이다. 그럴 때 불가사의한 그리스도의 신비가 스스

로 나타난다. 그것은 하나님께서 내 몸을 통해서 나타나시는 것이다. 거짓자아가 없어지면 그리스도 의식이 드러남으로 지금 감각되는 모든 형상을 - 내 사고방식대로가 아니라 - 있는 그대로 받아들이게 되고 허용하게 된다. 좋다 또는 싫다, 옳다 또는 그르다, 선하다 또는 악하다는 거짓자아의 이원론적인 해석과 판단이 없어지는 것이다.

거짓자아에 대한 깨달음이 내 삶을 한순간에 완전히 변화시키는가?

거짓자아에서 벗어나 혼의 구원을 이루어가는 것은 성령의 인도함을 받는 과정이지 내가 누구인지를 아는 한 번의 깨달음으로 이루어질 수 있는 것이 아니다. 이 사실을 아는 것이 구원을 이루어가는 삶의 핵심이며 하나님나라의 삶의 놀라운 비밀이기도 하다.

> [고후 4:16] 그러므로 우리가 낙심하지 아니하노니 우리의 겉사람은 낡아지나 우리의 속사람은 날로 새로워지도다

구원을 이루어가는 삶(하나님의 의를 나타내는 삶)은 예수 그리스도 안에서 성육신적인 삶을 살아가는 것이며, 우리의 몸이 지속적으로 하나님을 경험하는 삶이며, 우리의 거듭난 혼을 통하여 몸이 말씀으로 되어가는 과정이다. 우리의 몸이 있는 이상, 우리는 이 믿음의 선한 싸움을 끝까지 해나가야 하는 것이다.

> [벧전 1:9] 믿음의 결국 곧 영혼(헬, 프쉬케 : 혼)의 구원을 받음이라

[딤후 4:7-8] 나는 선한 싸움을 싸우고 나의 달려갈 길을 마치고 믿음을 지켰으니 이제 후로는 나를 위하여 의의 면류관이 예비되었으므로 주 곧 의로우신 재판장이 그 날에 내게 주실 것이며 내게만 아니라 주의 나타나심을 사모하는 모든 자에게도니라

우리가 거짓자아의 실체를 알고, 우리 안에 신성이 깨어남으로 성령의 인도함을 받을 때부터 우리는 점차적으로 거짓자아가 사라지는 삶을 경험하게 된다. 그것이 바로 구원을 이루어가는 성육신적인 삶이다. 그때부터는 그리스도 안에서 "무엇이 내가 아닌가?"를 알고 누리는 삶을 살게 된다. 사실은 성령의 인도함을 받을 때부터 가장 격렬한 싸움이 내 안에서 일어난다. 왜냐하면 거짓자아는 자신을 포기하면 죽음이라고 여기고(즉 더 이상 자신이 주체가 되어 모든 것을 경험하지 못하기 때문에), 갖가지 교묘한 전략을 통해서 혼이 하나님의 영의 인도함을 받는 것을 방해하기 때문이다. '내가 없어지면, 나는 어떤 사람이 되는 것일까? 내 삶의 역동성은 무엇일까? 외부의 무엇이 나로 하여금 삶을 살아가게 할까?' 사실은 이런 질문에 대한 답은 없다. 아니 답을 알지 못한다는 것이 더 정확할 것이다. 왜냐하면 그 답은 우리의 생각으로 알 수 없고 하나님의 영으로부터 오는 내적 체험을 통해서만이 얻을 수 있기 때문이다. 만약 어떤 답이 주어진다면 그것은 거짓자아가 그 대답을 또 하나의 목표로 삼고, 그것을 추구한 결과일 것이다.

그렇기 때문에 구원을 이루어가는 과정은, 거짓자아의 관점에서 볼 때는 늘 의문과 혼란 그 자체이다. 우리에게 의문과 혼란이 일어나는 것은, 성령의 도우심으로 인한 의식의 변화가 일어날 때, 거짓자아는 자신의 죽음 대신에 새로운 방향을 잡고 자신의 정체성을 유지시키고

자 하는 심리적 강박을 더 가지게 된다. 이는 마치 패러글라이딩을 하는 것과 같다. 처음 패러글라이딩을 하면, 혼자 타는 것이 아니라 뒤쪽에 교관이 함께 탄다. 일단 공중에 뜨게 되면 그때부터 활공(滑空)하여 점점 더 땅으로 떨어진다. 그럴 때 교관과 부는 바람에 자신을 맡기고 활공을 즐겨야 하는데, 자신이 추락한다고 착각하여 어떻게 해야 이 상황을 정상으로 되돌이킬 수 있는지를 찾고자 공포와 두려움 속에서도 할 수 있는 최선을 다한다고 생각해보라.

이는 거짓자아가 삶의 주체가 되어 자기 나름대로의 생각으로 옳은 방향을 찾고자 하는 처절한 몸부림과 같은 것이다. 마치 꿈속에서 자신이 살아남고자 애쓰는 것과 같다. 사실은 꿈에서 깨면 되는데 말이다. 그것이 바로 혼란과 불안과 두려움의 근본 원인이다. 답은 자신 뒤에 있는 교관을 신뢰하여 모든 것을 맡기고 있는 그대로 활공하는 것을 즐기면 되는 것이다. 이처럼 우리의 신앙생활도 우리 인생의 교관이 되시는 예수 그리스도 안에서 그분께 내 전부를 있는 그대로 맡기는 것이다. 살려고 발버둥질하지 않음으로써, 우리는 새로운 의식, 그리스도 현존 안으로 들어가게 되는 것이다. 즉 예수 그리스도 안에서 성령의 인도함을 받는 삶을 살게 되는 것이다.

그 과정 가운데서 자신을 포기할 때마다 하나님의 섭리에 따른 은혜를 경험하게 된다. 은혜는 값없이 주어지기는 하지만 동시에 위험한 것이다. 왜냐하면 그 은혜를 경험하기 위해서는 자신의 전부를 포기해야 하기 때문이다. 밭에 감추인 보화의 비유가 이 점을 잘 설명해준다. 밭에 감추인 보화와 같은 하나님나라는 자기의 소유를 다 팔아 그 밭을 살 때에만 누릴 수 있는 것이다.

[마 13:44] 천국은 마치 밭에 감추인 보화와 같으니 사람이 이를 발견한 후 숨겨 두고 기뻐하며 돌아가서 자기의 소유를 다 팔아 그 밭을 사느니라

많은 사람들이 밭에 감추인 보화인 하나님나라를 발견한다. 하지만 자기의 소유를 다 팔지 않기 때문에 그 밭을 사서 그 안에 감추인 보화인 하나님나라의 은혜의 삶을 누리지 못하고 있다.31 자기의 소유를 다 판다는 것은 거짓자아로 쌓아온 자신의 모든 것을 다 포기한다는 것을 의미한다. 즉 하나님의 은혜는 거짓자아의 죽음으로부터 주어지는 것이다. 만약 이 은혜가 없다면 그리스도 의식으로의 삶은 불가능할 것이다. 즉 하나님의 신성과 원복이 내 몸에 경험되어지지 않는다면, 어떻게 이 혼란으로부터 평강과 기쁨을 누릴 수 있겠는가(롬 14:17)? 따라서 거짓자아의 관점에서 볼 때, 의인의 삶은 불확실성 속에서 평강과 기쁨을 누리는 믿음의 삶이다.

[엡 1:6] 이는 그가 사랑하시는 자 안에서 우리에게 거저 주시는 바 그의 은혜의 영광을 찬송하게 하려는 것이라

[골 1:6] 이 복음이 이미 너희에게 이르매 너희가 듣고 참으로 하나님의 은혜를 깨달은 날부터 너희 중에서와 같이 또한 온 천하에서도 열매를 맺어 자라는도다

---

31 여기서 밭은 심중을 의미한다. 예수님께서 말씀하신 것처럼 하나님나라는 우리 안에 있다. 거듭난 하나님 자녀라면 그 사람의 심중이라는 밭에 하나님나라의 보화인 말씀이 숨겨져 있는 것이다. 심중에 있는 하나님나라의 보화를 누리기 위해서는 거짓자아를 포기해야 한다.

그리스도인들의 영적 성장은 대부분 어떻게 이루어지는가?

처음 예수 그리스도를 영접할 때 성령의 도우심으로 그리스도 의식을 경험했지만, 그 후에 다시 옛날과 같이 거짓자아에 묶인 삶을 사는 경우가 대부분이다. 생각해보라. 당신은 어떻게 해서 구원을 받았는가? 논리적으로 과학적으로 합리적으로 설명할 수 있는가? 구원받고도 내가 정말 구원받았는지를 의심하는 경우가 얼마나 많은가? 그 말은 거짓자아가 주체가 되어 구원받은 것이 아님을 보여준다. 예수 그리스도를 믿을 때 성령의 도우심으로 거짓자아의 생각과 감정으로는 도저히 이해할 수 없는 경험을 했기 때문에 구원을 받게 된 것이다.

그러나 우리가 알아야 할 진리는 구원받았을 때 법적으로는 우리의 영혼몸이 온전히 구원받았지만, 현실적으로는 우리의 영만 온전한 구원을 선취(先取)한 것이다. 우리가 예수님이 그리스도이시고 살아계신 하나님의 아들이라고 고백할 수 있는 것은 성령의 도우심으로 인하여 우리의 혼이 하나님의 영 안에 거했던 적이 있기 때문이다. 그리고 그곳이 본래 우리의 혼이 있어야 할 곳이다. 그러나 현실적으로는 여전히 구습에 의해서 우리의 혼은 다시 뇌의 생각과 몸의 감정을 선택함으로써 거짓자아를 만들어 스스로의 정체성을 유지하고자 한다. 그래서 혼의 구원을 이루어가는 성화의 삶(벧전 1:9), 즉 영으로써 몸의 행실을 죽이는 성육신적인 삶이 필요한 것이다(롬 8:12-14).

다시 한번 말하지만, 혼의 구원을 이루어가는 것은 한 번에 일어나는 일이 아니라, 계속되는 과정을 통하여 이루어져 간다. 그리고 이러한 과정 가운데서는 여러 가지 혼란이 일어나기도 한다. 그것은 바로 평생 모든 것을 동원해서 스스로 만들어 왔던 자기 정체성이 무너지기 때문에 생기는 일이다. 구원을 이루어가면 갈수록, '나는 누구인가?' 대신에 예수 그리스도 안에서 '무엇이 내가 아닌가?'를 더 분별해 나가는 것이다. 이것을 깨닫게 되면 될수록 예수 그리스도 안에 거하는 것의 소중함을 알게 되고, 성령의 인도함을 받게 되면 될수록 자유의지를 가진 혼이 자신의 몸에 붙들리거나 끌려다니는 것이 점점 더 줄어들게 된다(갈 5:16).

이러한 영적 성장에 있어 마중물이자 큰 디딤돌이 되는 것이 바로 성령체험이다. 거듭난 후 다시 거짓자아가 주체인 삶을 살다가 어떤 순간에 성령체험을 하면(위로부터 임하시는 성령님을 통하여, 혹은 기름부음 받은 자의 안수를 통하여), 삶은 급격히 달라지게 된다. 왜냐하면 성령님께서 자신의 혼과 몸을 통치하는 것을 경험하게 되면, 자신의 삶을 이끌어가는 것이 자신이 아니라는 사실을 심중으로 깨닫기 때문이다. 그때부터 심중에서 성령의 인도함에 대한 갈급함이 생겨나게 된다. 그리고 성령의 인도하심을 받게 되면, 우리는 점점 더 새로운 믿음을 체험하고자 하는 내적 소망을 가지게 된다. 즉, 거짓자아로 믿기지 않는 말씀을 의지적으로 붙들고자 하는 믿음이 아니라, 반대로 자신의 생각과 감정을 포기함으로써(그 말씀에 자신의 생각을 일치시킴으로써), 결국에는 자신의 존재를 포기하는 믿음을 경험하게 된다. 기독교의 역사를 볼 때 수많은 신앙의 선배들이 바로 구원받은 후 성령체험을 통해서, 자신의 존재와 삶이 완전히 새로워졌고, 하나님께서 주신 위대한 소명을 이루어간 것을 볼 수 있다.

그리스도 안에서 무엇이 내가 아닌지를 아는 삶

성령체험을 통해 하나님의 영의 인도함을 받는 삶을 살아가게 되면,

그동안 거짓자아가 추구해왔던 모든 인지방식과 그에 따른 행동이 더이상 의미가 없다는 것을 깨닫게 된다. 예를 들면, '내가 원하는 것은 무엇인가? 내가 원치 않는 것은 무엇인가? 나는 무엇이 하기 싫은가? 나는 무엇을 이룰 수 있을까? 누가 나를 사랑해줄까? 기쁨과 행복을 어떻게 얻을 수 있을까? 불행을 어떻게 피할 수 있을까?'라는 거짓자아의 질문에 대한 답을 더 이상 찾으려고 하지 않게 된다. 한마디로, 자유와 행복, 돈과 성공, 인정과 좋은 직업, 건강과 즐길 수 있는 시간 등에 대한 집착에서 벗어나게 된다는 것이다. 이 모든 것들이 잘못되었다거나 해서는 안 된다는 것이 아니다. 모든 것들이 하나님과 분리된 후 스스로 주인이 되어 살아가는 삶에서 '내가' 주체가 된 자기중심적, 자기보호적, 외부통제적, 자아독립적 동기로부터 나온 것들임을 알게 된다는 것이다(요일 2:15-16).

성령 안에서 말씀에 인도함을 받게 되면, 지금껏 내가 알고 있던 세상과 외부환경과 관계하면서 만들어진 나라고 하는 거짓자아(에고)가 모든 측면에서 점점 더 녹아 없어지기 시작한다. 왜냐하면 타락한 혼이 경험과 지식에 기초한 생각과 감정을 선택함으로써 자신과 동일시하고자 하는, 그리고 심리적 시간으로 자신이 만든 과거와 미래를 자신과 동일시하고자 하는 생존적 강박이 없어져 가기 때문이다. 이러한 생존적 강박이 바로 인간이 늘 현재에 만족하지 못하고 미래적으로 추구하는 삶의 근원적 에너지이다. 바로 결핍과 부족에 따른 욕구이다. 이 에너지가 사라지는 것이다. 이러한 일이 가능한 것은 거짓자아가 내 진정한 존재가 아님을 깨달을 때부터 우리 안에 계시는 성령님으로부터 우리의 심신에 지금까지 한 번도 경험해보지 못한 새로운 생명 에너지가 흘러나오기 때문이다.

[요 7:38] 나를 믿는 자는 성경에 이름과 같이 그 배에서 생수의 강이 흘러나오리라 하시니

그런데 재미있는 사실은, 아니 매우 당혹스러운 사실은, 이런 삶을 살아갈 때 한동안은 하나님의 뜻을 이루는 것이든, 아니면 내 욕심을 이루는 것이든, 어느 것 하나도 제대로 이루어지지 않는다. 왜냐하면, 우리 안에 자유의지를 가진 혼이 구습에 따라 다시 거짓자아를 만들기도 하고, 또다시 하나님의 영 안에 거하기도 하기 때문이다. 이것이 바로 히브리서 10장 38-39절에서 "뒤로 물러가면"의 뜻이고, 야고보서에서는 두 마음(혼)을 품는다는 뜻이다.

[히 10:38-39] 나의 의인은 믿음으로 말미암아 살리라 또한 뒤로 물러가면 내 마음(헬, 카르디아 : 심중)이 그를 기뻐하지 아니하리라 하셨느니라 우리는 뒤로 물러가 멸망할 자가 아니요 오직 영혼(헬, 프쉬케 : 혼)을 구원함에 이르는 믿음을 가진 자니라

[약 1:6-8] 오직 믿음으로 구하고 조금도 의심하지 말라 의심하는 자는 마치 바람에 밀려 요동하는 바다 물결 같으니 이런 사람은 무엇이든지 주께 얻기를 생각하지 말라 두 마음[헬, 딥쉬코스 ; 듀오(두)와 프쉬케(혼)의 합성어]을 품어 모든 일에 정함이 없는 자로다

[약 4:8] 하나님을 가까이하라 그리하면 너희를 가까이하시리라 죄인들아 손을 깨끗이 하라 두 마음(헬, 딥쉬코스)을 품은 자들아 마음(헬, 카르디아 : 심중)을 성결하게 하라

이때 두 종류의 그리스도인이 생겨난다. 바로 열심 있는 신자와 하나님의 자녀이다. 열심 있는 신자는 스스로 하나님의 뜻을 이루어가는 삶을 살기 위해서 분투한다. 그러나 그 삶은 늘 '결단-헌신-우울'이라는 쳇바퀴를 맴돌 뿐이다. 반면에 하나님의 자녀는 '무엇이 자신이 아닌지'를 알고, 스스로 하나님의 뜻을 이루기 전에 그렇게 하고자 분투하는 자신을 포기하는 것을 경험하기 시작한다. 거짓자아가 스스로 육체의 소욕에서 벗어나려고 애쓰는 것이 아니라, 그 거짓자아를 포기함으로써 혼이 성령의 인도함을 받는 삶을 살고자 하는 것이다.

[갈 5:24-25] 그리스도 예수의 사람들은 육체와 함께 그 정욕과 탐심을 십자가에 못 박았느니라 만일 우리가 성령으로 살면 또한 성령으로 행할지니

성령체험을 하면 할수록 무엇이 내가 아닌지를 알고, 그 결과 자신이 누구인지 스스로 증명할 수는 없지만 그리스도 안에 있는 자신의 존재가 의식되어지기 때문에, 과거 자신의 습관대로 말하고 행동하면서도 그것은 진리가 아니라는 것을 알게 된다. 그리고 너무나 모순적인 일들을 행하는 자신을 알게 된다. 생각, 감정, 신체는 과거의 습관대로 행하지만, 그것이 진리가 아니라는 것을 알게 되는 것이다. 그것은 거짓자아가 이해하는 것이 아니라 죽어가는 것이다. 모든 행위에는 결과가 따른다. 그리스도 의식을 경험하면 할수록 자신의 행위에 따른 결과를 점점 더 분명하게 알게 된다. 자신이 아는 진리에 부합되지 않는 행동을 하면 할수록 스스로에게 고통을 준다는 것을 깨닫게 된다. 그것이 하나님나라의 역설적 은혜이다. 이 은혜를 통해 점점 더 내가 거룩해지려고 애쓰는 것이 아니라 거짓자아를 죽여감으로써 하나님의

거룩하심이 더 나타나도록 하는 신앙의 방향성이 확고해지는 것이다. 우리가 그리스도 의식 안에 있을 때 하나님의 말씀에서 벗어난 그 어떠한 말이나 행동도 자신에게 파괴적일 뿐만 아니라 그에 못지않게 주위의 모든 사람과 세상에게도 파괴적이라는 사실을 점점 더 깨닫게 된다. 우리가 이러한 사실을 깊이 깨달으면 깨달을수록 더 주님 안에 거하기를 원하고 성령님의 인도함을 더 받기를 원하게 된다.

[빌 3:7-9] 그러나 무엇이든지 내게 유익하던 것을 내가 그리스도를 위하여 다 해로 여길뿐더러 또한 모든 것을 해로 여김은 내 주 그리스도 예수를 아는 지식이 가장 고상하기 때문이라 내가 그를 위하여 모든 것을 잃어버리고 배설물로 여김은 그리스도를 얻고 그 안에서 발견되려 함이니 …

그리스도 안에서 누리는 현존의 삶

내가 사라질 때 하나님의 현존이 내 몸에서 경험되어진다. 그것은 내가 삶을 사는 것이 아니라, 삶이 그냥 살아지는 것이다. 어떤 사람은 "그게 말이 되는 이야기인가? 그렇게 되면 왜 살아야 하는지, 무엇을 해야 하는지 알지 못할 것 아닌가? 더욱이 나태하고 수동적인 삶을 살게 되는 것 아닌가?"라고 반문할 수도 있다. 하지만 결코 그렇지 않다. 그렇게 말하는 것은 미국에 안 가본 사람이 미국에 대해 더 잘 아는 척하는 것과 같다. 오히려 사실은 정반대이다. 지금 이 순간을 부정하거나 저항하고 미래에 무엇을 추구하는 사람이야말로 수동적인 사람이다. 늘 자신의 상상의 이야기를 만족시키기 위해서 무언가를 억지로 해야 하거나 하지 말아야 하기 때문이다. 거짓자아는 자신의 자유와 행복을 위해 미래적 성취를 추구하지만, 아이러니하게도 우리는 늘 자신이 만든 목적에 끌려다니는 삶을 살지 않는가? 거짓자아가 없어지면, 지금까지와는 완전히 다른 힘이 우리의 심신에 흘러 들어오기 시작한다. 그것은 바로 우리의 혼이 하나님의 영 안에 거해야만 경험하고 누릴 수 있는 하나님의 생명 에너지(성령의 능력, 기름부으심)이다.

거짓자아 없이도 삶이 살아진다. 단지 내가 주체인 삶을 살지 않을 뿐이다. 그리스도께서 내 삶을 통해서 나타나신다. 그리고 해야 할 일이 너무나 자연스럽게 하고 싶어진다. 이는 마치 최근에 나온 자율주행 자동차와 비슷하다. 과거를 생각해보라. 내가 운전대를 놓고 운전할 수 있다고 상상이나 했겠는가? 그러나 지금은 어떤가? 내가 운전대를 놓아야 자율운행이 가능한 것이다. 그런데 우리는 너무 오랫동안 기존 방식에 익숙해져 있기 때문에 운전대를 놓는다는 것은 두려움 그 자체이다. 그러나 생각해보라. 이미 자동차 내에 모든 시스템들이 각종 센서와 통신장비 그리고 인공위성과 연결되어 인공지능으로 움직이고 있다. 이와 마찬가지로, 우리가 거듭날 때 하나님과 생명적으로 연결되어 신성과 원복이 우리 안에 임하게 되었다. 거짓자아를 포기할 때 비로소 하나님께서 우리를 위해 계획하신 삶이 우리의 혼과 몸을 통해서 나타나기 시작하는 것이다.

내 삶을 그분에게 드릴 때 거짓자아가 없어지기 때문에 내가 어떻게 될지는 결코 알 수 없다. 그렇지만 하나님께서 나를 위해 계획하신 모든 일들이 나를 통해서 이루어지기 시작한다. 거짓자아는 늘 내가 내 삶을 계획하고 이끌어가야 한다고 생각했지만, 사실은 정반대이다. 참으로 아이러니하게도, 우리는 늘 나를 향하신 하나님의 계획과 뜻을 알게 해달라고 기도하지만, 거듭난 후에도 거짓자아가 주체인 삶을 살기 때문에 하나님께서 계획하시고 그분이 이끌어가시는 삶을 알지도 못하고, 오히려 그 삶을 방해하고 있다. 타락한 혼이 주체가 되어 자신의 생각과 감정을 선택하지 않을 때, 우리 안에 계신 성령님께서 우리의 생각과 감정에 주(主)의 마음을 깨닫게 해주신다. 그리고 앞으로 어떻게 해야 할지도 자연스럽게 알려주신다. 그것이 바로 소명대로 사는 삶이고, 은사가 나타나는 삶이고, 주님이 주신 비전을 이루어가는 삶이다.

그렇다면 생각과 감정은 아무것도 아니고 필요가 없다는 말인가? 그렇지 않다. 자칫 오해하면, "그렇다면 아무 생각도 하지 말고, 죽은 것처럼 살아가란 말인가?"라는 말로 이해될 수 있는데, 전혀 그렇지 않다. 그리스도 안에 거함으로써 거짓자아의 생각과 감정이 사라지면 하나님께서 주시는 하늘의 생각과 감정이 우리의 몸에 체험되어진다. 그래서 성경은 하나님의 선하시고 기뻐하시고 온전한 뜻을 분별하기 위해서 먼저 우리 몸을 거룩한 산 제물로 드려야 한다고 말한 것이다(롬 12:1-2). 우리가 자기를 부인하고 자기 십자가를 지는 이유는 초월하거나 해탈하기 위해서가 아니라, 하나님께서 우리를 창조하셨을 때처럼 하나님 안에서 피조세계를 새롭게 보고 이 땅에 하나님의 뜻을 나타내기 위해서이다.

우리가 그리스도 안에 거할 때도 우리 마음에는 수많은 생각과 감정이 올라온다. 그렇지만 우리는 더 이상 자신을 유지하기 위해서 그 생각과 감정에 묶이지 않게 된다. 따라서 모든 형상, 사건, 상황을 있는 그대로 허용함으로 그것들이 내 존재에 아무런 영향을 미치지 못한다는 것을 먼저 체험하게 되는 것이다.

"그리스도 안에서 살아가는 것은" 하나님의 영 안에 있는 혼이 영으로부터 나오는, 또는 이미 심중에 심겨진 말씀에 따른 생각과 감정을 선택하고 가지게 되는 것이다. 즉 말씀에 대한 내 생각이 아닌 하나님의 말씀을 말씀대로 생각하고 느끼고 말하고 행동하게 되는 것이다. 하나님의 의를 이루는 삶을 살게 되는 것이며, 우리의 몸이 하나님을 경험하도록 혼이 허용하는 삶을 살게 되는 것이다. 더 이상 혼이 무의식, 무의도적으로 만들어진 신념체계와 동일한 환경과 처지를 통하여 자동화된 프로그램인 사고체계에 기초하여 만들어진 생각과 감정으로 사는 것이 아니라, 이제는 하나님의 말씀대로의 생각과 감정으로 살아가는 것이다. 이것은 거짓자아로 보이는 세계의 실체에 대한 생각을 붙드는 삶이 아니라 그리스도 안에서 주의 말씀대로 실체에 대한 보이지 않는 세계의 실상을 보는 삶을 의미한다. 이러한 삶은 오직 자기를 포기하는 자만이 누릴 수 있는 은혜의 삶이며, 이 삶이 얼마나 놀랍고 신비로운지는 경험하지 않고는 결코 알 수 없다.

결론

거짓자아가 자신이 누구인지 모르고 산다는 것이 정말 가능한 일인가? 내가 내 삶의 주체가 되는 것을 포기하고 살 수 있는가? 사람들은 자기가 죽으면(삶의 내용물을 가지고 내가 누구라는 것을 붙들지 못하면), 모든 것이 사라지고 자신의 존재도 없어진다고 생각한다. 과연 그런가? 시도해보라. 생각하고 느끼는 자가 없어진다고 해서 모든 것이 사라지는가?

[히 2:15] 또 죽기를 무서워하므로 한평생 매여 종 노릇 하는 모든 자들을 놓

결코 그렇지 않다. 진실은 자기(거짓자아)가 죽으면 자기가 주체가 된 삶을 살지 못하는 것뿐이다. 그런데 그것이 두렵고 죽기보다 싫은 것이다. 타락한 이후 인간 속에 각인된 옛 본성에 대한 기억이 우리의 심중에 뿌리 박혀 있는 것이다. 하나님과 분리된 후 살아남기 위해서 내가 모든 삶, 즉 경험의 주체가 되어야 한다고 착각하며 살아가기 때문이다. 그것 때문에 지금도 내 혼이 생각과 감정의 대상과 내용물(사건)의 종노릇을 하는 것이다. 내가 없어진다고 해서, 생각도 감정도 신체도 없어지는가? 실제로 일어나는 일은 내 혼이 더 이상 생각과 감정과 신체를 자신과 동일시하지 않는 것뿐이지 진정한 자신은 사라지지 않는다. 두려움을 직면하고 자신을 포기할 때 비로소 그리스도의 신비가 드러나는 하나님나라의 삶을 살게 되는 것이다. 그때부터 우리의 몸이 하나님을 경험하게 된다. 가장 쉽게 알 수 있는 것은 하나님 생명의 흐름을 느끼게 된다는 것이다. 그것이 영생이다. 우리가 영생을 얻었다면, 그 영생을 지금 이 순간 여기서 누려야 하지 않겠는가?

[요 3:16] 하나님이 세상을 이처럼 사랑하사 독생자를 주셨으니 이는 그를 믿는 자마다 멸망하지 않고 영생(헬, 조에)을 얻게 하려 하심이라

영생이 무엇인가? 죽어도 영원히 산다는 뜻인가? 영생은 하나님의 생명이다.32 우리가 거듭날 때 하나님의 생명이 임하게 되어 영생을 가

---

32 성경에서 말하는 생명에는 두 가지가 있다. 하나는 비오스(bios)이고, 다른 하나는 조에 (zoe)이다. 비오스는 말씀에 의해서 창조된 생명이고, 조에는 말씀 안에 있는 생명, 즉 하나님의

지게 된다. 즉 하나님의 현존 안에 거하게 된다. 그 결과로 우리는 다시 하나님나라에 살면서(하나님의 통치 안에 거하며) 이 땅에 다시 하나님의 현현이 되어 하나님의 생명을 나타내는 삶을 살게된다. 이러한 삶은 거짓자아가 보이는 세계에 묶인 삶이 아니라 하나님의 영 안에 거하는 혼이 보이지 않는 세계를 통치하는 삶이다. 우리는 새로운 존재로 새로운 삶터에서 살아가게 된다.

생명을 말한다. 즉 비오스는 동물적 생명(생체활동을 통해 발현되는 생명)이고, 조에는 영원한 생명이다. 우리가 비오스의 생명으로 살아가지만 거듭날 때 바로 하나님의 생명을 가지게 되는 것이다.

10

임재호흡으로
하나님과
생명적 관계를 가져라

거짓자아에서 벗어나 그리스도 안에 거할 때 내 안에 계신 그리스도께서 내 삶을 살아가시는 신비를 체험한다. 이러한 신비를 체험할 때 우리의 몸은 하나님의 생명의 흐름을 느끼며 우리의 혼과 몸을 소생케 하시는 하나님의 능력을 체험한다. 다시 세상으로 끌려 나가지 않고 하나님과의 생명적 관계 가운데 그분의 생명을 지속적으로 누리기 위해서는 무엇이 필요할까? 이에 대한 답으로 이번 장에서는 하나님께서 주신 생기(히, 루아흐)를 통해서 그분의 임재를 경험하는 임재호흡 기도를 하는 방법에 대해 알아보도록 하겠다.

비록 거짓자아가 삶의 주체인 사람은 자신이 만든 정신세계(환상의 현실)에서 살아가지만, 거듭난 하나님의 자녀는 그리스도의 현존 안에서 영적 세계인 하나님나라의 삶을 살아야 한다. 그 삶은 그리스도의 현존 안에서 하나님의 창조세계를 새롭게 보는 것으로, 그것은 형상세계(보이는 세계, 물질세계)뿐만 아니라 형상의 근원이 되는 형상 없는 세계(보이지 않는 세계, 비물질세계)도 존재한다는 것을 알고, 그 세계를 통치하시는 하나님 안에 거하는 것이다. 우리가 감각을 통하여 지각하고 감정을 가지는 것은 실체의 일부분에 지나지 않는다. 물질세계의 차원이다. 그것이 바로 이 세상이고, 거짓자아가 살아가는 세계이다. 거짓자아는 감각 지각과 인식 지각, 감정 지각에 자신의 혼을 동일화시켰기 때문에 형상만이 실체의 전부라고 인식한다. 물질세계의 형상을 이루는 비물질세계를 보지 못하고 사는 것이다. 오늘날 그 영역을 '초양자장'(Super Quantum Field)이라고 부른다. 우리는 감각이 지각하지 못하는 존재, 즉 감각 이전에 그 감각을 인식하는 진정한 내 존재인 혼(의식)이 하나님이 영 안에 거할 때 생명의 말씀이 그 초양자장에 풀어짐으로써, 하나님 통치가 하늘에서 이루어진 것같이 땅에서 이루어지도록 하는 삶을 사는 것이다(마 6:10).

어떻게 우리의 혼이 그리스도 안에 지속적으로 거하는 훈련을 할 수 있는가?

그리스도 의식 가운데 지속적으로 머물기 위해서는 어떻게 해야 하는가? 그런데 이 질문에 답하기 전에 먼저 이 질문 자체가 잘못되었음을 알아야 한다. 왜냐하면 거짓자아가 주체가 된 질문이기 때문이다. 그 질문은 거짓자아가 그리스도 의식에 대해서 나름대로 추론하고 그렇게 되기를 바라는 것이다. 진정한 그리스도 의식은 거짓자아가 없어질 때 자연스럽게 주어지는 것이지, 거짓자아가 노력하거나 깨달아서 도달할 수 있는 상태가 아니다. 다시 생각해보라. 우리가 거듭났다면, 우리의 혼은 이미 하나님의 영 안에 거하고 있다. 따라서 "왜 내가 다시 거짓자아로 살아가는가? 왜 내 혼은 하나님의 영 안에 거하다가 다시 몸의 종노릇하게 되는가?"라고 질문하는 것이 옳다. 그리스도 의식 가운데 머물기 위해서는 성령 안에서 혼이 하나님 앞에 잠잠히 머무는 것을 훈련해야 한다. 그 말은 우리의 혼이 더 이상 몸의 생각과 감정에 묶이지 않고, 하나님의 영 안에 거하도록 훈련하는 것이다. 구약에서는(하나님의 영이 없는 백성들에게는, 하나님과 분리된 백성들에게는) 이것을 내가 주님 앞으로 나아가 주님을 기다리는 것으로 표현했지만, 새언약에서는 우리의 혼이 하나님의 영 안에 거하는 것이다.

[시 62:1] 나의 영혼이 잠잠히 하나님만 바람이여(I wait quietly before God, NLT) 나의 구원이 그에게서 나오는도다

구약적으로 볼 때는 내가 '거룩한 낭비'의 시간을 가지는 것이다. 기도를 하는 것도, 말씀을 보는 것도, 묵상을 하는 것도 아닌 하나님 앞에 잠잠히 머무는 것이다. 이 훈련은 참으로 힘든 일이다. 왜냐하면 이렇게 아무리 주님 앞에 머물러도 현실적으로 아무런 소득도 유익도 없기 때문이다. 일평생 스스로 생각하고 행동함으로써 자신에게 필요한 어떤 결과물을 얻을 수 있다고 믿어 왔는데, 그것을 포기하고 단지 주님 앞에 머무르는 것이기 때문이다. 그러나 우리 내면의 목소리가 없어질 때(혼이 더 이상 자신의 생각을 선택하지 않을 때, 거짓자아를 포기할 때) 비로소 주님의 세미한 음성을 들을 수 있게 된다.

[왕상 19:11-12] 여호와께서 이르시되 너는 나가서 여호와 앞에서 산에 서라 하시더니 여호와께서 지나가시는데 여호와 앞에 크고 강한 바람이 산을 가르고 바위를 부수나 바람 가운데에 여호와께서 계시지 아니하며 바람 후에 지진이 있으나 지진 가운데에도 여호와께서 계시지 아니하며 또 지진 후에 불이 있으나 불 가운데에도 여호와께서 계시지 아니하더니 불 후에 세미한 소리가 있는지라

그러나 신약적으로 예수 그리스도로 말미암아 하나님의 영이 우리 안에 임함으로써 하나님의 자녀가 된 상태에서는 임재호흡 기도를 통해서 우리의 혼이 하나님과 생명적 관계를 가지는 것을 경험할 수 있다. 태어나서 처음 하는 것이 바로 자가호흡이다. 그렇다면, 영적으로 거듭난 자가 처음으로 해야 할 것은 무엇일까? 바로 영적으로 호흡하는 것이다. 육체적 호흡은 영적 호흡과 밀접한 연관이 있는데, '영'을 뜻하는 히브리어 루아흐와 헬라어 프뉴마가 호흡, 바람이라는 뜻도 가지고 있다는 사실이 이를 뒷받침해준다.

거듭난 자가 호흡하며 산다는 것은?

우리가 거듭났다면 우리의 혼은 하나님의 생명 안에 거하는 훈련을 해야 한다. 이것은 너무 근원적이고 중요한데 우리는 지금까지 이것을 간과해 오고 있다. 어떻게 해야 혼이 자신의 몸으로부터 벗어나 그리스도 안에서 하나님의 통치를 받을 수 있을까? 그것은 바로 숨쉬는 것부터 새롭게 하는 것이다. 사실, 육신의 생명 유지에 있어 호흡은 무엇보다도 중요하다. 어떤 인간도 호흡하지 않고는 살 수 없다. 육체의 생사 여부를 측정하는 것도 바로 호흡이다. 우리는 호흡을 단지 육체적인 측면에서만 생각하지만, 우리가 하나님의 자녀가 되었다면 호흡은 단순히 산소를 공급하고 발생된 이산화탄소를 배출하는 가스교환을 통한 에너지 생성의 의미와 우리 마음의 안정을 주는 것 이상의 역할이 있다는 것을 알아야 한다. 육적인 측면뿐만 아니라 영적인 측면에서도 동일하게 중요하다는 것을 알아야 한다. 본래 하나님의 자녀는 하나님의 생명으로 호흡하는 자이기 때문이다.

[창 2:7] 여호와 하나님이 땅(히, adamah)의 흙(히, 아프르 : 먼지, 티끌)으로 사람(히, adam)을 지으시고 생기(히, 네샤마 하임 : 생명의 숨, 인공호흡 하듯이)를 그 코에 불어넣으시니 사람(adam)이 생령(히, 네페쉬 하야 : living soul)이 되니라

하나님께서 우리의 코에 생명 있는 숨(생기)을 불어 넣으심으로써 흙으로 만든 인간이 하나님의 생명으로 숨 쉬는 살아있는 존재(생혼)가 되었다는 것이다. 한마디로 하나님의 영을 나타내는(즉 하나님을 이 땅에 나타내는) 자아의식을 가진 존재가 되었다는 것이다. 동물도 호흡하는 생명체(헬, 비오스)이지만,[33] 인간은 단순히 공기를 호흡함으로 육체적 생명만을 유지하는 것이 아니라 하나님의 숨결을 호흡하는 영적 존재(헬, 조에)이다. 우리는 주님으로부터 나와 이 땅에서 살기 때문에 주님과 생명적 관계를 가지고자 하는 것이 호흡이다. 내가 주님으로부터 창조되었기 때문에 그분의 생명으로 숨쉬며, 그분을 부르며, 그분께 영광을 올려드리고, 그분의 영광을 드러내는 것이다. 그것이 바로 찬양이고 예배이고 호흡이다.

[시 150:6] 호흡이 있는 자마다 여호와를 찬양할지어다 할렐루야

우리가 육신의 부모로부터 태어날 때 처음 하는 것이 무엇인가? 바로 스스로 호흡하는 것이며 엄마의 젖을 빠는 것이다. 그렇다면 우리가 거듭났을 때 제일 먼저 해야 하는 일이 무엇인가? 바로 하나님의 생

---

33 동물적 생명(bios)에 대해서 연구하는 학문인 biology(생물학)가 바로 이 어원에서 나온 것이다.

기로 호흡하는 것이고 하나님의 말씀을 먹는 것이다. 그리고 하나님의 영으로부터 흘러나오는 생명 에너지를 가지고 혼이 온전함을 누리며, 몸이 하나님을 경험하고, 그 몸을 통하여 하나님께서 우리의 삶에 나타나시는 것이다. 우리의 혼이 새롭게 됨으로써 세상을 경험하고 세상을 나타내던 몸이 하나님을 경험하고 하나님을 나타내는 삶을 살 수 있게 된다.

우리가 거듭나 새로운 피조물이 되었을 때부터 우리는 알든 모르든, 숨을 쉬면서 그분의 생명으로 살아가고 있다. 들숨(YH)과 날숨(WH)이 바로 거룩하신 야훼(YHWH)[34]를 부르는 소리인 것이다. '주님은 내 호흡'이라는 찬양도 있지 않은가? 실제로 우리는 머리로 하나님을 알고 이해하는 것보다 훨씬 더 많이 그분과 하나되어 있다. 한번 생각해 보라. 가장 조용할 때, 우리의 내면이 잠잠할 때 우리는 우리 자신의 숨소리를 듣게 된다. 바로 하나님을 느끼게 되는 것이다. 또한 우리가 아무것도 할 수 없고 낙망하고 절망할 때 자신도 모르는 사이에 깊은 한숨을 쉬게 된다. 무엇을 뜻하는 것인가? 바로 우리의 창조주이신 하나님을 부르는 것이다. 하나님의 자녀인 우리가 살아있다는 것은 호흡한다는 것이며, 호흡한다는 것은 그분의 이름을 부르는 것이며, 그분의 이름을 부르는 것은 그분의 생명의 숨결로 살아간다는 것이다. 우리는 호흡을 통해서 그분의 임재를 체험할 수 있다.

---

34 우리가 하나님을 부를 때 야훼, 저호바, 여호와 등 다양하게 부르지만, 본래 히브리어로는 모음이 없이 YHWH이다. 이것을 우리가 [YaHWeH]라고 부르는 것이다. 그런데 유대인 랍비들은 이 단어를 입으로 발성할 수 있는 소리가 아니라 호흡할 때 나오는 소리라고 한다. YH는 들숨, WH는 날숨을 내쉴 때 나오는 숨소리와 같다고 한다.

[욥 33:4] 하나님의 영이 나를 지으셨고 전능자의 기운(숨결, 기운, 입김)이 나를 살리시느니라

[욥 32:8] 그러나 사람의 속에는 영이 있고 전능자의 숨결이 사람에게 깨달음을 주시나니

[사 42:5] 하늘을 창조하여 펴시고 땅과 그 소산을 내시며 땅 위의 백성에게 호흡을 주시며 땅에 행하는 자에게 영을 주시는 하나님 여호와께서 이같이 말씀하시되

[행 17:25] 또 무엇이 부족한 것처럼 사람의 손으로 섬김을 받으시는 것이 아니니 이는 만민에게 생명과 호흡과 만물을 친히 주시는 이심이라

우리는 본래 하나님의 호흡, 즉 그분의 생기로 지음을 받았고, 하나님과 교제하며, 육신을 유지하며, 이 땅에 그분을 나타내는 자이다. 우리는 하나님의 숨결인 생명을 혼과 몸을 통하여 이 땅에 드러내는 존재이다. 이제 우리가 하나님의 자녀가 되었다면 주님과 생명적으로 교제하는 것을 배워야 한다. 그분의 임재를 느낄 때부터 '깨어남'이 체험된다. 깨어남은 거짓자아의 판단과 반대의 의미를 가진다. 깨어남은 우리 안에 있는 신성에 의해 이루어지며 자기 생각으로 추구할 수 있는 것이 아니다. 깨어남은 하나님의 영 안에서 새로운 의식, 즉 그리스도 의식을 체험하는 것이며 그것은 정신세계 너머에 있는 것이다.

호흡이 몸에 미치는 영향

우리 신체의 대부분의 생리적 기능은 골격근과 감각기에 분포하여 자신의 의지에 따라 의식적으로 조절할 수 있는 체성신경계(뇌신경 12쌍, 척수신경 31쌍)와 주로 내장 근육에 분포하여 자신의 의지대로 조절할 수 없고 무의식적으로 작동되는 자율신경계의 상호조절에 의해서 작동된다. 자율신경계는 교감신경과 부교감신경으로 구성되어 있고, 내장 기관의 대부분은 무의식 가운데 자율신경계에 의해서 작동한다. 맥박도, 심장의 기능도, 내장의 운동, 혈액 순환도, 심지어 우리의 반복되는 일상생활도 거의 다 무의식 가운데 작동한다. 또한 자율신경계가 정상적으로 작동하지 못하면 내분비계, 혈관계, 소화기계, 그리고 면역체계의 기능이 떨어지고, 곳곳에 문제가 발생하게 된다.

그런데 놀라운 사실은 무의식적으로 작동되는 자율신경계를 의식적으로 유일하게 조절할 수 있는 것이 바로 호흡이다. 우리가 호흡을 천천히 깊게 하면, 자율신경계의 교감신경이 지나치게 높아진 것이 내려가고 저하된 부교감신경이 다시 올라가 균형을 잡게 된다. 그렇게 되면 몸의 이완과 마음의 긴장이 풀어진다. 우리가 지나치게 긴장하거나 화를 낼 때, 흔히 심호흡을 하지 않는가? 그럴 때 심호흡을 몇 번 하면 심신이 안정되는 것을 느끼게 된다. 실제로 조사해보면 호흡은 평균 분당 16-18회 정도인데, 심신이 불안정하면 호흡이 얕고 짧아지게 되고, 심신이 편안하면 호흡이 자연스럽게 깊어지고 길어진다.

이러한 호흡의 깊이와 속도는 평상시 대부분 신경계를 통해 자가조절된다. 그 말은 우리가 의식하지 않고 그냥 지내면 우리의 생각과 감정 그리고 그에 따른 스트레스 등의 내외적인 영향에 따라 호흡이 변하게 된다는 것이다. 이 말은 반대로 우리가 호흡을 의식적으로 조절하면 자율신경계를 조절할 수 있게 되고, 그에 따라 심신의 상태를 조절할 수 있게 된다는 것을 의미한다. 호흡과 심신의 상태는 상호 유기적인 관계를 가지기 때문에 호흡을 변화시킴으로써 체내의 생리적 상태뿐만 아니라 정서적 상태를 변화시킬 수 있게 된다. 그래서 명상, 묵상, 요가 등 인본주의적 전통 수행에 호흡법이 필수적으로 따른다. 각자 나름대로 다양한 호흡법, 뇌호흡, 단전호흡, 복식호흡 등을 개발하여 행하고 있다. 그런데 믿는 자가 이런 호흡에 대해 이야기하면, 그것은 뉴에이지에서나 하는 잘못된 방법이라고 생각한다. 물론 그들이 자신들의 목적을 이루기 위해 행하는 호흡법이나 그 과정은 따르지 말아야 한다. 하지만 호흡을 통해서 하나님과 교제하는 것을 잘못된 것으로 보는 것은 어리석은 일이다. 해 아래 새것이 어디 있는가? 모든 것이 하나님의 것이고, 하나님으로부터 나온 것이다. 진짜 잘못되고 어리석은 주장은 뉴에이지들이 하기 때문에 우리는 하지 말아야 한다는 것이다. 이는 강도가 칼로 사람을 죽인다고 해서 의사가 수술용 메스를 들면 안 된다는 주장이나 다를 바 없는 것이다. 이제는 가짜가 하는 일을 도외시하는 것이 아니라 진짜가 제대로 하는 것을 보여줌으로써 가짜가 없어지도록 해야 한다.

호흡이 하나님과의 생명적 관계에 미치는 영향

그리스도인들은 호흡을 통해서 하나님과 생명적으로 교제하는 것을 경험해야 한다. 우리가 하나님과 생명을 나누는 호흡을 해야 우리는 끊임없는 임재의식(현존의식) 안에 거할 수 있고, 그리스도 안에서 혼이 생각과 감정을 통치함으로써, 하나님의 선하시고 기뻐하시고 온전하신 뜻을 분별할 수 있게 된다. 이제 우리는 호흡이 단지 육체적 에너지 생산, 심신의 안정뿐만 아니라 하나님과의 영적인 교제와 우리의 혼이 뇌의 활동과 몸의 반응을 조절하는 데 매우 중요하다는 것을 깨달아야 한다. 우리가 깨어 있지 않으면 자연스럽게 자신의 생각과 감정에 이끌려 가지만, 의식적으로 호흡을 조절함으로써 그와 반대로 자신의 생각과 감정을 조절할 수 있게 된다. 그럴 때 핵심은 우리의 혼이 하나님의 영에 연결되어 의식적으로 호흡하는 것이다. 그렇게 함으로써 혼이 자신의 생각과 감정의 영향으로부터 벗어나도록 하고, 하나님의 영 안에 거하는 혼이, 영이요 생명이신 말씀이 우리의 심중에 흘러 들어오도록 허용하는 것이다. 그렇게 될 때 우리는 평강과 기쁨 가운데서 떠오르는 생각과 감정의 출처가 어디인지를 분별하고, 하나님의 말씀에 기초하여 세상을 볼 수 있게 된다(롬 6:4 ; 엡 2:10).

우리는 평상시 거짓자아의 상태로 무의식적으로 호흡하면서 자신을 의식하고 유지하기 위해서(즉, 자신이 과거의 경험과 지식에 기초한 생각으로 만든 상상의 이야기를 추구하기 위해서는) 끊임없이 생각과 감정을 판단하고 선택하고 있다. 그렇게 되면 무의식적으로 자신의 신체적, 정신적, 감정적 상태에 따라 호흡이 영향을 받게 된다. 그런데 주로 들숨과 날숨 사이의 멈춤 상태에서 우리의 혼이 생각과 감정을 자신과 동일시하게 된다. 그리스도인들이 해야 하는 호흡은 하나님과의 영적 교제를 위해 하나님의 숨결로 호흡하는 것이다. 즉 하나님과의 생명적 관계를 가지는 것에 초점을 두는 것이다. 우리의 혼이 하나님의 영 안에 거하는 것을 훈련하는 것이다. 그렇게 될 때, 영적인 깨어남뿐만 아니라 신체적, 심리적으로 온전함을 경험하는 것이다. 우리의 혼이 하나님의 영에 인도함을 받지 못하면 어떻게 자녀의 삶을 살 수 있겠는가?

임재호흡의 핵심이자 다른 호흡법과의 가장 큰 차이점은 들숨과 날숨 사이에 멈춤 없이 호흡하는 것이다. 그렇게 함으로써 뇌의 활동으로 인한 생각과 그 생각에 따른 몸의 반응인 감정에 혼이 사로잡히지 않도록 하는 것이다. 의식적으로 우리의 혼이 하나님의 생명에 연결되어 주님을 나타낼 수 있는 상태가 되도록 하는 것이다. 이것은 뉴에이지들이 하는 호흡과는 다르다. 그들은 타락한 혼으로 어떤 생각에 집중하기 위해서, 또는 자신의 생각과 감정을 제거하기 위해서 다양한 방법들은 사용하지만, 우리는 스스로 자신의 마음을 통제하기 위해 노력하지 않는다.

성령님 안에서 임재호흡 기도를 하자

우리는 지금까지 무의식 가운데 호흡을 해왔다. 그렇게 함으로써 우리의 생각과 감정에 따라 호흡이 이끌림을 받게 되고, 우리의 혼이 늘 몸의 종노릇을 해왔다. 이제는 반대로 성령의 도우심으로 그리스도 안에서 의식적으로 호흡함으로써, 우리의 혼이 몸의 종노릇에서 벗어나 하나님의 생명 안에 거함으로써 몸의 행실을 죽여가는 것이다(롬 8:13-14).

먼저, 우리가 이렇게 호흡하는 것은 단순히 심신의 유익을 위해서가 아니라 예수 그리스도 안에서 지금 이 순간 여기에서 우리 안에 현존하시는 하나님의 생명과 연결되기 위해 행하는 것임을 인식해야 한다. 그렇게 하기 위해서는 먼저 성령의 인도하심을 받아야 하며, 이 임재호흡 기도를 할 때마다 성령님을 초청해야 한다.

우리의 의식(혼)이 생각과 감정 그리고 신체에서 벗어나도록 먼저 호흡하면서 공기가 들어갔다 나오는 감각에만 초점을 두라. 오직 숨결에만 초점을 두고 들숨, 날숨을 해보라. 그리고 숨소리가 자신의 귀에 들리도록 해보라. 성령님께서 나를 감싸고 보호하고 계심을 의식하면서 편안하게 호흡해보라. 사람마다 다를 수 있지만, 대략 들숨과 날숨 모두 3-5초 정도로 동일한 길이로 편안하게 호흡하면 된다. 들숨을 할 때는 혀를 입천장에 붙이고 호흡을 하도록 한다. 그렇게 하면 더 깊고 편안하게 호흡함으로 가스교환이 온몸에서 이루어지는 것을 감각할 수 있게 된다. 이때 들숨과 날숨 모두 코로 하는 것이 좋다.

이 호흡이 자연스럽게 이루어지면 이제는 하나님의 생명과 교제하는 것을 의식하면서 호흡해보라. 동일한 호흡을 하면서 들숨은 내 존재의 근원인 영으로부터 생수를 끌어올리는 것처럼 하고, 날숨은 온몸에 자연스럽게 흘러나가는 것처럼 하면 된다. 땅속 수원지에 파이프를 박은 펌프를 생각해보라(렘 2:13). 들숨 할 때는 내 존재의 가장 깊숙한 곳에서 생수를 끌어올리는 것처럼, 날숨 할 때는 그 생수를 온몸에 흘려보내는 것처럼 의식해보라. 이 호흡이 자연스럽게 되면 내 존재의 근원에서부터 내 몸의 끝(머리, 팔, 다리)까지 하나님의 생명이 운행하는 것을 체험하게 된다.

[렘 2:13] 내 백성이 두 가지 악을 행하였나니 곧 그들이 생수의 근원되는 나를 버린 것과

[요 7:38] 나를 믿는 자는 성경에 이름과 같이 그 배에서 생수의 강이 흘러나오리라 하시니

호흡할 때 숨결을 감각하는 데만 초점을 둠으로써 자연스럽게 혼이 과거나 미래의 생각이나 감정에 붙들리지 않게 되고, 그 결과 지금 이 순간 여기에 초점을 두도록 하는 것이다. 그것이 바로 거짓자아를 없애는 길이다. 생각과 감정을 붙들지 않으면 허상인 거짓자아는 사라지게 되기 때문이다. 그 상태는 우리의 혼(의식)이 평소처럼 마음(mind)에 사로잡히는 것이 줄고, 심중(heart)과 좀 더 관계하게 되었다는 것을 의미한다.

이렇게 호흡하는 것이 쉬울 것 같아 보여도 힘들다. 힘이 드는 것은 '내가 생각하고 느끼고 싶다', '내 자신을 내가 유지하고 싶다'라는 육체적 갈망이 생기기 때문이다. 즉 거짓자아가 자신을 의식하고 유지하고 싶어 하는 것이다. 그러나 사실은 생각과 감정과 신체가 내 혼을 옛날처럼 끌어당기는 것이다. 이것을 육체의 소욕이라고 부른다. 자신도 알지 못하는 괴로움이 몰려올 수도 있다. 신체적, 정신적, 감정적으로 말이다. 그렇지만 돌파해야 한다. 들숨과 날숨의 숨결에 대한 감각이 잠시라도 멈추면 곧바로 생각과 감정이 떠오르게 된다. 따라서 들숨과 날숨을 쉼 없이 지속적으로 호흡해야 한다.

[갈 5:17] 육체의 소욕은 성령을 거스르고 성령은 육체를 거스르나니 이 둘이 서로 대적함으로 너희가 원하는 것을 하지 못하게 하려 함이니라

만약 어떤 생각과 감정이 떠오르면, 그것을 없애려 하거나 저항하려고 하는 어떤 노력도 하지 말아야 한다. 이것이 핵심이다. 단지 마음에 떠오른 그것들을 있는 그대로 바라보며 흘려보내는 것이다. 자신도 알지 못하는 사이에 그 생각이나 감정에 사로잡혔다 할지라도 그 내용물

에 관심을 두지 말아야 한다. 세상 신은 내 혼으로 하여금 그 내용물을 해석하고 판단하도록 하여, 다시 몸의 종노릇하는 거짓자아로 살도록 유혹한다.

많은 경우 육체는 자신을 본래의 상태로 유지하기 위해서 신체적으로 괴롭게 하거나 아니면 잠이 오도록 한다. 이러한 현상은 호흡 중 흔히 일어나는 일이기 때문에 걱정할 필요가 없다. 특히 잠이 오는 것은 무의식이 의식 표면으로 올라올 때 일어나는 현상이거나 거짓자아가 혼이 몸으로부터 벗어나는 것을 방해하는 것이다. 그럴 때는 호흡 속도를 좀 더 빨리 해보라. 그 현상이 사라지면 다시 정상상태의 호흡으로 돌아오면 된다. 어쨌든 이러한 현상은 지속적인 훈련으로 돌파해 나가야 한다.

처음부터 이렇게 호흡하는 것이 쉽지 않지만, 처음에는 1-2분, 다음에는 5분, 그다음에는 10분 정도까지 늘여보라. 만약 평상시 편안하게 이 호흡을 10분 이상 할 수 있다면 혼이 하나님의 영 안에 거하는 훈련이 안정화된 것이라 볼 수 있다. 이 호흡이 편안하게 되면, 이제는 그 숨결의 감각을 인지하는 혼이 하나님의 영 안에 있음을 의식해보라. 의식이 감각에 초점을 두는 데서 벗어나 하나님의 영 안에서 그 감각을 관찰하는 것이다.

이제는 내 혼이 하나님의 영 안에 거하는 상태에서 호흡하는 것이다. 그리고 하나님의 생명이 호흡을 통하여 존재의 근원에서 나와 온몸에 운행하도록 하는 것이다. 그 생명을 인간의 언어로 설명할 수 없지만, 굳이 이름을 붙이자면 하나님 사랑의 생명 에너지라고 할 수 있다. 이것은 거짓자아인 내가 감각, 지각, 감정을 사용해서 무엇인가를 느끼는 것이 아니라, 하나님의 영 안에 있는 혼이 이를 허용함으로써 하나님의 생명이 내 몸에 흐르는 것이 자연스럽게 느껴지는 것이다. 내가 경험의 주체가 되는 것이 아니라 하나님께서 내 몸의 경험의 주체가 되는 것이다.

이 호흡기도를 통해서 우리는 그분의 생명을 관념적으로 만나는 것이 아니라 생명적으로 만나는 것이다. 하나님의 초월성뿐만 아니라 내재성을 체험하는 것이다. 하나님과의 분리감(굶주림과 버림받은 마음)에서 하나됨을 체험하는 것이다. 내가 사랑하는 하나님이 아니라 나를 사랑하는 하나님을 몸으로 체험하는 것이다. 이 체험이 있을 때 비로소 자신을 의탁할 수 있게 된다. 우리가 자신을 포기하는 것이 왜 그리도 힘든가? 그것은 하나님의 사랑을 체험해보지 못했기 때문이다. 하나님의 사랑(생명)을 체험하면 할수록 그 사랑 때문에 자신을 포기할 수 있게 된다.

이 임재호흡 기도를 하는 동안에 사람에 따라 미세하지만 다양한 현상을 경험하게 된다. 포근함, 가벼움 또는 무거움 등을 느끼기도 하고, 말할 수 없는 평강이 임하는 것을 느끼기도 하고, 더 이상 내가 내가 아니라는 느낌, 주님께서 나를 보호하고 계신다는 확신을 가지기도 하고, 신체적으로는 온열 또는 미약한 전류의 흐름을 느끼기도 한다. 그것은 하나님의 임재에 따른 우리 몸의 반응이다. 전선을 통해 전류가 흐르는 것을 눈으로 볼 수 없지만, 그 전선을 전등에 연결했을 때 불이 들어오는 것을 보고 전류가 흐르는 것을 알 수 있는 것처럼, 하나님의 생명은 영적 에너지이기 때문에 눈으로 볼 수 없지만, 그 생명이 우리의 몸에 임했을 때 우리는 그분의 생명을 우리 몸의 다양한 현상으로 느끼게 되는 것이다.

이 임재호흡 기도가 편안하게 되면, 이 호흡을 통해서 늘 주님 안에서 안식하는[35] 훈련을 해야 한다. 즉 일하고 안식하는 것이 아니라 안식 가운데 일하는 삶을 살아야 한다는 것이다. 우리는 흔히 6일 동안 열심히 일하고 7일째 일하지 않고 쉬는 것이 안식이라고 생각한다. 그것은 하나님의 생명이 없는 백성들이 행하는 구약적 사고방식의 안식이다. 현재적 하나님나라에서의 진정한 안식은 일 그 자체보다 그것의 근원이 되는 우리의 혼이 마음에 묶이지 않음으로써, 하나님의 영 안에 거하는 상태를 의미한다.

[마 11:28-29] 수고하고 무거운 짐 진 자들아 다 내게로 오라 내가 너희를 쉬게 하리라 나는 마음(헬, 카르디아 : 심중)이 온유하고 겸손하니 나의 멍에를 메고 내게 배우라 그리하면 너희 마음(헬, 프쉬케 : 혼)이 쉼을 얻으리니

진정한 하나님나라의 삶은 안식 가운데 일하는 삶이다. 우리는 평상시에 우리의 혼이 하나님의 영 안에 거하며 그분이 주시는 안식 가운데 거하다가, 주님께서 우리를 통해 그분을 나타내고자 할 때 우리의 혼은 영으로부터 또는 우리의 심중으로부터 올라오는 생명의 말씀을 선택함으로써, 말씀대로 생각하고 느끼고 말함으로 이 땅에 그분의 뜻을 나타내는 일을 행하는 것이다. 하나님나라의 삶은 내 존재(혼)가 늘 하나님의 생명 안에 거함으로 하나님과의 분리가 아니라 하나님과

---

35 구약에서의 안식은 하나님의 생명이 없는 백성들이 세상의 일에 묶여 있는 것으로부터 멈추게 하고 하나님과 교제하는 데 목적이 있지만, 새언약에서 안식은 우리의 혼이 몸을 통하여 세상과 관계하는 것이 아니라 그리스도 안에 거하는 것이다. 왜냐하면 예수님이 안식일의 주인이시고 안식의 주체이시기 때문이다(마 12:8). 구약에서의 안식은 시간적 측면에서의 안식이지만, 신약에서의 안식은 차원의 측면에서의 안식이라고 볼 수 있다. 이에 대해서 히브리서 4장 8-11절이 자세히 설명하고 있다.

하나됨을 체험하는 상태에 거하는 것이다. 그럴 때 지금 이 순간 여기에서 모든 것을 있는 그대로 허용하고, 그 자체로 온전함을 받아들이게 된다. 거짓자아인 내가 더 이상 존재하지 않기 때문이다. 주의 뜻을 이루는 삶이란 안식 가운데 거하다가 그분의 때에 그분이 시키는 일을 행하는 삶을 사는 것이라고 말할 수 있다. 그것이 바로 예수 그리스도 안에서 '하나님의 하루'를 살아가는 것이다.

처음에는 핸드폰의 알람기능을 사용해서 1-2시간마다 몇 분만이라도 임재호흡 기도를 해보라. 알람소리가 나면 하던 일을 멈춘다. 성령님을 초청하라. 그리고 앞서 언급한 대로 호흡해보라. 호흡에 더 집중하기 위해서는 들숨 할 때 "그리스도 안에서", 날숨 할 때 "하나님의 사랑으로"를 의식하며 해보라. 그러면 자연스럽게 내 혼이 하나님의 영 안에 거하고, 하나님의 생명이 온 몸에 운행되는 것이 느껴진다. 그리고 그렇게 함으로써 마음이 안정되고 불안과 염려가 사라진다. 그리고 몸의 생리적 시스템이 정상화된다. 더 이상 생각과 감정에 묶이지 않게 되고 새로운 지혜와 통찰력이 생긴다.

결론

거짓자아를 포기할 수 있는 유일한 방법은 하나님의 사랑을 체험하는 것이다. 그런데 우리는 오랫동안 내가 최선을 다해 주님을 사랑하려고 노력하는 신앙생활을 해왔다고 해도 과언이 아니다.

[마 22:37-38] 예수께서 이르시되 네 마음을 다하고 목숨을 다하고 뜻을 다하여 주 너의 하나님을 사랑하라 하셨으니 이것이 크고 첫째 되는 계명이요

예수님께서 이 말씀을 하신 것은 바리새인들이 "선생님, 구약의 율법 중에서 어느 계명이 크니이까?"라고 물었기 때문이다. 그렇다면 새계명은 무엇인가?

[요 15:12] 내 계명은 곧 내가 너희를 사랑한 것 같이 너희도 서로 사랑하라 하는 이것이니라

구원받은 후에도 거짓자아가 주체가 된 삶을 살기 때문에, 우리가 죄를 짓지 않고 거룩한 삶을 살며 선한 일을 행해야만 하나님의 사랑을 얻어낼 수 있다는 구약적 사고방식이 지배하고 있다. 거짓자아로 최선을 다해 신앙생활을 해 나가는 것이다. 우리는 다음 말씀을 읽을 때는 "아하 그렇구나"라고 생각하지만, 거짓자아는 여전히 자신의 노력 없이는 하나님의 사랑을 받을 수 없다고 믿고 있다. 왜냐하면 하나님의 사랑을 실제적으로 경험해본 적이 없기 때문이다.

[롬 5:8] 우리가 아직 죄인 되었을 때에 그리스도께서 우리를 위하여 죽으심으로 하나님께서 우리에 대한 자기의 사랑을 확증하셨느니라

[요일 3:1] 보라 아버지께서 어떠한 사랑을 우리에게 베푸사 하나님의 자녀라 일컬음을 받게 하셨는가, 우리가 그러하도다 그러므로 세상이 우리를 알지 못함은 그를 알지 못함이라

어떻게 하면 하나님의 사랑을 체험할 수 있는가? 하나님을 관념적으로 생각하는 것이 아니라 하나님과 생명적 관계를 가질 때 가능한 것

이다. 하나님께서 내 몸을 통치하는 것을 경험하는 것이기도 하다. 내 몸이 하나님의 생명을 체험하는 가장 쉬운 길은 하나님의 숨결로 호흡 하는 것이다. 그것을 훈련하는 것이 바로 임재호흡 기도이다.

11

그리스도의
현존 가운데
새로운 의식을 누려라

그리스도 안에 거하는 임재호흡 기도를 통해 하나님의 생명을 느끼는 하나님의 현존의식을 체험하게 되면, 그에 따른 그리스도 의식을 자연스럽게 가지게 된다. 이번 장을 통해 그리스도 의식에 대해 알아보고 그 의식을 실제로 체험하고 누려보도록 하겠다.

우리는 예수 그리스도 안에서 하나님의 '의'이다(고후 5:21). 우리는 이것을 믿는다고 하지만, 그것은 하나님의 의에 대한 당신의 생각일 뿐이다. 그러나 우리의 영은 우리가 하나님의 의라는 것을 알고 있다. 따라서 우리의 혼이 하나님의 영 안에서 거하는 것을 체험하지 못하면, 우리는 결코 예수 그리스도 안에서 하나님의 의라는 사실을 알고 나타내는 삶을 살 수 없다. 성령 안에서 임재호흡 기도를 통하여 우리의 혼이 하나님의 영 안에 거할 때 비로소 우리는 하나님의 현존 가운데 새로운 그리스도 의식을 누리게 된다. 그 의식은 거짓자아로 살아가면서 만들어진 의식과는 완전히 다른 차원의 것으로, 그리스도 안에서 하나님의 자녀만이 누릴 수 있는 놀라운 축복이자 다음 세 가지 의식이다.

(1) 인간이 가지는 모든 두려움, 죄책감, 열등감, 정죄감이 없는 사랑(생명)의식이다.

(2) 예수 그리스도 안에서 모든 결핍과 부족이 없는 온전(있음)의식

이다.

(3) 모든 공허감과 상실감에서 벗어나 주님을 나타내고자 하는 갈망(창조)의식이다.

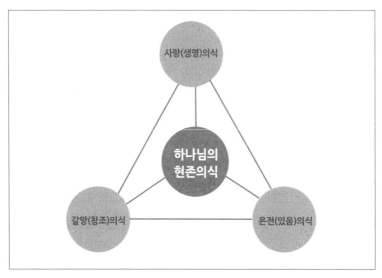

그림 2 하나님의 현존의식 안에서 주어지는 그리스도 의식

사랑(생명)의식

거짓자아의 의식은 두려움, 죄책감, 열등감, 정죄감에 기초하고 있기 때문에, 늘 판단하고 정죄한다. 그 이유는 하나님과 분리되어 하나님의 생명(사랑) 안에 있지 않기 때문이다. 당신이 당신에 대해서, 다른 사람에 대해서, 세상에 대해서 가지는 생각을 한번 자세히 들여다보라. 예를 들어 피해의식, 자기방어의식, 열등의식, 이해타산의식, 생존의식 등이다. 그에 따른 부정적인 생각과 감정은 하나님과 분리되어 세

상 신의 영향을 받은 모든 것을 기초로 스스로 만들어온 것이다. 하나님의 본질은 사랑이다. 거듭남으로 하나님의 생명이 우리 안에 임했다는 것은 하나님의 사랑이 우리 안에 임했다는 것과 같은 의미이다. 하나님의 사랑은 그분의 생명을 나누어줌으로써 그 사랑받는 자를 하나님과 하나되게 한다. 즉 사랑은 하나님의 생명을 나누는 것이고 동시에 하나되는 것이다(요 17:21-23).

> [요일 4:16] 하나님이 우리를 사랑하시는 사랑을 우리가 알고 믿었노니 하나님은 사랑이시라 사랑 안에 거하는 자는 하나님 안에 거하고 하나님도 그의 안에 거하시느니라

하나님의 사랑 안에서 하나될 때 모든 분리, 즉 하나님과의 분리, 나와의 분리, 다른 사람과의 분리, 세상과의 분리가 사라진다. 마귀의 속성이 분리, 분쟁, 분열, 분당임을 생각해보라(갈 5:20). 죄는 하나님으로부터 분리되었다는 것을 뜻한다.

❶ 하나님과의 분리

우리는 죄사함을 받고 예수 그리스도 안에서 하나님의 의가 되었음에도 불구하고 우리의 혼이 하나님의 영을 나타내지 못하기 때문에(여전히 거짓자아로) 하나님을 생각할 때도 두려움과 죄책감에 시달리게 되는 것이다. 이것이 바로 하나님의 생명을 체험하지 못한 자들이 가진 의식이다. 하나님으로부터 분리되어 있는 자는 '하나님은 두려운 분이다. 나는 죄를 짓지 말고 거룩해야 한다. 그렇지 않으면 하나님께서 내게 벌 주신다'라는 생각에 사로잡혀 있다. 하나님나라의 삶은 나와

하나님과의 구약적 관계가 아니라 내가 죽고 하나님께서 내 몸을 통하여 나타나시는 것임을 알지 못하고 살아가기 때문이다.

> [딤후 1:7] 하나님이 우리에게 주신 것은 두려워하는 마음이 아니요 오직 능력과 사랑과 절제하는 마음이니

모든 생각은 하나님의 사랑에 기초한 의식에서 출발해야 하는데, 거짓자아는 모든 것들을 하나님에 대한 두려움과 죄책감에 기초한 의식으로 본다. 하나님의 사랑은 스스로 자신을 지키기 위한 모든 생각과 노력으로부터의 자유함을 준다. 사랑은 하나님의 생명을 나눔으로 하나님의 판단과 정죄로부터, 그리고 세상으로부터 자신을 지켜야 한다는 데서 자유함을 준다.

❷ 세상과의 분리

"세상은 나를 축복하는 것이 아니라 나를 지배하고자 한다. 그야말로 양육강식의 세계이다. 따라서 나는 이 세상으로부터 살아남기 위해서 똑똑해야 하고, 적응을 잘해야 하고, 최선을 다해야 한다. 피해받지 않고 보호받아야 한다. 살아남으려면 뛰어나야 한다. 남들과 비교해서 이겨야 한다. 잘못하면 짓밟힌다." 이 모든 생각들은 두려움에 기초한 의식에서 나온 것이다. 모든 것이 하나님 창조의 결과물이라고 보기보다는, 마귀의 것이고 나를 공격하고 나를 지배하고자 하는 것으로 보기 때문이다. 우리는 늘 이러한 피해의식과 보호의식을 가지고 살아간다. 스스로 자기를 지키고자 하는 자들이 가지는 의식이다. 그렇기 때문에 항상 세상과 남을 탓한다.

❸ 다른 사람과의 분리

우리는 분리로 인하여 다른 사람으로부터 '나를 지켜야 한다, 상처 받지 말아야 한다, 그들보다 뛰어나야 한다'라고 생각한다. 서로 나누어져 있지만, 함께함으로 하나님의 아름다움과 온전함을 우리 가운데 더 드러냄으로써 하나님을 영화롭게 한다는 의식은 없다. 나의 목적을 위해서 다른 사람을 이용하고, 내게 무엇을 주어야 하는 사람 등으로 판단한다. '늘 조심해야 한다. 경계해야 한다. 그렇지 않으면 당한다. 피해를 본다'라는 생각이 바로 강박증, 공황장애, 망상장애, 편집증을 불러일으킨다.

[요일 4:8] 사랑하지 아니하는 자는 하나님을 알지 못하나니 이는 하나님은 사랑이심이라

모든 현실을 있는 그대로 받아들이는 것이 바로 사랑의식이다. 사랑의식은 나뿐 아니라 모든 사람이 하나님 생명의 결과물이라는 사실을 아는 것이다. 그 생명이 나누어져 있지만, 모두가 한 생명이라는 것을 아는 것이 바로 사랑이다. 삼위일체 하나님이 사랑인 것처럼, 모든 사람들이 하나님의 생명의 한 부분이라는 것을 아는 것이 사랑의식이다.

거짓자아로 사랑하려고 애쓰는 것이 아니라, 예수 그리스도 안에서 하나님의 생명을 나타내는 것이 바로 사랑이다. 우리가 알고 있는 진정한 아가페적 사랑에 대한 모든 것은 하나님 사랑의 나타남이지, 우리 스스로(거짓자아로) 할 수 있는 사랑이 아니다. 거짓자아의 사랑으로는 하나님나라의 삶을 살 수 없다. 내가 사랑하려고 하니까 사랑이

힘들고 괴로운 것이다. 거짓자아로 사랑하려고 애쓰는 내가 죽으면, 그때부터 하나님의 사랑이 나타나기 시작한다. 성경에 나온 사랑에 관한 구절들은 하나님의 사랑(헬, 아가페)에 대한 설명이자 묘사이지, 사랑 자체는 아니다. 사랑은 하나님의 본질이고, 하나님의 생명이다. 하나님의 사랑이 임하고, 내 몸이 그 사랑을 체험할 때 비로소 사랑하는 자가 될 수 있다.

> [고전 13:4-7] 사랑은 오래 참고 사랑은 온유하며 시기하지 아니하며 사랑은 자랑하지 아니하며 교만하지 아니하며 무례히 행하지 아니하며 자기의 유익을 구하지 아니하며 성내지 아니하며 악한 것을 생각하지 아니하며 불의를 기뻐하지 아니하며 진리와 함께 기뻐하고 모든 것을 참으며 모든 것을 믿으며 모든 것을 바라며 모든 것을 견디느니라

그렇다면 사랑의식 가운데 거하기 위해서는 어떻게 해야 하는가? 다음 네 가지가 필요하다.

■ 더 이상 죄의식에 기초해서 생각하지 말아야 한다

우리는 예수 그리스도 안에서 죄책감 없이 하나님에게 나아갈 수 있는 존재이다(히 4:16). 우리가 죄를 알 수 있는 것은 율법 때문이다. 예수님께서 율법의 저주가 되셔서 십자가에서 율법의 요구를 충족시킴으로써 율법의 마침이 되셨다. 그분이 지금 우리 안에 와 계신다. 우리는 예수 그리스도 안에서 하나님의 '의'이다(고후 5:21). 따라서 아무런 죄책감 없이 하나님을 나타내는 존재가 된 것이다(벧전 2:9).

[히 4:16] 그러므로 우리는 긍휼하심을 받고 때를 따라 돕는 은혜를 얻기 위하여 은혜의 보좌 앞에 담대히 나아갈 것이니라

[롬 10:4] 그리스도는 모든 믿는 자에게 의를 이루기 위하여 율법의 마침이 되시니라

하나님의 말씀이 믿기지 않는 이유는 바로 하나님과 분리되어 있다는 의식, 즉 죄의식 때문이다. 진정으로 거듭난 자라면, 당신은 지금 하나님의 생명의 한 부분으로 존재한다. 하나님께서 지금 우리 안에 계시며, 우리는 그분을 나타내며, 그분의 창조사역에 동참하고 있는 것이다. 그분이 우리 안에 계시고 그분을 나타내는 삶을 살 때는 더 이상 죄의식에 시달릴 필요가 없다.

2 더 이상 두려움에 기초해서 생각하지 말아야 한다

하나님에 대한, 세상에 대한, 다른 사람에 대한 두려움에서 벗어나야 한다. 온전한 사랑만이 두려움을 내어쫓을 수 있다. 당신은 다른 사람과 세상에 영향을 받는 존재가 아니라 하나님의 사랑 안에 거하는 자녀로서 세상과 다른 사람을 변화시키는 존재라는 것을 알아야 한다.

[요일 4:18] 사랑 안에 두려움이 없고 온전한 사랑이 두려움을 내쫓나니 두려움에는 형벌이 있음이라 두려워하는 자는 사랑 안에서 온전히 이루지 못하였느니라

❸ 더 이상 정죄의식에 기초해서 생각하지 말아야 한다

하지만 만약 죄를 지었다면 죄책감을 가져야 하는 것이 아닌지에 대해 궁금해할 수 있다. 마귀가 주는 죄책감과 성령님이 주시는 죄에 대한 찔림과 책망을 구분할 수 있어야 한다. 그리고 죄를 지었음에도 불구하고 당신은 여전히 하나님의 자녀라는 사실을 알아야 한다. 비록 죄를 지었다 할지라도, 거짓자아로 자신을 정죄하지 말고, 마귀의 정죄를 받아들이지 말아야 한다. 먼저 당신의 의나 선행이 아닌 오직 예수 그리스도의 은혜로 당신의 혼이 하나님의 영 안에 거하도록 해야 하고, 그 상태에서(예수 그리스도 안에서) 자신의 몸이 행한 죄를 회개해야 한다.

[요일 1:9] 만일 우리가 우리 죄를 자백하면 그는 미쁘시고 의로우사 우리 죄를 사하시며 우리를 모든 불의에서 깨끗하게 하실 것이요

❹ 사랑의식으로 다른 사람과 세상을 새롭게 보아야 한다

그리스도 예수 안에 있다면 지금 내가 보고 있는 모든 것이 하나님의 생명의 나타남이다. 내가 사랑으로 보면 모든 것이 사랑으로 화답한다. 주는 것이 받는 것이기 때문이다. 거짓자아를 포기할 때 하나님의 사랑이 나를 통해 흐르고, 하나님의 능력이 나를 보호하시는 것을 체험할 수 있다. 하나님의 사랑과 생명 없이, 거짓자아로 누구를 미워하지 말아야 하고 사랑해야 한다고 생각하기 때문에 숨이 막히고 가슴이 터질 것 같은 것이다. 그러나 당신은 예수 그리스도 안에서 하나님을 나타내는 의식을 가진 자이며, 하나님의 의임을 알라. 그리스도 안에서 나는 하나님의 사랑을 나타내는 존재이고, 지금 나를 통해 그

사랑이 흘러가고 있다는 것을 받아들여라.

> [요일 4:7] 사랑하는 자들아 우리가 서로 사랑하자 사랑은 하나님께 속한 것이니 사랑하는 자마다 하나님으로부터 나서 하나님을 알고

아무 조건 없이 사랑하고 싶은 적이 없었는가? 상대방을 위하여 무엇이든지 해보고 싶지 않은가? 그것이 그리스도 의식이다. 그 사랑만이 기적을 만든다. 하나님의 사랑은 나이도, 인종도, 문화도, 언어도, 국경도 뛰어넘는다. 사랑은 사람이 만든, 세상이 만든, 마귀가 만든 모든 것을 뛰어넘는다. 죄책감도, 두려움도, 열등감도, 정죄감도, 그 사랑 앞에서는 눈 녹듯이 녹아 없어진다. 사랑은 하나님 앞에 담대히 설수 있게 하고, 마귀 앞에서도 용사처럼 당당해지게 한다. 하나님의 사랑은 다른 사람과 세상을 변화시키기 이전에 먼저 나를 변화시킨다. 사랑은 나를 새로운 인간으로 만든다. 사랑은 거짓자아의 의식으로 만들어진 가공세계(정신세계)를 싫어하게 한다. 사랑은 나를 새로운 차원의 삶인 하나님나라의 삶을 누리게 한다.

정리하면, 사랑의식으로 사랑한다는 것은 지금 이 순간 여기에서 있는 그대로 받아들인다는 것이다. 있는 그대로 받아들인다는 것은 현실에 대해 포기하고 현 상황에 순응하라는 뜻이 아니라 일, 상황, 대상에 대해 자신의 거짓자아로 판단하지 않는다는 뜻이고, 그것들이 당신을 규정하거나 제한시키지 못하도록 하는 것이다. 왜냐하면 거짓자아가 더 이상 당신의 진정한 정체성이 아니며, 당신은 그리스도 안에 있는 새로운 피조물이기 때문이다.

온전(있음)의식

하나님의 생명이 떠남으로써 우리는 마치 터진 웅덩이처럼 늘 결핍과 부족함에 시달리며 만족함을 누리지 못하는 불온전 상태 속에서 결핍의식을 가지고 살아간다. 그럴 때는 불안과 늘 없는 무언가를 채우고자 하는 욕구에 시달릴 수밖에 없다. 오늘날 많은 그리스도인조차 불안과 결핍 때문에 그것들을 채우기 위해서 기도가 필요하다고 생각하고, 또한 지금 여기에 없는 것, 이루어지지 않은 것을 얻어내기 위해서 믿음을 가져야 한다고 생각하고 있다.

> [렘 2:13] 내 백성이 두 가지 악을 행하였나니 곧 그들이 생수의 근원되는 나를 버린 것과 스스로 웅덩이를 판 것인데 그것은 그 물을 가두지 못할 터진 웅덩이들이니라

> [마 5:48] 그러므로 하늘에 계신 너희 아버지의 온전하심과 같이 너희도 온전하라

하지만 우리가 예수 그리스도를 믿고 진정으로 거듭났다면, 우리 안에 하나님의 영이신 성령님이 임하시고 내주하심으로써 우리 안에 하나님의 생명이 다시 임하게 된 것이다. 이뿐만 아니라 십자가에서 모든 것을 이루신 예수 그리스도께서 우리 안에 거하신다. 그분은 우리의 모든 고통과 고난을 대신 당하시고, 죄와 죄악을 짊어지시고, 십자가로 마귀의 일을 멸하셨다. 또한 부활 승천하셔서 모든 이름 위에 뛰어난 이름을 가지셨고, 만물을 창조하신 분으로서 지금 만물을 붙드시고 죄를 사하시는 일을 지금도 하고 계시고, 사망과 음부의 열쇠를 가

지셨다. 그분께서 지금 우리 안에 계신다는 것이다. 진실로 그분 안에는 하늘에 속한 모든 신령한 복이 있고 지혜와 지식의 모든 보화가 감추어져 있다. 예수님께서는 우리에게 천국 열쇠를 주시고 모든 것을 누리기를 원하신다(고전 3:21-23).

> [엡 1:3] 찬송하리로다 하나님 곧 우리 주 예수 그리스도의 아버지께서 그리스도 안에서 하늘에 속한 모든 신령한 복을 우리에게 주시되

> [벧후 1:3] 그의 신기한 능력으로 생명과 경건에 속한 모든 것을 우리에게 주셨으니 이는 자기의 영광과 덕으로써 우리를 부르신 이를 앎으로 말미암음이라

> [골 2:2-3] 이는 그들로 마음에 위안을 받고 사랑 안에서 연합하여 확실한 이해의 모든 풍성함과 하나님의 비밀인 그리스도를 깨닫게 하려 함이니 그 안에는 지혜와 지식의 모든 보화가 감추어져 있느니라

우리가 정말 거듭난 하나님의 자녀라면, 이제는 더 이상 불안과 결핍의식으로 시달리는 것이 아니라, 예수 그리스도 안에서 모든 것이 우리에게 주어졌기 때문에 온전(있음)의식이 우리의 의식의 기초가 되어야 한다. 불안과 결핍의식이 없을 때 비로소 소유욕, 지배욕, 그리고 공급욕으로부터 자유로워지고, 성령 안에 있는 의와 평강과 희락을 누리게 된다.

> [요일 2:16] 이는 세상에 있는 모든 것이 육신의 정욕과 안목의 정욕과 이생

의 자랑이니 다 아버지께로부터 온 것이 아니요 세상으로부터 온 것이라

[롬 14:17] 하나님의 나라는 먹는 것과 마시는 것이 아니요 오직 성령 안에 있는 의와 평강과 희락이라

우리에게 믿음이 필요한 것은 이미 우리에게 주어진 것을 누리기 위해서이지, 우리에게 없는 것, 부족한 것을 얻어내기 위해서 믿음이 필요한 것이 아니다. 다시 한번 강조하면, 우리는 더 이상 부족함과 결핍을 채우기 위해서 믿음생활을 하는 것이 아니라, 하나님의 영 안에 거하는 혼이 하늘에서(보이지 않는 세계) 생명의 말씀대로 이루어진 실상을 이 땅에서(보이는 세계) 실체로 나타나도록 하기 위해 믿음생활을 하는 것이다(마 6:10 ; 히 11:1). 믿음의 법칙, 수확의 법칙을 기억하라. 우리 모두는 각자가 믿음으로 심은 것을 거둔다. 내 안에 '결핍'을 심으면 '결핍'을 거두고, '풍성함'을 심으면 '풍성함'을 거둔다.

[갈 6:7] 스스로 속이지 말라 하나님은 업신여김을 받지 아니하시나니 사람이 무엇으로 심든지 그대로 거두리라

갈망(창조)의식

거짓자아의 의식은 공허함과 상실감으로 인해 평강을 누리지 못하며, 늘 의미 있고 가치 있는 것을 찾고 있다. 이 공허함과 상실감이 커지면, 우리는 존재 깊은 곳에서부터 수치심, 무가치함을 느낀다. 이러한 감정과 느낌을 덮고 상쇄하기 위해 우리는, 지금 있는 그대로가 아

닌, 끊임없이 외부의 것을 취하고 추구함으로써 살아있음을 느끼고자 한다. 지금 이 순간 함께하시는 참 만족과 평강 되시는 하나님을 체험하는 대신에 더 의미 있고 가치 있는 것을 찾기 위해, 자신의 존재를 증명하기 위해, 발버둥치며 살아간다는 것이다. 눈에 보이지 않는 하나님의 생명 안에 거하기보다는 눈에 보이는 물질세계에 관심을 기울이며 집착한다.

[히 11:3] 믿음으로 모든 세계가 하나님의 말씀으로 지어진 줄을 우리가 아나니 보이는 것은 나타난 것으로 말미암아 된 것이 아니니라

인간이라면 누구나 '앎'과 '체험'을 통해 자신의 '존재'를 증명하는 삶을 산다. 따라서 앎과 체험과 존재는 떼려야 뗄 수 없는 불가분의 관계로 긴밀하게 연결되어 있다. 우리는 진리를 안다고 하지만, 아는 것만으로 우리 삶이 변화되지 않는다. 앎은 반드시 체험되어야 한다. 그럴 때 우리는 스스로의 존재를 세상에 나타내는 것이다. 이 세상에서 가장 가치 있는 일은 내가 알고 있는 것을 매일 삶을 통해 체험함으로써 자신의 존재를 증명하는 것이다.

우리의 소생된 혼은 하나님이 누구이신지, 내가 누구인지, 왜 사는지, 어떻게 살아야 하는지를 안다. 그것을 삶을 통해서 체험하는 것이다. 그 일을 우리 안에 계신 주님께서 이루어가신다. 우리는 하나님의 영광을 드러내고 즐거워하는 삶을 살도록 지음 받은 존재이다. 이것은 억지로 하는 것이 아니라 하나님께서 재창조한 우리의 본성이다. 우리가 하나님의 자녀라면 우리 몸(생각, 감정, 신체)을 통하여 하나님을 나타내고자 하는 것, 하나님의 영광을 드러내고자 하는 것, 하나님의 말

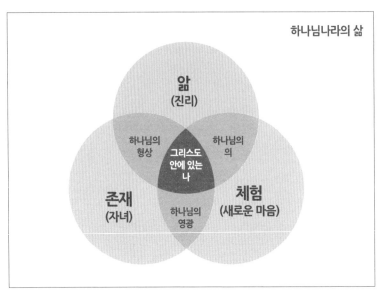

하나님나라의 삶

앎
(진리)

하나님의
형상

그리스도
안에 있는
나

하나님의
의

존재
(자녀)

하나님의
영광

체험
(새로운 마음)

그림 3 인간의 삶과 킹덤빌더의 새로운 삶

인간은 자신이 아는 것을 체험함으로써 이 땅에서 자신의 존재를 증명하는 삶을 산다. 진리에 대해 깨닫는 앎은 자신의 몸을 새롭게 하는 체험을 통해서 삶 가운데 자신의 존재를 나타내는 것이다. 결국 그리스도 안에 있는 나(킹덤빌더)의 삶은 하나님의 의, 하나님의 형상, 하나님의 영광을 드러내는 하나님나라의 삶이다.

씀을 이루고자 하는 것이 자연스러운 갈망이다. 그것이 지은 바대로 살아가고자 하는 갈망(창조)의식이다(빌 2:13).

> [엡 2:10] 우리는 그가 만드신 바라 그리스도 예수 안에서 선한 일을 위하여 지으심을 받은 자니 이 일은 하나님이 전에 예비하사 우리로 그 가운데서 행하게 하려 하심이니라

삶이란 무엇인가? 인간은 지금 무엇을 위해 살아가고 있는가? 살기 위해서 먹고 일하는 것처럼 보이지만, 사실 믿는 자든 믿지 않는 자든 모두가 자신이 알고 있는 것들을 자신의 체험을 통해서(삶을 통해서) 증명하기 위해 살아가는 것이다. 하나님의 생명이 없는 자도 자신이 알고 있는 앎(또는 지식)을 삶이라는 체험을 통해서 자신의 존재를 나타내고 있다. 거짓자아는 자신이 누구인지를 어떻게 알고 있는가? 바로 인간의 전통과 관습, 세상 풍조, 초등학문, 세상 신의 거짓말로부터 자신을 알게 된 것이다. 역사 이래로 인간은 마귀의 거짓말에 속아 거대한 포로수용소 속에서 살고 있다. 우연에 의해 존재하게 되었다고 믿기 때문에(진화론과 유물론적 세계관에 영향을 받아) 자신을 주어진 이 환경에서 살아남아야 할 존재라고 여기는 것이다. 이러한 자아의식은 세상으로부터 만들어졌기 때문에, 두려움과 죄책감에서 벗어남으로써, 결핍과 부족을 채움으로써, 공허함과 상실감을 없앰으로써 자신의 존재를 나타내는 것이다.

하지만 하나님나라 복음의 관점에서 보면, 거듭난 하나님의 자녀는 하나님의 영이 임하심으로 하나님을 알게 되고 삶을 통해 그 하나님을 체험함으로써 자신이 누구인지를 나타내는 삶을 사는 자이다(엡 1:17). 거듭난 자는 예수 그리스도 안에서 새로운 피조물이고, 우리의 생명이 그리스도 안에서 하나님 안에 감추어진 존재가 되었기 때문에(골 3:3), 하나님이 누구신지를 나타내는 삶이 곧 진정한 자신을(나를) 나타내는 것이다. 즉 하나님의 영이 있는 자에게는 진정한 자신의 존재를 증명하는 삶이 바로 하나님을 나타내는 삶이라는 것이다. 자신 안에 있는 하나님의 생명을 드러냄으로써 하나님 아버지를 영화롭게 하고 그분과의 하나됨을 즐거워함으로 자신의 존재를 증명하는 삶을 살아가는 것이다. 하나님의 생명으로 다시 지음 받은 우리는 그분의 소생이기 때문에(고전 1:30), 그분에 의해서 존재하고 움직이고 살아가는 존재이다(행 17:28).

> [고전 6:20] 값으로 산 것이 되었으니 그런즉 너희 몸으로 하나님께 영광을 돌리라

> [행 17:28] 우리가 그를 힘입어 살며 기동하며 존재하느니라 너희 시인 중 어떤 사람들의 말과 같이 우리가 그의 소생이라 하니

자신을 드러내는 것이 하나님을 드러내는 것이고, 하나님을 드러내는 것이 바로 자신을 드러내는 것이라는 말의 의미를 깊이 묵상해보라. 지금 이 순간 여기에서 하나님께서 내 생각과 감정을 통해 나타나고 계신 것이며, 하나님께서 친히 보고 듣고 말하고 계신다. 하나님이 나타나시는 것이 삶이고, 하나님의 성품, 그분의 능력, 그분의 창조, 그분의 사랑을 나타내는 것이 우리가 사는 이유이다.

하나님께서 나를 통해 나타나실 때 어떤 일이 일어나는가? 바로 첫 창조 후 타락으로 말미암아 훼손된 창조세계를 회복해가시는 그분의 재창조의 역사가 일어난다. 그분의 말씀대로 이루어진 것을 믿음의 눈으로 보고, 그 말씀대로 느끼고 선포함으로써, 보이지 않는 하늘에서 이미 이루어진 것을 보이는 이 땅에 이루어지도록 하는 것이다. 하나님의 상속자로서, 그리스도와 공동 상속자로서의 존재를 드러내는 것이다(롬 8:17). 이 의식이 바로 그리스도 의식 중 하나인 갈망(창조)의 식이다.

[고전 8:6] 그러나 우리에게는 한 하나님 곧 아버지가 계시니 만물이 그에게서 났고 우리도 그를 위하여 있고 또한 한 주 예수 그리스도께서 계시니 만물이 그로 말미암고 우리도 그로 말미암아 있느니라

성령님 안에서 임재호흡 기도를 통한 그리스도 의식 훈련하기

임재호흡 기도가 익숙해지면 하나님의 생명 안에 거하는 혼이 자연스럽게 하나님의 본질을 누리게 된다. 그것이 바로 인자로 오신 예수님께서 누리신 사랑(생명), 온전(있음) 그리고 갈망(창조)을 포함하는 그리스도 의식이다. 이것은 내가 의도적으로 취하는 것이 아니라 우리의 영이 하나님의 영과 하나가 되었고, 우리의 혼이 하나님의 영 안에 거할 때 하나님의 영에 의해서 은혜로 주어지는 것이다. 이는 자기의 영광과 덕으로써 우리를 부르신 이를 알게 함으로 이루어지는 것이다. 앎으로 말미암은 것이다(벧후 1:3).

(1) 성령 안에서 임재호흡 기도를 하라.
(2) 하나님 생명의 통치함을 느낄 때, 내 존재(살아있음 의식)가 사랑(생명), 온전(있음), 갈망(창조)임을 의식해보라.
(3) 그 의식으로 내 몸과 다른 사람과 세상을 보라. 그것이 그리스도가 세상을 보는 마음이다. 다르게 보인다는 것은 다른 존재가 되었음을 알게 해주는 것이다.

이 의식을 체험하는 것은 말씀을 봄으로써, 기도를 함으로써 이루어지는 것이 아니다. 그리스도 의식은 우리 안에 있는 신성이 혼을 깨우

고 새롭게 하는 것이다. 그것을 위해서는 평상시 늘 성령 안에서 임재호흡 기도를 해야 한다. 우리는 임재호흡 기도훈련을 통해서 하나님의 생명이 우리의 몸에 임하는 것을 체험해야 하고, 그것이 바로 하나님의 사랑임을 알아야 한다. 그 사랑이 체험되면 될수록 자신을 주님께 의탁하게 되는 것이다.

상황과 처지에 상관없이 자신을 주님께 의탁하면 할수록(다른 말로, 현 상황에 따른 자신의 생각과 감정을 포기할 때) 주어지는 것이 바로 하나님의 영광이다. 우리의 육체가 그 영광 안에 거할 때 우리는 그리스도 의식을 누리기 시작하는 것이다. 이것은 예수님께서 이 땅에 계시면서 하나님 아버지와의 관계를 통해서 이룬 것이고, 우리가 닮아가야 할 영적 훈련이다. 임재호흡 기도를 하면 항상 마지막은 우리의 혼이 그분의 사랑의식, 온전의식, 갈망의식을 체험하게 된다. 이것은 하나님의 자녀인 우리가 하나님과 생명적으로 하나가 되는, 속사람이 날로 새롭게 되는, 지금 이 순간 여기에서 실재적인 삶을 사는 가장 귀중한 체험이다.

결론

우리가 깨어 있지 못하면 상황과 환경이 내 호흡을 통제하게 되고, 몸이 우리의 의식(혼)을 조정하게 된다. 따라서 하나님과의 생명적 관계를 가지기 위한 임재호흡 기도는 마음으로 인식되지 않는 내면의 일이지만 가장 소중한 훈련이자 근원적인 훈련이다. 우리의 혼이 소생되어 하나님의 영 안에서 그리스도 의식을 가지게 되면 비로소 그 심중에 하나님의 말씀대로 생각하고 느낀 경험들이 기록되어짐으로써 새로운 신념체계가 형성되고, 그에 따라 마음의 사고체계도 변화된다. 따라서 임재호흡 기도를 통하여 자신의 혼이 그리스도 의식을 가지도록 하는 훈련은, 영이요 생명이신 말씀이 우리 몸의 행실(구습에 기초한 생각과 감정 그리고 그에 따른 행동들)을 죽이는 데 가장 중요한 영성훈련이다. 이 모든 내면의 변화는 결국 우리가 몸으로 세상과 접하며 살아갈 때 필요한 행동양식(태도)을 변화시킬 것이며, 우리로 하여금 예수 그리스도를 전하는 사람이 아니라 삶의 모든 면에서 예수 그리스도의 향기를 나타내는 매력 있는 사람(킹덤빌더)이 되게 할 것이다.

[고후 2:14-15] 항상 우리를 그리스도 안에서 이기게 하시고 우리로 말미암아 각처에서 그리스도를 아는 냄새를 나타내시는 하나님께 감사하노라 우리는 구원 받는 자들에게나 망하는 자들에게나 하나님 앞에서 그리스도의 향기니

12

생명의 말씀으로
새로운 신념체계와
사고체계를 가져라

임재호흡 기도를 통해 혼이 그리스도 안에서 안식을 경험하며 하나님과의 생명적 관계를 누리게 되었고, 그 결과 그리스도 의식이 체험되어졌다면, 이제는 성령님의 역사하심을 통해 생명을, 말씀을 먹음으로써 우리의 심중의 신념체계와 사고체계를 변화시켜 나가야 한다. 구원을 이루어가는 과정을 우리 내면에서 일어나는 일들로 논리적으로 생각하면, 먼저 우리의 혼이 자신의 생각과 감정에 묶이지 않고(거짓자아에서 벗어나), 하나님의 영 안에 거함으로써 자신이 누구인지를 아는 것이다. 그때부터 우리는 하나님과 생명적으로 관계함으로써 하나님의 임재에 따른 현존의식을 체험하게 된다. 그리고 그 결과로 우리는 새로운 피조물로서의 그리스도 의식(사랑의식, 온전의식, 갈망의식)을 가지게 된다. 이 의식은 내가 이해하고 배우는 것이 아니라 하나님의 본성이 나타난 것이며 오직 성령에 의해서 이루어지는 것이다. 우리가 그리스도 의식을 가질 때 비로소 우리의 혼이 더 이상 몸의 종노릇을 하지 않고 영이요 생명이신 말씀이 성령님을 통하여 우리의 심중(헬, 카르디아)에 기록되는 것을 허용하게 된다. 즉 하나님께서 우리의 신념체계를 새롭게 하시는 것을 허용하는 것이다. 우리 마음의 사고체계는 이 신념체계에 기초한다.

마음과 심중 이해하기

우리의 신념체계와 사고체계를 변화시키기 위해서는 먼저 마음과 심중에 대해서 알아야 한다.

[히 10:16] 주께서 이르시되 그 날 후로는 그들과 맺을 언약이 이것이라 하시고 내 법을 그들의 마음(헬, 카르디아 : 심중, heart)에 두고 그들의 생각(헬, 디아노이아 : 마음, mind)에 기록하리라 하신 후에

그런데 마음과 심중을 이해하는 데 있어 가장 큰 어려움 중 하나는 우리가 보는 성경이 원어의 의미를 살리지 못하고 번역되었기 때문에 마음과 심중을 제대로 구분하기가 힘들다는 점이다. 이러한 이유로 오늘날 많은 성도들이 실제적으로 내면의 변화에 대해서 제대로 알지 못하고 있다. 다음 구절들을 개역개정 성경대로 읽어보고, 다음에는 괄호 안에 있는 헬라어의 뜻으로 다시 읽어보라. 개역개정에는 모두 다 마음으로 번역되었지만, 헬라어 원문에서는 혼(프쉬케)인 단어도 있고, 심중(카르디아)인 단어도 있다. 따라서 우리가 단어의 원뜻을 제대로 이해하지 못한다면, 이 말씀의 참뜻을 알 수 없게 된다.

[마 11:29] 나는 마음(헬, 카르디아 : 심중)이 온유하고 겸손하니 나의 멍에를 메고 내게 배우라 그리하면 너희 마음(헬, 프쉬케 : 혼)이 쉼을 얻으리니

[약 4:8] 하나님을 가까이하라 그리하면 너희를 가까이하시리라 죄인들아 손을 깨끗이 하라 두 마음(딥쉬코스 : 두 혼)을 품은 자들아 마음(헬, 카르디아 : 심중)을 성결하게 하라

[벧후 2:14] 음심이 가득한 눈을 가지고 범죄하기를 그치지 아니하고 굳세지 못한 영혼(헬, 프쉬케 : 혼)들을 유혹하며 탐욕에 연단된 마음(헬, 카르디아 : 심중)을 가진 자들이니 저주의 자식이라

인간이 이 땅을 살아가는 데 필요한 기억과 인식은 두 가지 형태로 작동된다. 하나는 가시적인 물질 형태의 뇌이고, 다른 하나는 에너지 형태의 마음과 심중이다. 기억과 인식에 대한 물질 형태의 뇌에 대해서 많은 연구가 있었지만, 보이지 않는 에너지 형태인 마음과 심중에 대한 연구는 아직까지 미비한 설정이다. 그 결과, 각자의 전문 연구 분야와 종교 및 사상관에 따라 서로 다른 이해를 가지고 있다. 물질 형태의 뇌에 단기기억과 장기기억이 있는 것처럼, 에너지 형태에는 마음(mind : 디아노이아, 누스, 노에오 등)과 심중(heart : 카르디아)이 있다. 이 에너지 형태의 마음과 심중은 혼과 직접적인 연관을 가지고 있다.

마음과 심중을 오늘날의 개념으로 설명하자면, 혼과 심중을 합한 용어를 잠재의식으로, 혼과 마음을 합한 용어를 표면의식으로 이해하는 것이 가장 좋을 것이다. 한편, 마음과 심중을 통합해서 정신이라고 부를 수 있을 것이다. 잠재의식은 우리의 세계관을 이루는 신념체계를 형성하며, 표면의식은 우리의 사고체계를 형성하고 있다. 그리고 그 마음을 통해서 우리는 보이는 외부세계와 관계하고 있는데, 그때 만들어지는 것이 바로 행동양식(태도)이다. 우리가 잘 알듯이 잠재의식 안에는 우리의 자아가 형성되기 전에 무의도적으로 무의식적으로 받아들인 경험과 지식이 저장되어 있으며, 그것은 각자의 자아를 형성하는 토대가 된다. 이 잠재의식 내의 생각과 감정은 보이지 않는 세계의 실상을 형성하게 된다(히 11:1)

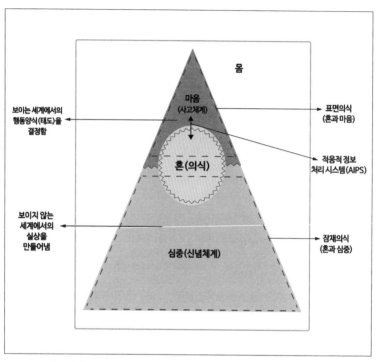

그림 4 심리·정신학적 관점에서 본 마음(mind)과 심중(heart)의 이해와 역할

신념체계 새롭게 하기

심리학적으로 보면, 신념체계란 어린 시절 우리의 자아가 형성되기 전에 잠재의식 내에 있는 경험과 지식이 만든 믿음체계(세계관)이다. 이 것을 토대로 거짓자아의 성향이 형성되어진다. 모든 사람들은 태어나 서부터 생존의식 때문에 욕구에 기초한 신념체계를 형성한다고 볼 수 있다. 또 다른 의미에서 이 신념체계는 잠재의식의 가장 밑부분을 차지 하고 있다. 우리의 모든 사고체계와 그에 따른 행동양식은 바로 이 신

념체계에 기초한다. 따라서 신념체계가 변화되지 않는 한, 우리가 거짓
자아의 의식으로 아무리 열심히 말씀을 읽고 배우고 묵상해도 본질적
인 변화가 일어나지 않을 것이다. 왜냐하면 신념체계 자체가 우리의 거
짓자아의 속성의 근원이기 때문이다. 성경적으로 볼 때 신념체계는 마
음(mind)이 아니라 심중(헬, 카르디아 : 영, heart)에 해당된다. 성경에 하
나님께서 말씀(영, 평강, 생명, 사랑)을 두고자 하는 곳이 바로 심중이다.
마음이 아닌 심중에 하나님의 말씀이 임할 때 비로소 일시적이고 상황
적이고 행위적인 변화가 아니라 본질적인 변화가 시작된다. 그럴 때 어
떤 환경이나 상황에서도 동일한 태도를 가지게 되고, 선한 열매를 맺게
된다.36

[눅 6:45] 선한 사람은 마음(헬, 카르디아)에 쌓은 선에서 선을 내고 악한 자는
그 쌓은 악에서 악을 내나니 이는 마음에 가득한 것을 입으로 말함이니라

[눅 8:15] 좋은 땅에 있다는 것은 착하고 좋은 마음(헬, 카르디아)으로 말씀을
듣고 지키어 인내로 결실하는 자니라

[히 10:16] 주께서 이르시되 그 날 후로는 그들과 맺을 언약이 이것이라 하시
고 내 법을 그들의 마음(헬, 카르디아)에 두고 그들의 생각에 기록하리라 하
신 후에

그러나 거짓자아가 주체일 때는(혼이 몸의 종노릇을 할 때는) 이미 형성

---

36 이 부분에 대한 더 구체적인 내용을 알기 위해서는 《수수께끼 같던 영혼몸의 비밀이 풀린다》
(규장) 129-142쪽을 보라.

된 신념체계에 기초한 생각과 감정으로 말씀을 받아들일 수밖에 없다. 우리가 거짓자아로 살아갈 때는 혼이 자신의 생각과 감정을 선택하여 자신을 만들며, 그렇게 해서 만들어진 심중의 내용(과거에 무의도적으로 무의식적으로 받아들인 것으로 만들어진 경험과 지식)에 기초하여 자신과 모든 것에 대해서 생각하고 느끼게 된다. 따라서 거짓자아로 말씀을 듣고 믿는다 할지라도 그 말씀은 우리의 심중에 기록되어질 수도 없고, 진리 그대로를 받아들일 수가 없다. 우리가 열심히 말씀을 듣고 읽고 묵상하며 자신을 변화시키고자 노력하지만, 환경에 따라 자신도 모르는 사이에 다시 옛날로 돌아가게 되는 이유가 바로 여기에 있다. 말씀이 우리의 심중에 심어지지 않고, 단지 뇌와 마음에만 머물러 있기 때문이다.

[잠 23:7] 대저 그 마음(히, 네페쉬 : 혼)의 생각(히, 샤아르 : 마음)이 어떠하면 그 위인도 그러한즉 그가 네게 먹고 마시라 할지라도 그의 마음(히, 레브 : 심중)은 너와 함께 하지 아니함이라

심중에 말씀을 기록하기 위해서는 먼저 이미 자신의 심중에 심겨진 세상의 구습과 경험과 지식들을 주님 앞에 드러내고 제거하는 일을 해야 한다. 그것을 위해서는 진리의 영이신 성령님 안에서 말씀을 볼 줄 알아야 한다.

[히 4:12] 하나님의 말씀은 살아있고 활력이 있어 좌우에 날선 어떤 검보다도 예리하여 혼과 영과 및 관절과 골수를 찔러 쪼개기까지 하며 또 마음(헬, 카르디아)의 생각과 뜻을 판단하나니

[요 16:8] 그(성령)가 와서 죄에 대하여, 의에 대하여, 심판에 대하여 세상을 책망하시리라

　동시에 매일 영이요 생명이신 말씀을 먹어야 한다. 단순히 말씀을 읽는 차원을 넘어 말씀을 먹는다는 것은 무엇을 의미하는 것일까? 말씀을 우리의 심중에 심는 것이다. 그럴 때 말씀이 우리 안에 거하게 된다. 말씀을 들어도 능력이 되지 못하는 것은 말씀이 심중에 심겨지지 않았기 때문이다. 먹은 말씀이 마음으로 갈 것인지, 아니면 심중으로 갈 것인지는 누가 말씀을 먹느냐에 달려 있다. 만약 거짓자아가 말씀을 믿음으로 받아들인다면 그 말씀은 우리의 심중에 기록되어질 수 없다. 오직 그리스도 안에 있는 내가(혼이 하나님의 영 안에 거할 때) 성령의 인도함을 받을 때 생명의 말씀대로 생각하고 느낀 것이 우리의 심중에 기록되어질 수 있다.

그리스도 안에서 그리스도 의식으로 말씀을 보라

　말씀이 우리 심중에 기록되기 위해서는 무엇보다도 그리스도 안에서 말씀을 볼 줄 알아야 하며, 그 말씀의 실상이 먼저 내 몸에 경험되어지도록 해야 하고 그 몸을 통하여 말씀의 실체가 나타나도록 해야 한다. 그렇다면 예수 그리스도 안에서 말씀을 본다는 것은 무엇을 의미하는 것인가? 그것은 성경의 저자들에게 영감을 주셔서 성경을 기록하게 하신 성령님의 관점으로 기록된 말씀을 볼 줄 알아야 한다는 것이다. 우리는 성경 저자에 대해서 많이 안다고 생각하지만, 우리 관점에서 저자의 의도를 이해하고자 애쓸 뿐 실제 저자(인간 저자)와 원저자(성령님)의

관점에 대해서는 잘 알지 못하고 있다. 그들은 성령의 도우심으로 그리스도 안에서 그리스도 의식으로, 영이요 생명인 말씀을 기록했다(즉 주님의 말씀에 대한 자신들의 생각을 기록한 것이 아니었다는 것이다). 그런데 우리는 거짓자아의 의식으로 그 말씀을 이해하고자 애쓰고 있다. 그렇기 때문에 저자가 정말로 말하고자 하는 것이 무엇인지를 놓칠 때가 많다.

특별히 성경의 서신서를 보면 저자들은 그리스도 의식으로 살아가면서 말씀을 실제 삶에서 어떻게 적용할 것인가에 대해서 두 차원적으로 말하고 있다. 즉, 성경의 저자들은 하나님의 영의 인도함을 받아 우리의 본질적 차원에서의 삶에 대해서도 이야기하고, 육체의 차원에서의 삶에 대해서도 말하고 있다. 전자의 경우는 그리스도 안에 있는 자로서 이 땅에 주의 뜻을 나타내는 삶을 강조하고, 후자의 경우는 비록 몸을 가지고 살며 환난과 고통을 겪고 있지만 하나님의 영원한 유업을 이어받은 자로서 산 소망을 하늘에 두고 살아야 한다는 것을 강조하는 것이다. 그리고 필요에 따라 두 차원의 상태와 삶을 비교하며 이야기하는 것이다.

■ 구약과 신약을 어떤 관점에서 보아야 하는가?

구약은 타락 후 구속 전 인간의 상태를 전제로 쓰여졌기 때문에 타락한 인간의 마음과 행위(즉 죄와 죄악)에 대한 하나님의 기준이 무엇인지의 관점에서 기록되었다. 구약도 하나님의 말씀이지만(마 5:18) 신약 시대를 살아가는 우리는 그리스도의 참 빛 안에서 구약을 새언약적 관점으로 보아야 한다.

반면에 신약은 타락한 인간을 구원하신 하나님 중심으로 보아야 하며, 구원받은 하나님의 자녀가 이루어가야 할 하나님의 의의 관점에서 보아야 한다. 또한 한 걸음 더 나아가 말씀과 나를 분리시켜 내가 말씀을 이해하는 관점이 아니라 말씀이 나와 하나가 되고자 하는 관점에서 보아야 한다.

2 그렇다면 신약의 말씀을 볼 때 하나님의 자녀가 가져야 할 새로운 관점은 무엇인가?

첫 번째 관점은 말씀을 진리에 대한 지식이 아니라 생명으로 보는 관점이다. 예수님께서는 생명을 말씀하신 것이다. 그런데 우리는 생각으로 그 생명에 대해서 해석하고 이해하고자 한다. 우리는 영생을 얻기 위해서 말씀을 상고하지만 내가 그 말씀을 상고할 때 그 말씀은 언어적 차원과 정신적 차원에서 해석되어 관념, 개념, 신념으로 받아들일 수밖에 없다. 내가 말씀을 이해하는 관점이 아니라 말씀이 내가 되도록 하는 관점에서 보아야 한다. 말과 언어는 이원성을 전제로 하기 때문에 진리 그 자체일 수 없다. 진리에 대한 관념, 개념, 신념은 정신 차원에 속한 것으로 실재일 수 없다.

[요 6:63] 살리는 것은 영이니 육은 무익하니라 내가 너희에게 이른 말은 영이요 생명이라

"내가 너희에게 이른 말은 영이요 생명이라"라는 예수님 말씀의 뜻은 그분의 말씀을 언어적으로 받아들이면 생명으로 받아들일 수 없다는 것이다. 말씀은 영과 생명을 나타낸다. 따라서 우리 마음의 생각으로 받아들이는 것이 아니라 우리의 영을 통하여 주어지는 말씀대로의 내

가 되는 것이다. 그것은 내가 예수 그리스도의 말씀을 믿는 것이 아니라 예수 그리스도 안에 거할 때 내 몸이 말씀대로 이루어지는 것이다.

[요 5:38-40] 그 말씀이 너희 속에 거하지 아니하니 이는 그가 보내신 이를 믿지 아니함이라 너희가 성경에서 영생을 얻는 줄 생각하고 성경을 연구하거니와 이 성경이 곧 내게 대하여 증언하는 것이니라 그러나 너희가 영생을 얻기 위하여 내게 오기를 원하지 아니하는도다

따라서 말씀은 영생을 누리기 위해서 필요한 것이지, 어떤 대상에 대해 알기 위해서, 또는 판단의 기준을 가지기 위해서 말씀이 필요한 것이 아니다. 하나님의 영 안에 있는 우리가 말씀을 먹는 것은 내가(거짓자아가) 말씀을 알기 위해서가 아니라 내 몸이 말씀이 되도록 하기 위해서이다. 내 존재가 말씀으로 이루어지기 위해서(그분의 피를 먹고 생명을 얻은 우리가 그분의 살을 먹음으로 우리 살이 그분의 살이 되어가도록) 말씀이 필요한 것이다. 즉 예수님께서 말씀이 육신이 되신 것처럼, 하나님의 영 안에 있는 우리도 생명의 말씀이 몸(생각, 감정, 신체)이 되도록 해야 하며, 그것이 바로 예수 그리스도 안에서 성육신적인 삶이다.

[요 1:14] 말씀이 육신이 되어 우리 가운데 거하시매 우리가 그의 영광을 보니 아버지의 독생자의 영광이요 은혜와 진리가 충만하더라

두 번째 관점은 초월하신 하나님께서 우리 안에 내재하심으로 말씀을 우리의 혼을 통한 하나님의 자기계시적으로 보는 관점이다. 지금 대부분의 말씀 공부는 말씀과 자신을 분리시킨 채 우리의 경험과 지식

에 기초한 생각이나 개념을 가지고 동의하거나 동의하지 않는 지적 유희 또는 관념 놀이를 하고 있다. 내가 성경의 말씀을 볼 때는 하나님과 분리된 존재로서 거짓자아로 말씀을 해석하고 판단하는 것이 아니라 내 안에 계신 하나님께서(하나님의 영과 하나된 나에게) 나를 통해서 자신을 어떻게 나타내시고자 하는가의 관점에서 보아야 한다. 말씀이 하나님이시다. 그런데 우리는 여전히 겉사람, 즉 거짓자아로 이 말씀을 이해하고 받아들이고자 한다. 거짓자아의 깨달음은 깨달은 생각일 뿐이고, 기독교적 거짓영성을 만들어낼 뿐이고, 그 주체(존재)가 변하지 않았기 때문에 주를 나타내는 삶을 살 수 없다.

> [고전 1:30] 너희는 하나님으로부터 나서 그리스도 예수 안에 있고 예수는 하나님으로부터 나와서 우리에게 지혜와 의로움과 거룩함과 구원함이 되셨으니

세 번째 관점은 영혼몸에 대한 통전적 관점으로 성경의 말씀을 우리 자신에게 적용할 때 그 말씀이 거짓자아로 살아가는 육체에 속한 사람에 대해서 말하는 것인지, 속사람에 대해서 말씀하는 것인지, 아니면 속사람(그리스도 의식)의 관점에서 육체에 속한 자(겉사람)를 변화시키기 위해서 말하는 것인지를 분별하는 관점이다.

서신서의 경우 구원 이후의 삶에 대한 대부분의 가르침은 속사람의 관점에서 겉사람을 변화시키는 관점이다. 즉 새로운 피조물의 관점에서 우리의 육신의 삶에 대해서 말씀하고 있다. 그 목적은 다시금 하나님의 형상으로 지음을 받은 우리에게 이 세상에 하나님의 뜻을 나타내는 것을 가르치고자 함에 있다. 그런데 우리는 자신의 존재를 알지 못

한 채 단지 거짓자아의 관점에서 말씀을 보는 것이다. 즉 말씀을 나를 통한(through)이 아니라 나에게 대한(about)으로, 그것도 자신의 주관적인 생각으로, 도덕적 측면과 행위적 측면만을 강조하는 것으로 파악한다.

> [딤후 3:15-17] 또 어려서부터 성경을 알았나니 성경은 능히 너로 하여금 그리스도 예수 안에 있는 믿음으로 말미암아 구원에 이르는 지혜가 있게 하느니라 모든 성경은 하나님의 감동으로 된 것으로 교훈과 책망과 바르게 함과 의로 교육하기에 유익하니 이는 하나님의 사람으로 온전하게 하며 모든 선한 일을 행할 능력을 갖추게 하려 함이라

그렇게 되면 결국 우리는 말씀을 통하여 하나님의 사람으로 온전하게 되어 하나님의 뜻을 이루는 능력을 가지기보다 말씀에 대한 지식을 가짐으로써 교훈과 책망과 바르게 함을 얻는 데 그치게 되는 것이다. 이것이 오늘날 기독교의 안타까운 현주소이기도 하다.

그리스도 의식을 체험하지 못한 채 성경의 말씀을 읽으면 결국 죄, 도덕과 윤리, 거룩의 관점에서 볼 수밖에 없고, 그 결과 거짓자아로 최선을 다해 말씀을 지키는 삶을 살아가는 것밖에 없다.[37] 그럴 때 우리는 누가복음 15장의 탕자의 형, 첫째 아들처럼 아버지와의 생명적인 관계없이 율법적인 신앙생활을 할 수밖에 없고, 그 결과 죄에서 벗어나지 못한 채 하나님나라의 삶을 살 수 없게 된다. 그와 동시에 이 세상에서 뛰어난 존재로 살아야 하고, 정직하고 거룩한 사람이 되어야 한다는

---

37 이에 대한 자세한 내용은 4부 14장을 참조하라.

강박감에 시달리게 된다. 이것은 절대적 모순이다. 우리는 죽었다 깨어나도 하나님을 이용해서 거룩한 그리스도인이 될 수 없다는 것을 깨달아야 한다. 거짓자아로 보면 말씀이 "너는 하라", "하지 말라"는 것으로 이해하게 되지만, 그리스도 안에서 보면, "우리 안에 있는 하나님의 신성이 우리의 몸에 경험되어지도록 혼이 허용하라, 또는 혼이 자신의 생각과 세상의 풍조에 따라 육체의 삶을 살지 말라"라는 뜻이 된다. 우리는 그리스도 안에서 은혜를 누리기보다는, 거짓자아로 '값싼 은혜' 대신에 '값비싼 은혜'를 누려야 한다고 주장하는 것이다.

그리스도 의식으로 어떻게 말씀을 먹어야 하는가?

[마 4:4] 예수께서 대답하여 이르시되 기록되었으되 사람이 떡으로만 살 것이 아니요 하나님의 입으로부터 나오는 모든 말씀으로 살 것이라 하였느니라 하시니

이 구절의 진정한 의미는 눈에 보이는 빵을 먹고 사는 것이 아니라 그 빵이 있게 하는 하나님의 말씀을 먹고 살아야 한다는 뜻이다. 즉 눈에 보이는 결과물이 아니라 그것의 근원인 하나님의 말씀을 경험해야 한다는 것이다. 먼저 하나님의 생명이신 말씀이 우리의 몸을 통치하는 것을 경험해야 한다.

하나님의 입으로부터 나오는 모든 말씀으로 산다는 것은 무슨 뜻인가? 이 말씀을 제대로 이해하지 못하면, 우리는 하나님나라의 삶을 살 수도 없고 말씀의 능력을 경험할 수도 없다. 우리는 이 말씀을 읽을 때

대부분 평상시 해오던 것처럼 매일 말씀을 읽고 묵상하며 살아야 한다는 뜻으로 이해한다. 왜 그렇게 생각하는가? 떡을 먹는 것처럼 생각하는 것이다. 떡은 외부로부터 내 입을 통하여 안으로 집어넣는다. 말씀도 그렇게 내가 하나님으로부터 받아먹는 것인가? 그렇지 않다. 하나님은 말씀이시다. 하나님은 어디에 계시는가? 바로 우리 영 안에 계신다. 말씀은 영이요 생명이다. 그 영이요 생명이신 말씀이 우리의 몸을 새롭게 하는 것을 경험해야 한다. 내가 그 말씀을 먹는 것이 아니라, 그 말씀이 나를 먹어야 한다(말씀이 누구이신지를 생각해보라).

우리가 어떻게 떡을 먹고 사는가? 떡을 먹을 때 그 떡이 입에서 위장으로 들어가면 그 떡 자체는 없어진다. 떡은 없어지지만 그 떡이 소화되고 흡수되어 궁극적으로는 우리의 피와 살을 만들고 에너지를 만들게 된다. 우리는 그것으로 살아가는 것이다. 이와 마찬가지로 우리가 말씀을 먹으면 그 말씀이 어떤 일을 하는 것이 아니다. 그 말씀이 내 생각이 되고 내 감정이 되어서 그 말씀대로 믿어지고 말하고 그 말씀대로 행동하는 것이다. 그럴 때 우리는 우리가 믿은 대로의 현실을 창조하는 것이며, 그 창조한 현실 안에서 살아가게 되는 것이다.

떡을 소화시키지 않은 채 계속 먹는다면 어떻게 되겠는가? 살 수 있겠는가? 위장과 장이 정상적으로 작동하지 않아 배만 나오고, 결국 위장이 파열되어 죽을 것이다. 이와 마찬가지로 우리가 말씀은 먹지만, 그 말씀대로 생각하고 느끼고, 말하고 행동하지 않으면 어떻게 되겠는가? 말씀에 대한 자기 생각만 많아지면 어떻게 되겠는가? 모순만 커지게 될 것이다. 예수님께서 말씀하신 것처럼 새 포도주를 낡은 가죽부대에 넣는 꼴이 되는 것이다. 가죽부대도 찢어지고 포도주도 버리게 되는 것이다. 또한 로마서 7장의 사도 바울처럼 될 것이다. 떡을 먹으면 그 떡이 분해되어 에너지가 되는 것처럼, 우리가 말씀을 먹었으면 우리의 몸은 그 말씀대로 이루어져야 한다. 그런데 우리는 말씀을 먹기만 한다. 소화시키고 흡수시키는 것이 무엇인지를 알지 못하는 것이다.

말씀을 소화하고 흡수시킨다는 것은 말씀에 대한 내 생각이 아니라 하나님의 말씀을 말씀대로 생각하고 느끼고 말하는 것이다. 이것을 일상에 어떻게 적용해야 할까? 우리의 신념체계를 변화시키기 위해서 성경이 말하고 있는 진리를 말씀대로 말할 수 있도록 7가지 말씀 알약을 만들었다. 우리는 매일 그리스도 의식 가운데서 7가지 알약(말씀)을 먹고 소화시킴으로써 말씀이 심중에 기록되도록 해야 한다.

✔ 그리스도 의식으로 말씀을 먹고 소화시키기 위한 7가지 알약

나는 예수 그리스도 안에서

(1) 지금 여기에서 하나님의 생명과 사랑을 누립니다.

(2) 무한하신 하나님의 지혜와 능력을 누립니다.

(3) 항상 기뻐하고 범사에 감사합니다.

(4) 말할 수 없는 은혜와 긍휼을 누립니다.

(5) 말씀대로 말함으로 언제나 주의 뜻을 이룹니다.

(6) 늘 신성한 강건함과 자유를 누립니다.

(7) 차고 넘치는 부요와 형통을 누립니다.

이 약은 이 말씀대로 이루어지도록 하기 위해서 먹는 것이 아니라 이미 이루어진 것에 감사하며 먹는 것이다. 심은 대로 거두기 위해서이다. 이 알약은 하루에 다섯 번 복용해야 한다. 가장 중요한 복용의 때

는 잠재의식이 표면의식 위로 올라오는 '밤에 잠자리에 들 때'와 '새벽에 눈을 떴을 때' 두 번, 그리고 육의 양식을 먹기 전 영의 양식을 먹기 위해 아침, 점심, 저녁식사 직전 이렇게 세 번이다.

밤에 무슨 생각을 하고 잠을 청하느냐가 잠자는 시간 동안 누구와 어디에서 지내는지를 결정하게 된다. 그리고 아침에 의식이 깨어날 때 이 알약부터 먼저 먹어야 한다. 그런데 의식이 깨어나자마자 먼저 오늘 해야 할 일에 대한 생각들 그리고 그에 따른 감정을 가지게 되면 이 약을 먹어도 별로 효과가 없고, 그날을 '하나님의 하루'로 살아가기가 힘들다. 의식이 깨어날 때 제일 먼저 해야 할 일이 바로 이 7가지 알약을 심중에 기록하는 것이다. 시간의 아침은 세상으로부터 오지만, 마음의 아침은 하나님의 나라(통치)로부터 오기 때문이다. 시간의 아침을 뉴스나 걱정으로 밝히기 전에 심중의 아침을 생명의 말씀으로 밝혀야 한다. 만약 효과를 보지 못한다면 복용량을 늘려보라. 그리고 이 알약을 어떤 의식으로 어디에 기록하는지를 점검해보라. 그리스도 의식을 가지지 않은 상태에서 머리에 기록하는 것은 아무리 많이 복용해도 효과를 보지 못할 것이다.

[시 143:8] 아침에 나로 하여금 주의 인자한 말씀을 듣게 하소서 내가 주를 의뢰함이니이다 내가 다닐 길을 알게 하소서 내가 내 영혼을 주께 드림이니이다

복용 방법은 자신의 입술로 7가지 내용을 천천히 말하고, 그 말한 것을 자신의 귀로 듣고, 들은 대로 이루어진 것을 자신의 심중에 기록하는 것이다. 자신의 심중에 기록할 때는 자신이 그렇게 된 것을 상상

하고 느끼며 심어야 한다. 그렇게 된 것을 느낀다는 것은 체험되었다는 것을 의미한다. 단지 바라는 마음으로 심는다면 그것은 아무 효과가 없을 것이다.

사고체계를 새롭게 하기

우리의 사고체계는 신념체계에 영향을 받게 된다. 신념체계가 눈이라면 사고체계는 마치 선글라스와 같다. 우리가 어떤 색의 선글라스를 끼느냐에 따라 우리는 다른 세계를 보게 된다. 우리는 부모로부터, 가정으로부터, 친구와 학교로부터 무의도적, 무의식적으로 받아들인 신념체계에 기초하여 자아를 형성하고, 그 위에 사고체계를 만들어 왔다. 이제 우리가 거듭났다면 그리스도 의식 아래 새로워진 신념체계에 기초하여 새로운 사고체계를 만들어야 한다. 그것은 세상적 사고체계(secular mentality/mindset)가 아니라 하나님나라의 사고체계(kingdom mentality/mindset)이다.

킹덤 멘탈리티가 특별하고 새로운 사고방식을 의미하는 것은 아니다. 예수 그리스도 안에서 성령을 통하여 하나님 통치의 관점으로 나와 세상을 보는 사고방식이다. 이것은 기존의 죄사함으로 인한 '구원받은 인간'의 관점이 아니라 의인이 되어 '하나님 자녀'의 관점으로 세상을 대하는 사고방식이다. 이것은 한마디로 '그리스도의 영(새생명)에 의해 새롭게 형성된 신념체계'에 기초한 사고체계로 세상을 새롭게 보는 방식을 말한다. 우리의 사고방식이 성령님에 의해 바뀌어질 때(by changing the way you think, 롬 12:2) 비로소 그리스도께서 보시는 방식대로 나와 세상을 보게 될 것이고, 내 경험과 지식에 기초한 생각과 감정이 얼마나 잘못되었는지를 분별할 수 있게 될 것이다.

[골 3:9-10] 너희가 서로 거짓말을 하지 말라 옛 사람과 그 행위를 벗어 버리고 새 사람을 입었으니 이는 자기를 창조하신 이의 형상을 따라 지식에까지 새롭게 하심을 입은 자니라

[롬 12:2] 너희는 이 세대를 본받지 말고 오직 마음을 새롭게 함으로 변화를 받아 하나님의 선하시고 기뻐하시고 온전하신 뜻이 무엇인지 분별하도록 하라

그렇다면 킹덤 멘탈리티는 어떤 사고방식이며 어떻게 알 수 있을까? 첫째, 예수님의 삶을 통해서 깨달을 수 있고, 둘째로 사도들의 증거와 그들의 사고방식과 삶을 통해서, 그리고 셋째, 내 안에 계신 성령님에 의해 말씀이 풀어질 때 배우고 체험할 수 있다.

■1 하나님나라 사고체계의 틀

(1) 생명적 관점 : 하나님나라 사고체계는 내 생명이 아니라 예수의 생명 안에서 자신과 세상을 바라보는 것이다

우리는 더 이상 자신이 삶의 주체가 되어 자신이 하나님을 위해서 무엇인가를 행하는 삶을 살지 말아야 한다. 내 안에 계신 그분께서 그의 일을 행하시도록 해야 한다. 킹덤 멘탈리티는 "내가 하나님을 위해서 무엇을 할 수 있을지 증명하는 사고방식이 아니라 내 안에 계신 그분께서 나를 통해서 무엇을 하실까?"라는 사고방식이다. 이 일을 위해서

는 예수님과 제자들이 성령충만함을 받은 것처럼, 우리도 성령충만함을 받아야 한다. 성령충만함을 받지 못할 때는 자신의 힘으로 그분을 위해서 살 수밖에 없다. 그러나 성령충만함을 받을 때는 우리의 삶이 아니라 그분의 삶을 살 수 있다.

(2) 시간적 관점 : 타락 후에서 타락 전을 바라보는 삶이 아니라 타락 전에서 타락 후를 바라보는 사고방식이다

우리가 현재 인식하고 경험하는 모든 피조세계는 타락 후의 것들이다. 우리가 인식하는 모든 사고체계도 타락 후 세상 신에 의해서 주어진 사고방식이다. 그러나 생각해보라. 우리가 죄사함을 받고 율법으로부터 자유로워졌다면, 거짓자아의 삶이 죽고 그리스도의 삶을 산다면, 우리는 타락 전으로 돌아간 것이다. 우리는 더 이상 타락한 세상으로부터 교회로 도피하거나 하늘나라를 바라보는 피안의 사고방식을 가져서는 안 된다. 예수님처럼 타락 전의 사고방식으로 타락된 이 세상을 볼 줄 알아야 한다.

(3) 차원적 관점 : 땅에서 하늘을 바라보는 것이 아니라 하나님나라에서 피조세계를 바라보는 사고방식이다

예수님은 우리의 죄를 사하시기 위해 십자가에 못 박히시고, 부활하신 후 하늘로 올라가셨다. 그분은 지금 하나님 우편에도 계시고 우리 안에도 계신다. 부활하신 예수님은 하나님나라에서 영이요 생명인 말씀이 우리를 통하여 하늘(보이지 않는 세계)에서 이루어진 것처럼 땅(보이는 세계)에서도 이루어지기를 간절히 소망하신다. 우리가 그리스도의 영 안에 있을 때는 우리의 관점도 보이는 물질세계에서 하나님나라를

바라보는 것이 아니라, 하나님나라에서 현실 세계(보이는 세계와 보이지 않는 세계를 포함)를 바라볼 수 있게 된다.38

이 땅에 주의 뜻을 이루기 위해서 하나님의 영 안에 거하는 혼이 하나님나라의 사고방식을 가지라는 뜻이다. 땅의 것을 생각하는 자는 땅을 변화시킬 수 없다. 오직 하늘의 것을 생각하는 자만이 땅의 것을 바꿀 수 있다. 이 관점은 우리로 하여금 이 세상의 시간(chronos)에 묶여 있는 삶으로부터 해방시켜준다. 우리가 살고 있는 물리세계는 시간이라는 축상에서 공간과 물질로 이루어져 있다. 우리가 어떤 생각을 하든지, 또는 어떤 일을 하든지, 우리는 시간이라는 변수에서 벗어날 수 없다. 모든 것이 시간과 공간 속에서 인과법칙으로 이루어지기 때문이다. 그러나 하나님이 통치하시는 보이지 않는 세계(비물질세계)는 시간이라는 변수를 초월한 곳이다. 다른 말로 표현하면 하나님의 때(kairos)에 "뜻이 하늘에서 이루어진 것같이 땅에서도 이루어지이다"라고 말할 수 있다. 하나님의 역사는 시간 속에서 일어나는 것 같지만 사실은 하나님의 때에 영이요 생명인 말씀이 보이지 않는 비물질세계를 통하여 보이는 물질세계에 나타나는 것일 뿐이다.

> [히 11:3] 믿음으로 모든 세계가 하나님의 말씀으로 지어진 줄을 우리가 아나니 보이는 것은 나타난 것으로 말미암아 된 것이 아니니라

하나님의 은혜에 대해서도 생각해보라. 우리는 늘 더 열심히 신앙생

---

38 현실세계라고 할 때 우리는 단지 이 땅의 보이는 형상세계만을 생각한다. 그러나 하나님나라의 관점에서 볼 때 하나님께서는 하늘과 땅이라고 지칭한 보이지 않는 세계와 보이는 세계 모두를 창조하신 것이다. 따라서 현실세계는 두 차원 모두를 포함하는 세계이다.

활을 하면(더 기도하고, 더 말씀 읽고, 더 헌신하고, 더 거룩해지면) 하나님께서 은혜를 베푸실 것이라고 믿는다. 이러한 사고방식은 "지금은 아니지만 언젠가는 이루어질 것이라는" 크로노스 시간의 축상에서 생각하는 것이다. 그러나 하나님의 은혜는 시간의 변수에 의해서 일어나는 것이 아니라, 하나님의 임재에 따른 보이지 않는 세계와 보이는 세계의 차원의 변수에 의해서 일어나는 것이다.

(4) 상황대처의 관점 : 어려운 상황 속에 있을 때 주의 뜻을 이루고자 하는 사고방식이다

우리는 어려운 문제와 상황에 직면하면 하나님의 도우심으로 그 상황과 처지로부터 벗어나고자 한다. 그럴 때 우리는 두 가지 잘못을 범하게 된다. 첫째, 그 내용물에 묶이게 된다. 즉 해결하기 위해 생각하거나 생각하지 않으려고 하는 시도 모두 그 내용물에 묶여 있는 것이다. 생각하지 않으려고 하는 것도 생각하지 않는 것을 생각하는 것일 뿐이다. 둘째, 그리스도 안에서 하나님의 뜻을 구하기보다는 그 상황에서 벗어나기 위해 하나님을 이용하고자 한다. 그러나 우리가 하나님 안에 거한다면 그 상황과 처지에 있는 것도 하나님께서 허용하신 것임을 알아야 한다(하나님의 허용하심과 인도하심, 인간의 자유의지와 하나님의 주권을 구분할 줄 알아야 한다). 따라서 우리는 하나님의 도우심으로 그것으로부터 벗어나려는 모든 노력을 경주하는 것이 아니라 그 상황에서도 먼저 그의 나라로 들어가야 한다. 그리고 그 나라 안에서 하나님의 의를 이루는 데 초점을 두어야 한다.

그것을 위해서는 문제를 하나님께 드리기보다는 그 문제를 붙들고 있는 자신을 먼저 하나님께 드려야 한다. 그리고 하나님 안에서 그 문

제를 보아야 한다. 이를 위해서 '무엇을 어떻게 해야 하는가'의 관점이 아니라 '내가 누구인가'를 통해서 거짓자아에서 벗어나는 것이다. 그럴 때 문제는 더 이상 나의 문제가 아니라 하나님의 문제가 된다. 따라서 환난 가운데서도 기뻐해야 한다. 왜냐하면 그리스도 안에서 주의 뜻을 이룰 수 있는 또 하나의 기회가 주어졌기 때문이다.

[약 1:2-4] 내 형제들아 너희가 여러 가지 시험을 당하거든 온전히 기쁘게 여기라 이는 너희 믿음의 시련이 인내를 만들어 내는 줄 너희가 앎이라 인내를 온전히 이루라 이는 너희로 온전하고 구비하여 조금도 부족함이 없게 하려 함이라

❷ 하나님나라 사고체계에 기초한 관점들

그리스도 의식 안에서 자신의 신념체계를 새롭게 한 다음 이 사고방식들을 보면, 하나님나라의 삶을 어떻게 보고 어떻게 살아야 할지에 대한 새로운 개념을 가지게 될 것이다.

✔ 일반적 사고방식에 대해서 39

나에게 왜곡된 사고방식이 있는가?
과장 : 작은 일을 침소봉대하여 말하는 것
주관화 : 모든 것을 내 입장에서 바라보는 것
양극화 : 흑백논리로 보는 것
선택적 추출법 : 나무만 보고 숲 전체를 보지 못하는 것
지나친 일반화 : 역사는 항상 반복된다는 식의 사고방식
감정적인 추론 : 자신의 감정에 따라 사실 여부를 판단하는 사고방식

39 일반적 사고방식은 《우리가 진리라고 믿고 있는 거짓말들》(크리스 터만, 나침판)의 내용을 참고했다.

자기자신에 대한 왜곡된 사고방식들
나는 완전해야 한다
나는 모든 사람의 사랑과 인정을 받아야 한다
문제에 직면하는 것보다 회피하는 것이 낫다
일이 내 뜻대로 되지 않으면 나는 결코 행복할 수 없다
나의 불행은 다른 사람의 잘못 때문이다

세속적인 사고방식
내가 원하는 것은 모두 가질 수 있고, 가져야 한다
나의 업적이 나의 가치를 나타낸다
인생은 편하게 살아야 한다
인생은 공평해야 한다
원하는 것이 있을 때는 기다리지 말아야 한다
인간은 근본적으로 선하다
나를 나타내기 위해서는 약간의 거짓말도 필요하다
나에게 모든 것은 희지 않으면 검다. 중간은 있을 수 없다
과거의 경험이 미래를 결정한다

종교적으로 왜곡된 사고방식
하나님의 사랑은 노력으로 얻어낼 수 있다
하나님은 죄와 죄인을 미워하신다
나는 하나님의 자녀이기 때문에 아픔과 고난을 당하지 않게 하실 것이다
나의 모든 문제는 내 죄 때문에 일어난 것이다
다른 사람의 모든 필요를 채워주어야 하는 것이 내 임무다
훌륭한 그리스도인은 분노, 우울, 걱정과 같은 것을 느끼지 않아야 한다
내가 영적으로 강하지 않으면 하나님께서는 나를 사용할 수 없다

현실적이고 성경적인 사고방식
실수하는 것은 인간적인 것이다
내가 모든 사람을 만족시킬 수는 없다
나는 나이가 들어가고 결국에 죽을 것이다
우리는 각자 독특하며 서로 다르다
갈등을 자초할 필요는 없지만 그 가운데 유익도 있다
어느 누구도 어떤 사람이라고 꼬리표를 달고 태어나지는 않는다
아픔이 없으면 얻는 것도 없다
인생은 어렵다
한 번에 한 가지씩 처리한다
심은 대로 거둔다
먹구름 뒤에는 태양이 빛난다
생각해보면 감사할 것이 많이 있다

✔ 자신의 정체성과 삶에 대한 관점들

거짓자아(나)	새로운 자아(그리스도 안에 있는 나)
정체성	
하나님과 분리된 독립적 존재(겉사람) 죄인이 의인이 되려고 하는 삶 하나님의 종(하나님을 사랑해야 하는 존재) 예수님의 제자 해방되어야 할 귀한 존재 영적 경험을 하는 육적 존재 사랑받기 위해 태어난 존재 시민권(땅) 세상에 대해서 교회 대사적 삶	그리스도 안에 새로운 피조물(속사람) 의인이 주의 뜻을 이루려는 삶 하나님의 자녀(하나님이 사랑하는 존재) 예수님의 가족(신부) 하나님의 섭리를 완성해 나가야 할 존재 새로운 육체를 경험하는 영적 존재 사랑 주기 위해 거듭난 존재 시민권(하늘) 세상에 대해서 천국 대사적 삶
사는 목적과 방법	
자신의 행복과 성공을 위해 살아감 자기능력의 극대화 추구 모든 일에 최선을 다함 성취와 성과가 목적 목적을 달성하는 삶 현재를 포기하며 희생하는 삶 행위적 삶	하나님을 나타내기 위해 살아감 하나님의 능력의 극대화 추구 하나님의 때에 하나님께서 시키신 일에 집중 하나님의 사랑을 더 나타냄이 목적 목적이 수단이 되는 삶 지금 이 순간 현재를 누리는 삶 존재적 삶
마음의 작용과 판단방식	
뇌기억과 잠재의식 내 프로그램으로 판단 (제한된) 동일시와 심리적 시간과 상상 하나님으로부터 벗어나 '내가'가 출발점 육의 생각 죄의식에 기초한 두려움에 기초한 자신의 행위에 기초한 미움과 분노에 기초한 분리에 기초한	하나님의 지식과 지혜로 판단 마음을 새롭게 함으로 지금 이 순간 있는 그대로 하나님 안에서 '그리스도'가 출발점 영의 생각 하나님의 의 의식에 기초한 하나님의 사랑에 기초한 하나님의 은혜에 기초한 용서에 기초한 연합에 기초한
에너지	
자신의 육과 혼의 에너지로	하나님의 생명 에너지로

✔ 신앙생활에 대한 관점들 40

기존의 관점	킹덤 멘탈리티의 관점
세계관	
헬라적 세계관 (영적 세계가 실재이며, 영적 생활만이 중요하다) 땅에서 하늘나라로 죽음 후의 천국 수동적-패배적-종말론적 세계관 41	히브리적 세계관 (물질과 영적 세계 모두 실재이며, 서로 영향 을 미친다) 하늘나라에서 땅으로 현재의 하나님나라 전쟁적-종말론적 세계관
성화의 과정	
기록된 말씀을 지켜 행하는 삶 율법을 지키는 삶 예수 그리스도를 닮아가는 삶 구원은 이 세상으로부터 탈출하는 것 십자가를 바라보는 삶 하나님 능력을 주시옵소서 거룩하기 위해서 삶을 변화시킴 칭의를 이루기 위해 헌신하는 삶 형통과 축복을 누리는 삶 율법에 기초한 나의 삶 죄는 율법 준수의 실패 율법을 지키지 않으면 벌 기도는 나를 위한 것임 나의 필요(문제) 중심의 삶(기도) 하나님을 개입시키기 원함 예수님은 그리스도인의 주	그리스도 안에서 진리의 말씀이 삶 속에 풀어지는 삶 새언약을 이루는 삶 예수 그리스도가 나타나는 삶 구원은 이 세상에 하나님나라를 가져오는 것 보좌에서 이 세상을 바라보는 삶 주신 능력을 제대로 사용하게 하옵소서 거룩하기 때문에 변화된 삶을 살아감 칭의에 점차 익숙해지는 삶 하나님의 뜻을 이루는 삶 은혜와 진리에 기초한 주님의 삶 죄는 하나님과의 관계에서의 실패 율법의 저주에서 자유함 기도는 하나님을 위한 것임 하나님 목적 중심의 삶(기도) 하나님의 뜻에 동참하기 원함 예수님은 모든 민족의 주

40 이 표는 《기름부으심이 넘치는 치유와 권능》(두란노)에서 수정 인용하였다.

41 종말론적 세계관은 성경의 말씀대로 세상이 종말을 향해 가고 있기 때문에 세상의 문제들을 해결하려고 시도하는 것은 쓸데없는 것이며, 최후의 심판으로 역사가 끝나기 전에 하나님의 영원한 구원의 구명정(예를 들면 교회)으로 들어가 사는 것이 제일이라고 생각하는 관점이다.

교회의 본질	
뿌리(전통)를 찾는 교회 공관복음적 성도의 양육 삼위일체 하나님을 믿는 교회 땅에서 하늘을 바라보는 교회 제사장적 교회 교세를 확장하는 교회 세상의 문화를 배격하는 교회	비전(계시)을 추구하는 교회 사도행전적 성도의 양육 삼위일체 하나님을 경험하는 교회 하늘에서 땅을 바라보는 교회 선지자적 교회 하나님나라를 확장하는 교회 세상의 문화를 이끌어가는 교회
교회의 임무	
교회에서의 양육과 세움 양의 들판은 교회 그리스도인의 활동 영역은 교회 (교회적 삶) 세상을 떠나 교회로 (세상은 피해야 할 장소) 제사장의 회복(성직자) 성도가 죄로부터 벗어나기를 원함 예수님의 능력과 권한을 교회 영역으로 제한	양육된 성도를 세상 속으로 양의 들판은 세상 그리스도인의 활동 영역은 세상 (세상적 삶) 교회를 떠나 세상으로 (세상은 정복해야 할 장소) 왕 같은 제사장의 회복(평신도) 성도가 하나님의 의를 나타내기를 원함 예수님의 능력과 권한은 만물 안에 있음
축복과 은혜	
언젠가 이루어질 것으로(미래) 시간적 차원(물리적 세계에서) 우리의 신분과 이름으로 우리의 믿음으로	지금 여기에(현재) 통치적 차원(영적 세계에서 물리적 세계로) 예수 그리스도의 이름으로 예수 그리스도 안에 있는 믿음으로

결론

신앙생활에 있어 가장 중요한 것은 그리스도 안에서 말씀을 먹음으로 우리가 그리스도처럼 살아가는 것이다.

[요일 2:5-6] 누구든지 그의 말씀을 지키는 자는 하나님의 사랑이 참으로 그

속에서 온전하게 되었나니 이로써 우리가 그의 안에 있는 줄을 아노라 그의 안에 산다고 하는 자는 그가 행하시는 대로 자기도 행할지니라

그러나 말씀이 우리의 심중에 기록되지 않고 말씀을 마음으로만 받아들인다면, 하나님에 대한 지식과 정보는 가질 수 있을지언정 우리의 존재와 삶이 변화되지는 않는다. 따라서 말씀으로 우리 심중의 신념체계를 변화시키려면 우선 우리의 혼이 몸의 종노릇에서 벗어나 하나님의 영 안에 거해야 하며, 그 결과로 새로운 그리스도 의식을 가져야 한다. 그럴 때 생명의 말씀대로 생각하고 느낌으로써 우리의 심중의 신념체계는 새로워질 것이고, 그에 따라 새로운 사고체계를 가지게 될 것이다. 세상 신의 통치를 받는 세상에서 새로운 사고체계를 가지는 것은 거의 불가능하다. 왜냐하면 살면서 관계하는 가족, 집단, 조직, 단체, 사회 모두가 세상 신의 직간접적인 영향 아래 있기 때문이다. 실제로 하나님과 관계하는 우리의 신앙생활도 세상 신이 만든 포로수용소에서 이루어지고 있다 해도 과언이 아니다. 그러나 우리가 성령님의 인도함을 받아 하나님나라의 관점에서 성경의 말씀을 볼 때 과거의 사고체계가 온전치 않다는 것을 점차적으로 알게 된다.

우리는 킹덤빌더로서 말씀에 따라 하나님나라의 사고방식으로 세상을 보고 경험함으로써 세상의 사고체계로부터 자유함을 얻어야 한다. 그것은 단지 기도할 때와 사역할 때뿐만 아니라 삶의 모든 영역에서 우리의 사고체계를 새롭게 해야 한다. 그럴 때 우리가 하나님나라의 삶을 살게 될 뿐만 아니라 현실세계에서 하나님의 통치권을 회복시킬 수 있다.

[갈 5:25] 만일 우리가 성령으로 살면 또한 성령으로 행할지니(Since we are living by the Spirit, let us follow the Spirit's leading in every part of our lives, NLT)

PART 4

그리스도 안에서
살아가기

: 세상에 하나님을 나타내기

3부에서는 임재호흡을 통해 그리스도 안에서 하나님과 생명적으로 연결되고 새로운 의식으로 하나님나라 복음에 기초한 신념체계와 사고체계를 세워가는 것에 대해 알아 보았다. 그것은 우리의 혼이 하나님의 생명 안에 거할 때 비로소 생명의 말씀을 보는 주체가 바뀌고, 그 결과로 말씀이 우리 심중에 기록되고, 그에 따라 마음이 새롭게 되어지는 것이다.

4부에서는 자신의 삶터와 일터에서 하나님의 영광을 나타내는 일상영성으로 살아가기 위한 실제적인 훈련에 대해서 알아보고자 한다. 그것은 세상을 대하는 우리 몸의 행동양식을 변화시키는 것이고, 거짓자아의 죄의식으로부터 온 죄와 거룩에 대한 강박적 사고 및 심중에 기록되어 있는 상처와 쓴뿌리를 제거하는 것이다. 그렇게 함으로써 내적 소명을 체험하고 외적 소명을 이루어가는 새로운 방식의 삶을 소개하고자 한다.

13

세상을 대하는
행동양식을
새롭게 하라

우리는 3부 11장에서 혼이 하나님의 영 안에 거할 때, 즉 그리스도의 현존의식을 가질 때 새로운 의식의 세 가지 측면에 대해서 알아보았으며, 그러한 의식은 믿음의 대상이 아니라 존재의식이 되어야 한다고 말했다.

사랑(생명)의식 : 더 이상 죄책감과 두려움이 없는 의식이다. 하나님의 생명 안에 거하는 의식이며, 그 생명을 나누고자 하는 의식이다.
온전(있음)의식 : 더 이상 결핍감과 불안감이 없는 의식이다. 욕구와 탐욕이 없는 상태이며, 내 존재가 온전하며 모든 것이 내 안에 있다는 것을 아는 의식이다.
갈망(창조)의식 : 하나님의 본질, 성품을 나타내고자 하는 의식이다. 피조세계의 모든 형상에 그분의 신성과 능력이 드러나도록 하고, 그분께 영광을 올려드리고자 하는 의식이다.

하나님의 영 안에 거하는 혼이 사랑, 온전, 갈망의식을 가짐으로써 하나님의 영이요 생명인 말씀이 마침내 우리의 심중에 거하게 되고, 그 결과로 우리 몸이 하나님의 말씀을 경험하게 된다. 말씀을 단순히 먹는 것을 넘어, 소화시키고 흡수하기 위해서는 하나님의 말씀을 말씀대로 생각하고 느끼고 말할 줄 알아야 한다. 일상생활에 쉽게 적용할 수 있는 예시로, 매일 7가지 알약을 먹는 방법에 대해 지난 12장에 소개하였다. 매일 7가지 알약을 꾸준하게 복용할 때 우리의 심중에는 하나님 나라 복음에 기초한 새로운 신념체계가 만들어질 것이다. 그리고 이러한 신념체계에 기초하여 자연스럽게 새로운 사고체계가 형성되어진다. 이제 자신의 몸을 통하여 하나님의 의를 나타내는 자는 세 가지 새로운 행동양식(태도)을 나타내며 세상이나 다른 사람과 관계할 줄 알아야 한다. 이러한 태도는 각자의 영역에서 하나님을 나타내는 킹덤빌더의 특징이 될 것이고, 그 영역에 있는 많은 사람들에게 비전을 통한 개혁(innovation), 깨어남에 따른 통합(integration), 능력을 통한 영향력(influence)을 주게 된다.

마음이 세상을 접할 때 가지는 세 가지 행동양식

그리스도 의식의 세 가지 측면에 기초한 신념체계와 가치체계의 변화로 나타나는 행동양식은 다음과 같다.

(1) 하나님의 사랑에 기초한 허용함과 하나됨이다.
(2) 하나님의 온전하심에 기초한 즐거움과 풍성함이다.
(3) 하나님의 창조성에 기초한 열정과 지혜이다.

이 새로운 세 가지 행동양식은 일과 관계에서 나타나는 킹덤빌더의 특성이 된다. 우리가 하나님을 통하여 이 땅에 나타내는 열매(개혁, 통합, 영향력)는 바로 이 세 가지 행동양식에 의해서 결정된다고 볼 수 있으며, 또한 우리 자신의 매일의 삶은 이 세 가지 행동양식에 의해서 평가 및 개선되어야 한다. 만약 우리가 일과 관계 속에서 이 행동양식에 기초한 말, 태도, 행동을 보이지 않는다면 예수 그리스도 밖에 있는 것이며, 그것은 보이지 않는 세계를 통하여 보이는 세계에 빛 대신에 어두움을 주고, 그 결과로 우리 자신도 고통을 받고 있는 것이다(마 6:22-23).

일과 만남에서 허용함과 하나됨을 추구하게 된다

사랑은 하나님 생명의 본질이다. 우리의 몸이 하나님의 사랑을 경험할 때, 우리는 이 사랑에 기초해서 행동하게 된다. 그것은 허용함과 하나됨의 행동양식으로 나타난다. '허용한다'는 것은 무엇이든 내 생각과 감정으로 판단하고 구별하고 제한하는 것이 아니라, 있는 그대로 받아들이고자 한다는 것이다. 내 경험과 지식에 기초한 판단 없이 말하고 행동한다는 것이 수동적이고 열정이 없어 보인다고 생각할지도 모르지만, 오히려 실상은 그와 반대로 더 적극적이고 창조적이다. 그 이유는 판단하지 않음으로써 자유함을 누리게 되고, 그때 하나님의 지혜와 능력이 임하는 것을 경험할 수 있기 때문이다. 생각해보라. 대부분의 새로운 창조적 아이디어와 영감은 자신의 경험과 지식으로부터 벗어난 상태일 때 주어진다.

'하나됨'이란 모든 형상을 분리시키고 비교하여 우월을 가리는 것이 아니라 모든 것이 예수 그리스도 안에 통합되는 것이다. 하나됨으로 인하여 그 만남이나 모임 가운데 하나님의 경륜과 온전하심이 더 나타나는 것이다. 예를 들면, 대부분의 경우 어떤 일을 행할 때 목적 달성에만 초점을 둔다. 그렇게 되면, 누가 무엇을 어떻게 했느냐로 판단받게 되고, '우리-서로-함께'는 사라지게 된다. 그럴 때 우리 가운데 하나님의 나타나심은 사라지게 되고, 경쟁, 비교, 투쟁만이 남게 된다. 그러나 하나됨을 추구하면 각자의 은사들이 풀어짐으로써 우리의 능력 이상의 탁월함, 즉 집단 천재성이 풀어지게 되고, 그 결과로 하나님의 임재와 역사를 보게 된다.

[롬 8:28] 우리가 알거니와 하나님을 사랑하는 자 곧 그의 뜻대로 부르심을 입은 자들에게는 모든 것이 합력하여 선을 이루느니라

지금까지 당신이 해온 행동양식을 생각해보라.
(1) 당신은 분리와 비교, 이원성에 기초한 판단을 하고 있는가? 아니면 허용함에 기초하여 분별하고 있는가?
(2) 어떤 일이나 관계함에 있어 자신의 우월함을 나타내고자 하는가? 아니면 하나됨으로 하나님의 온전함을 더 드러내고자 하는가?

[마 5:48] 그러므로 하늘에 계신 너희 아버지의 온전하심과 같이 너희도 온전하라

[엡 4:3] 평안의 매는 줄로 성령이 하나 되게 하신 것을 힘써 지키라

일을 행할 때 즐거움과 풍성함을 누리는 것이다
거짓자아는 목적을 달성하지 못하면 즐거움과 풍성함이란 없다는

사고방식에 사로잡혀 있다. 어떤 목적을 달성함으로써 누리고자 하는 즐거움은 육체가 소망하는 것이며, 그것은 일시적이고 상대적인 것일 뿐이다. 그 방식의 삶은 또 다른 즐거움을 추구해야 하는 목마름을 줄 뿐이다. 그러나 진정한 즐거움과 풍성함은 우리가 행하는 일로부터 주어지는 것이 아니다. 만약 그렇게 되면, 우리는 우리에게 즐거움과 풍성함을 주는 일만 찾게 될 것이고, 그 일이 우리에게 즐거움과 풍성함을 주기를 기대하게 된다. 하지만 우리가 어떤 목적을 가지고 행하는 일이 지속적인 즐거움과 풍성함을 주는 경우는 결코 없다. 그런데 안타깝게도 대부분의 사람이 일 속에서 즐거움과 풍성함을 찾기 때문에 끝없는 고통과 좌절 속에서, 그리고 계속되는 결핍과 부족 속에서 살아가게 되는 것이다.

우리가 가장 즐겁고 풍성함을 느끼는 때는 하나님께서 이 보이는 물질세계에 우리의 몸을 통하여 나타내는 때이다. 왜냐하면 우리는 그것을 위해서 지음 받았기 때문이다. 어떤 목적을 달성함으로써 즐거움과 풍성함을 누리는 것이 아니라 내 안에 계신 주님께서 이미 그리스도 안에서 이루어진 것을 나를 통해 나타내시기 때문에, 지금 이 순간 여기에서 하는 일 자체를 즐거워하고 만족감을 누리는 것이다. 그것이 그리스도 안에서 살아가고 있다는 증거이다.

거짓자아가 살아가는 데 필요하다고 느끼는 것을 세상은 결코 줄 수 없다. 이것을 하루라도 빨리 깨달아야 한다. 우리의 행위가 목적을 이루기 위한 수단이 아니라 하나님께서 이 세상의 물질, 대상, 사건, 상황을 통해서 자신을 나타내는 통로가 될 때 그 행위 자체가 바로 우리가 살아있음을 느끼게 한다. 즐거움과 풍성함은 행위를 통한 하나님의 나타나심이고, 내 존재의 살아있음의 표현이다. 지금 이 순간에 주를 나타냄으로 즐거움과 풍성함을 누리는 것이다. 그렇게 살 때 무엇을 해야 하는지, 내가 누구인지가 더 이상 중요하지 않게 된다.

환경과 자기 마음의 변화를 기다리거나 추구하는 것이 아니라, 어떤 일을 함에 있어 하나님의 온전하심이 나타나기 때문에 우리 마음이 즐겁고 풍성함을 누리는 것이다. 그것은 미래에 얻게 되는 것이 아니라 이미 주어진 것을 지금 나타내는 것임으로 현재적이다. 우리가 이런 삶을 살기 위해서는 목표가 있다 해도 관심의 초점은 지금 이 순간에 하고 있는 일에 머물러야 한다. 그렇지 않으면 하나님의 뜻을 이루는 데서 벗어나게 된다.

또한 우리가 그렇게 살기 위해서는 자신의 비전이나 목적이 거짓자아의 나타냄, 욕구, 소유와 관련되어 있지 않은지를 확인해야 한다. 우리는 이 하나님나라의 삶을 누가복음 15장에서 볼 수 있다. 돌아온 탕자의 경우 다시 모든 것이 회복되었고, 이로써 아버지의 잔치에 참여하는 즐거움이 있었다. 내가 무엇을 하기 때문에 즐겁고 기쁘다고 생각하는 것은 거짓자아에 속고 있는 것이다. 어떤 마음의 상태도 나의 행위나 관계에 따라 주어지는 것이 아니다. 하나님의 생명의 온전함으로부터 이미 주어진 것이다. 문제는 그것을 알고 누리느냐, 아니면 누리지 못하느냐에 달려 있을 뿐이다. 우리가 즐거워하는 것은 외부적인 행위가 아니라 그 행위 속으로 흘러 들어가는 하나님의 생명 때문이다. 우리의 영혼이 생각과 감정과 행동을 통해서 하나님을 나타낼 때 체험하는 그분의 생명을 통하여 살아있음을 느끼는 것이다. 다시 말하지만, 진정한 즐거움은 내 행위에 따른 하나님의 생명의 흐름을 경험하는 살아있음의 표현이다.

살아있음에 대한 즐거움과 풍성함을 누리는 것은 하나님 자녀의 본성이다. 이것을 누리는 사람들이 많아질 때 이 세상에 그의 나라와 의가 더 확장되는 것이다. 즐거움과 풍성함은 결코 물질적 축복과 소유에 있지 않으며, 하나님의 생명만이 줄 수 있는 것을 누릴 때 체험되는 것이다. 생각해보라. 침대는 살 수 있어도 잠은 살 수 없다. 돈으로 사람을 살 수 있어도 그 사람의 마음은 살 수 없다. 좋은 집은 구할 수 있어도 행복한 가정은 살 수 없다. 거짓자아가 주체가 되어 어떤 목적을 가지고 내가 이루어야 할 무엇으로 행하지 말고, 목적은 두되 하나님께서 이루셔야 할 것을 생각하고 지금 하는 일에 생명의 흐름을 통한 즐거움과 풍성함으로 일해보라.

지금까지 해온 행동양식을 묵상해보라.

(1) 당신이 살아가면서 즐거울 때와 그렇지 않은 때가 언제인지, 무엇 때문인지 확인해보라.

(2) 당신이 하기 싫고, 지루해하고, 억지로 해야 하는 일들의 목록을 만들어보라.

(3) 그리고 그것들을 하나님께서 나타나시는 방식으로 새롭게 보고 행해보라.

갈망의식에 기초하여 행하는 일에 열정과 지혜가 나타난다

하나님의 생명을 나타내고자 하는 갈망은 실제 행동에 있어 열정과 지혜로 나타날 것이다. 열정은 하나님을 나타내고자 하는 열망이며, 지혜는 하나님의 때에 하나님께서 시키시는 일을 어떻게 해야 하는지 아는 것이다. 열정과 지혜는 함께해야 한다. 이것은 마치 자동차의 엔

진과 운전대와 같다. 둘 중 하나만 있다면 자동차는 목적지를 향해서 갈 수 없다.

한국어로 열정은 한 단어이지만, 영어에는 다음 두 단어가 있다. 'passion'은 외부적인 고난이나 고통 등을 참아내며 내면의 끈기나 의지를 가진다는 의미에서의 열정이라는 뜻이다. 이 단어는 라틴어 'pati'(고통, 인내)라는 어원에서 유래되었다. 우리가 잘 아는 '환자'라는 영어 단어 'patient'는 "병으로부터 괴로움을 참고 견디는 사람", "고난을 인내하는 사람"으로 이 라틴어에서 파생된 단어이다. 'enthusiasm'은 in(en) + God(thos)의 합성어로, 신이 누군가의 안쪽에, 마음에 영감을 주는 상태, 하나님 안에서 주어지는 열망, 즉 하나님을 나타내고 싶어 하는 열정을 의미한다.

따라서 하나님 안에서 주어지는 열정은 passion이 아니라 enthusiasm이다. 하나님나라로 침노한 자는 아버지의 집에서 다시 세상으로 파송받아야 한다. 그 결과로 세상에 하나님의 영광이 침투해 들어오는 것이다. 강력한 창조의 물결이 형상과 일들 속으로 흘러들어오는 것이다. 갈망의식에 기초한 열정과 지혜는 하나님으로부터 위임받은 통치권의 현현(manifestation)이다. 그것을 통하여 자신의 외부적 소명을 알게 되고, 그 일에 대한 비전을 가지고 목적을 세워 그 일을 하게 된다. 하나님의 에너지를 공급받고 주님께서 그 목적을 이루시도록 매일의 삶에서 하나님께서 주시는 열정과 지혜로 주어진 일을 행하는 것이다.

지혜(wisdom)는 두 가지 의미를 포함하는 단어이다. 첫째, 의미는 사람, 사물, 사건, 상황을 하나님의 관점에서 분별할 수 있는 능력이고, 둘째, 그렇게 함으로써 자신의 마음을 하나님의 뜻에 일치시킴으로써 하나님의 때에 하나님의 뜻대로 행할 수 있는 능력이다. 그렇기 때문에 성경에서는 지혜와 능력(계 5:12), 지혜와 영광(계 7:12), 지혜와 지식(골 2:3), 지혜와 총명(골 1:9) 등과 같이 함께 사용된다.

[잠 9:10] 여호와를 경외하는 것이 지혜의 근본이요 거룩하신 자를 아는 것이 명철이니라

[잠 4:7-8] 지혜가 제일이니 지혜를 얻으라 네가 얻은 모든 것을 가지고 명철 (good judgment)을 얻을지니라 그를 높이라 그리하면 그가 너를 높이 들리라 만일 그를 품으면 그가 너를 영화롭게 하리라

결국, 지혜의 두 가지 측면은 하나님께 자신을 맡길 때 주어지는 것이다. 따라서 어떤 일을 어떻게 해야 하나님께서 기뻐하실까에 초점을 두기 전에, 먼저 하나님 안에 거해야 하며, 성령과 말씀의 인도함을 받아야 한다. 그리고 하나님의 능력으로 그분의 시간에 그분의 일을 행하는 것이다.

자신의 몸이 하나님의 통치를 경험하고(성령체험을 하고), 하나님께서 자신의 생각과 감정을 통하여 나타나시는 것을 알게 된 자가, 이제 하나님께서 비전을 이루기 위해서 찾아오신 결과로서 완전히 새로운 삶의 방식으로 목적을 향해서 나아가는 것이다. 그것은 과거의 거짓자아가 목적을 달성하고자 하는 삶과는 완전히 다르다. 목적을 이루기 위해서 현재를 포기하고 스트레스(긴장, 분노, 불안 등) 받으며 열심히 일하는 것은 진정한 열정과 아무런 상관이 없다. 사실 이것이 모든 질병의 근원이 된다. 지금 하는 일을 하고 싶어 하기보다 목표에 도달하기

만을 더 원할 때 우리는 스트레스를 받게 된다. 존재와 행위가 조화를 이루지 못하기 때문이다. 하나님을 나타내고자 하는 갈망보다 거짓자아의 욕망이 더 큰 것이다. 열정은 하나님의 창조역사에 쓰임 받고자 하는 갈망으로부터 나온 것이고, 욕망은 거짓자아가 자신의 결핍을 채우고자 하는 거짓자아의 심리적 강박으로부터 나온 것이다.

> [벧전 2:11] 사랑하는 자들아 거류민과 나그네 같은 너희를 권하노니 영혼을 거슬러 싸우는 육체의 정욕을 제어하라

하나님께서 주시는 열정과 지혜는 내가 하고 싶은 일을 행할 때 가지는 열정과 지혜와 차원적으로 다르다. 설령 내가 싫어하는 일이라 할지라도 하나님께서 내게 맡기신 일이라면 하나님을 나타내는 갈망의식으로 일할 수 있다. 그럴 때 하나님의 열정과 지혜가 나타나게 되는 것이다. 열정은 성령의 능력 안에서 최선을 다해 주님을 나타내는 것이다.

> [골 1:29] 이를 위하여 나도 내 속에서 능력으로 역사하시는 이의 역사를 따라 힘을 다하여 수고하노라

하나님으로부터 오는 열정과 지혜가 있을 때는 자신 안에 역사하시는 주님께서 행하신다는 것을 알기 때문에 힘이 들지 않으며, 다른 사람의 반대에도 개의치 않게 된다. 오히려 하나님으로부터 오는 기쁨과 감사가 넘친다. 이에 반해, 거짓자아로부터 나오는 욕망은 다른 사람을 이용하거나 조종하거나 누군가로부터 빼앗으려 한다. 그러나 하나

님으로부터 주어지는 열정과 지혜는 하나님의 풍성함을 나누는 것이고, 분열을 일으키는 것이 아니라 하나됨을 추구하고, 반대하는 자에 대해서도 적대시하거나 공격하지 않는다. 열정과 지혜는 적을 친구로 만든다.

우리 삶의 주된 목적은 하나님의 영광을 이 땅에 나타내는 것이다. 우리 존재의 변화와 그에 따른 행동양식을 통하여 모든 형상과 일과 사건에 하나님의 통치가 이루어지도록 하는 것이다. 사실 하나님께서 인정해주시는 성공은 이러한 삶을 살아가는 자로부터 나온다. 당장은 아니지만 꾸준히 주어진 일에 대해서 이렇게 살아온 사람에게는 그들의 일에 놀라운 창조성과 탁월함이 나타나게 된다. 위대한 창작물은 대부분 그렇게 만들어진다. 그 존재와 행위가 하나가 되는 상태가 될 때 '내가'라는 거짓자아는 없어지고, 하나님으로부터 흘러나오는 열정과 지혜와 능력이 나타나는 것이다.

지금까지 해온 행동양식을 묵상해보라.

(1) 내 결핍과 부족을 채우기 위해서 열정적으로 목적을 달성하고자 하는가? 아니면 온 세상에 하나님의 영광을 드러내고자 하는 갈망 때문에 지금 하는 일에 열정이 넘치는가?

(2) 지금 하는 일에 당신 능력 이상의 것, 즉 하나님의 지혜와 탁월함이 나타나는가? 아니면 당신이 최선을 다하는 것뿐인가?

거짓자아가 만든 가짜 열정인 욕망을 통해서 일하면 일할수록 하나님의 창조적 에너지가 사라지게 된다. 그러나 하나님의 비전(목적)을 이루어가는 일은 하나님의 나타나심으로 이루어지는 것이기 때문에, 열정을 가질수록 힘이 생기고, 영감을 통해 주의 지혜로 행하게 된다.

결론

우리의 혼이 하나님의 영 안에 거하고 매일 성령의 인도함을 받으면, 존재적-내부적 변화에 따른 결과로 행동적-외부적 변화가 뒤따르게 된다. 그것이 바로 새로운 행동양식(태도)이다. 이 새로운 행동양식은 다음 세 가지 특징을 지닌다.

(1) 모든 것을 자기 방식대로 해석하고 판단하고자 하는 것이 아니라 있는 그대로 허용하고 하나되고자 한다.

(2) 어떤 목적을 달성함으로써 얻고자 하는 즐거움과 풍성함이 아니라 이미 주어진 즐거움과 풍성함을 나타내고자 한다.

(3) 어떤 일을 행함에 있어서 자신의 의지와 경험에 기초한 열심과 노력이 아니라 자신의 내면 깊은 곳에서부터 하나님께로부터 주어지는 생명 에너지에 의해서 열정적이 되며, 탁월한 지혜가 나타나게 된다.

우리는 매일 삶의 요소(일, 만남, 시간, 재정, 건강)와 생활 요소(가정, 직장, 교회, 문화)와 관계하면서 내적으로는 도덕성, 탁월성, 신뢰성을 훈련하게 되고, 외적으로는 새로운 행동양식으로 이 세상에 개혁, 통합, 영향력을 나타내고 있다. 이 삶이 바로 하나님을 나타내는 삶이고, 하나님을 영화롭게 하는 삶이다. 우리가 이 삶을 살기 위해서는 매일 자신의 삶을 이 세 가지 행동양식을 기초로 평가하고 개선할 필요가 있다. 그렇지만 어떤 부분이 부족하다고 해서 '앞으로 이런 마음을 가지고 이렇게 행동해야지'라고 결심한다면 그것은 아무것도 아니다. 행동양식의 변화는 새로운 의식에 따른 신념체계와 가치체계의 변화의 결과이지, 결코 거짓자아의 결단으로 변화시킬 수 없다는 것을 알아야 한다. 그렇지 않으면, 늘 결단-헌신-우울이라는 악순환에 빠질 것이다. 행동양식에 문제가 있다면, - 곧바로 행동양식을 변화시키려고 하는 것이 아니라 - 우리는 다시 그리스도 의식으로 들어가 우리의 심중에 하나님의 말씀을 새롭게 심어야 한다.

영성은 하나님나라의 습관이다. 습관은 기도함으로 하루아침에 바뀌는 것이 아니다. 우리의 존재가 변화되었지만, 우리의 혼과 몸이 구습으로부터 벗어나기 위해서, 삶의 모든 부분에 새로운 습관이 점진적으로 만들어져야 한다. 그것을 위해 가장 좋은 방법은 매일 자신의 삶을 기록하고 평가·개선하는 것이다. 우리는 자신의 모습을 스스로 보지 못한다. 거울을 통해서야 자신을 볼 수 있다. 마찬가지로, 우리는 자기 내면의 모습을 스스로 보지 못하기 때문에 자신의 삶을 기록함으로써 비로소 자신의 내면을 있는 그대로 볼 수 있게 된다.[42]

---

42 '기록하는 삶'에 대해서 더 구체적으로 알기 원하면 《킹덤빌더 라이프스타일》(규장) 159-184쪽을 참고하라.

14

죄와 거룩에 대한
강박적 사고에서
벗어나라

우리가 살고 있는 이 시대는 노아의 때와 롯의 때처럼 점점 더 죄가 만연해가는 세상이 되어가고 있기 때문에, 이러한 흐름 속에서 죄를 안 짓고 거룩하게 살아가기란 부담을 넘어 강박감으로 다가오고 있다. 그래서 오늘날 특히 그리스도 안에서 신실하게 살아가기 원하는 많은 그리스도인들 중에 죄와 거룩에 대한 강박적 사고로 힘들어하고 있는 분들을 어렵지 않게 만날 수 있다. 이 문제의 해답의 실마리를 얻기 위해서는 먼저 다음의 사실을 깨달아야 한다. 우리가 이 세상에서 하나님 자녀로 살아가는 것은 죄를 안 짓기 위해서 살아가는 것이 아니라 하나님의 의를 나타내기 위해서 살아간다는 사실이다. 물론 우리의 몸은 의도적이든 그렇지 않든 죄를 짓고 넘어지기도 하지만, 그럼에도 불구하고 우리는 언제나 다시 그리스도 안으로 들어가 우리의 몸이 하나님을 경험하고, 그 몸을 통해서 하나님을 나타내는 삶을 살아야 한다. 그것이 바로 믿음의 선한 싸움이고, 죄 가운데서 자유하는 길이다. 그렇다면, 영성의 걸림돌이라고 할 수 있는 죄 죽이기와 속세에 물들지 않는 거룩한 삶 살기(추구)를 하나님나라 복음적 영성에서는 어떻게 이해해야 할까?

[살전 5:23] 평강의 하나님이 친히 너희를 온전히 거룩하게 하시고 또 너희

의 온 영과 혼과 몸이 우리 주 예수 그리스도께서 강림하실 때에 흠 없게 보전되기를 원하노라

거짓자아가 주체인, 육체에 속한 그리스도인의 영성생활의 2대 강령은 '죄 죽이기'와 '거룩한 삶 살기'이다. 두 가지를 이루기 위해서 전심을 다하지만, 결국은 거기서 헤어나지 못할 뿐만 아니라 다른 사람들에게도 선한 영향력을 미치지 못하는 것이 현실이다. 예수님을 믿기만 한다고 해서 남보다 도덕적으로 윤리적으로 항상 더 뛰어난 삶을 살아갈 수 있는가? 그렇지 않다. 내 혼이 하나님의 영에 사로잡힐 때만 그러한 삶을 살아갈 수 있을 뿐, 하나님과의 생명적 관계가 끊어져 내 혼이 몸의 종노릇을 하게 되면 믿지 않는 자들과 동일한 삶을 살아가게 된다. 경우에 따라서는 세상 사람들보다 더 못한 삶을 살아가기도 한다. 왜냐하면 거짓자아로 그렇지 않게 살려고 애쓰면 애쓸수록 그 억압으로 인해 쌓인 부정적 스트레스 에너지가 폭발해 더 큰 문제가 생기기도 하기 때문이다. 우리는 성령님의 도움 없이는 믿지 않는 자보다 더 나은 삶을 살 수 없는, 오직 하나님의 은혜로 살아가는 자일 뿐이다.

왜 자꾸 죄를 짓게 되는가?

우리가 구원을 받았다고 해서 우리의 몸이 죄의 영향력에서 완전히 벗어난 것이 아니기 때문이다. 성령님께서 우리의 영을 새롭게 하심으로써 죄를 이길 수 있는 능력이 주어졌기에, 우리는 성령님을 의지함으로써 그 능력을 통해 날마다 지속적으로 죄를 이겨나가는 삶을 살아

야 한다. 따라서 우리는 다른 사람의 삶을 함부로 판단하지 말아야 하며, 하나님과 사람 앞에서 절대적으로 겸손해야 한다.43 왜냐하면 그리스도 안에서 성별된 존재이긴 하지만 우리의 몸으로는 세상 사람들처럼 여전히 죄를 짓는 삶을 살고 있기 때문이다.

세상 신이 통치하는 이 세상에서 하나님을 믿지만 하나님의 생명과 연결되어 있지 않은 자의 가장 큰 관심사는 죄와 욕구(욕망)의 문제를 해결하는 것이다. 그 삶을 사는 자에게는 늘 죄책감과 두려움이 따라다닌다. 그리고 결핍과 부족감에 시달리고 자신의 존재가 없어진다고 생각하는 죽음을 두려워한다. 더욱이 죽고 난 다음에 정말 천국에 갈 수 있을까에 대한 불안과 의구심을 가지기 마련이다. 왜냐하면 구원은 받았지만 거짓자아가 주체인 이상 늘 죄를 짓고 살기 때문이다.

예수님께서는 재림하실 때 모두가 구원받기를 원하시기 때문에, 하나님의 자녀들이 자신 안에 있는 하나님나라에서 이 땅으로 얼마나 하나님의 의와 영광을 드러내는지에 관심을 두신다. 그 말은 우리를 구원하시고 우리 안에 오셨기 때문에 우리를 통해서 당신의 의를 드러내기를 원하신다는 것이다. 따라서 혼이 하나님의 영 안에 거하는 자의 삶은 예수님의 혼인 잔치에 참여할 수 있을까 없을까에 대한 의심이 아니라(죄와 거룩에 대한 강박감에서 벗어나) 당연한 천국 소망을 가지고 매일 그리스도 안에서 좀 더 하나님의 의를 나타내는데에 초점이 있다.

당신은 하나님의 자녀인가? 아니면 하나님의 자녀인 것을 믿는 자인가? 예수 그리스도를 믿어 성령으로 거듭났다면 당신은 지금 하나님

---

43 겸손은 스스로 자신을 낮추는 것이 아니다. 그리스도인으로서의 겸손은 내가 행하고 이루는 일 모두가 하나님으로부터 나온 것임을 알 때 주어지는 자연스러운 태도이다.

의 자녀이다. 당신이 이 진리를 체험했다면, 전통적인 신앙생활의 목표인 '죄 죽이기'와 '거룩함의 추구'라는 신율법적, 비복음적 사고방식에서 벗어나야 한다. 죄 죽이기와 거룩함의 추구가 잘못되었다는 것이 아니라, 그 행위의 주체와 방법이 바뀌어야 한다는 것이다.

우리는 예수 그리스도를 믿음으로 옛사람이 죽고 새사람이 되었다. 즉, 죄사함을 받고 하나님의 영이 임하심으로써 우리가 예수 그리스도 안에 새로운 피조물이 되었다는 것이다. 그 말은 우리 안에 더 이상 옛 본성, 죄성은 존재하지 않는다는 뜻이다. 그럼에도 불구하고 자유의지를 가진 혼의 선택에 따라 우리는 과거와 동일하게 자신의 생각과 감정에 묶인 삶을 살 수도 있고, 아니면 자기를 부인하고 자기 십자가를 짊으로써 하나님의 영 안에 거하는 삶을 살 수도 있다. 성경은 전자를 겉사람이라고 부르고, 후자를 속사람이라고 부른다. 따라서 우리는 새사람이 되었지만, 늘 우리 안에서는 겉사람(거짓자아로 살아가고자 하는 사람)과 속사람(그리스도 안에서 새로운 자아로 자신의 몸을 죽이고 하나님의 뜻을 이루고자 하는 사람)이 싸우고 있는 것이다. 우리가 성령님의 통치를 경험할 때마다 속사람이 겉사람을 뚫고 나오는 삶, 즉 세상에 하나님을 나타내는 삶을 살아갈 수 있으며, 이것을 성령충만한 삶이라고 부른다.

[고후 4:16] 그러므로 우리가 낙심하지 아니하노니 우리의 겉사람은 낡아지나 우리의 속사람은 날로 새로워지도다

[엡 3:16] 그의 영광의 풍성함을 따라 그의 성령으로 말미암아 너희 속사람을 능력으로 강건하게 하시오며

죄 죽이기의 강박적 사고에서 벗어나라

우리는 예수님의 십자가 대속을 통해 죄사함을 받았음으로 더 이상 죄를 짓지 말아야 한다고 생각한다. 그것은 수치심, 두려움, 죄책감에 기초한 거짓자아의 부정적 인간론에 기인한 것이다. 그렇게 되면 죄를 짓지 않도록 늘 경계해야 하고, 무엇을 하지 말아야 하는가에만 관심을 가지게 된다. 그리고 죄를 지을 때마다 자신을 정죄하고 판단하게 된다. 사실 신앙생활의 대부분이 죄를 짓지 않음으로 하나님 보시기에 거룩한 삶을 사는 데 초점을 두고 있다. 혼이 죄를 지을 때 그 주체는 거짓자아(겉사람)이다. 그러나 자신의 본질이 그리스도 안에 있는 새로운 자아(속사람)라는 사실을 안다면, 자신은 결코 죄를 지을 수 없는 존재임을 알아야 한다. 하나님의 영과 합하여 한 영이 된 속사람이 어떻게 죄를 지을 수 있겠는가?

[요일 3:9] 하나님께로부터 난 자마다 죄를 짓지 아니하나니 이는 하나님의 씨가 그의 속에 거함이요 그도 범죄하지 못하는 것은 하나님께로부터 났음이라

또한 바울은 자신의 삶을 통해서 이 진리를 절실하게 깨닫고 그것을 로마서에 기록했다.

[롬 7:25] 우리 주 예수 그리스도로 말미암아 하나님께 감사하리로다 그런즉 내 자신이 마음(헬, 누스)으로는 하나님의 법을 육신(혼과 몸으로는)으로는 죄의 법을 섬기노라

[롬 8:1] 그러므로 이제 그리스도 예수 안에 있는 자에게는 결코 정죄함이 없나니

[롬 8:13] 너희가 육신(혼과 몸으로)대로 살면 반드시 죽을 것이로되 영(성령으로, 혹은 하나님의 영에 연합한 자로서, 예수 그리스도 안에서 새로운 피조물로서, 하나님의 의로서)으로써 몸의 행실을 죽이면 살리니

죄란 무엇을 의미하는가?

사도 바울이 체험한 진리를 우리도 체험하기 위해 죄 그 자체에 대해서 알아보도록 하겠다. 죄는 헬라어로 '하마르티아'이며, "과녁에서 벗어나다"라는 뜻을 가지고 있다. 죄의 본질(죄성)은 하나님과 분리되고자 하는 본성적 성향이다. 우리가 죄를 지을 수밖에 없는 것은 우리가 하나님과 분리되어 스스로 존재하고자 하기 때문이다. 우리가 나쁜 짓을 했다는 것은 죄의 결과(열매)일 뿐이다. 우리가 하나님나라의 복음 안에 있다면, 이제는 죄에 대해서 새로운 개념을 가져야 한다. 즉, 죄의 결과로 말하는 것이 아니라 죄의 본질(뿌리)을 볼 줄 알아야 한다. 거짓 자아는 태생적으로 죄를 지을 수밖에 없는 존재이다. 그러나 그리스도 안에 새로운 자아를 가진 자는 죄를 지을 수 없을 뿐만 아니라 죄의 본질인 죄성이 없다. 따라서 새로운 피조물이 된 자는 내가 스스로 '죄를 지었다', '나쁜 짓을 했다', '율법을 어겼다'라는 생각을 가지지 말아야 한다. '내 육신이 죄의 법을 섬기고 있구나'라고 받아들여야 한다.

[롬 7:25] 그런즉 내 자신이 마음(헬, 누스)으로는 하나님의 법을 육신(혼과 몸

으로는)으로는 죄의 법을 섬기노라

    내가 죄를 지을 수 없는 새로운 피조물이라는 정체성을 깨닫지 못한다면, 자신의 마음으로는 하나님의 법이 무엇인지를 알고 어떻게 살아야 하는지 알지만, 실제로 육신으로는 여전히 죄를 짓는 삶을 살 수밖에 없다. 그 말은 내 본질은 죄를 지을 수 없지만, 내 혼이 하나님의 영에 속하지 않을 때는 여전히 거짓자아가 주체인 삶을 살게 됨으로 죄를 짓게 된다는 것이다. 핵심은 내 혼이 예수 그리스도 안에 있음으로 하나님과 연합되어 있는 상태인지, 내 혼이 생각과 감정에 묶여 하나님과 분리된 상태로 있는지 보아야 한다는 것이다.

    하나님의 자녀로서 온전한 신앙생활은 말씀을 기준으로 죄를 짓지 않는 것에 있는 것이 아니라, 예수 그리스도 안에서 죄사함을 받는 것에 있다. 우리가 이 땅에서 육신으로 살 때는(혼이 몸의 종노릇을 할 때는) 언제라도 죄를 지을 수 있다. 다른 말로 하나님의 영 안에 있는 자아는 죄를 지을 수 없지만, 육신으로 사는 동안에는 여전히 죄를 짓는 삶을 살 수밖에 없다는 것이다(새사람이 되었지만 여전히 속사람과 겉사람이 서로 싸우고 있는 것이다). 따라서 구원을 이루어가는 삶의 핵심은 우리의 육신이 죄를 지을 때마다 우리가 다시 예수 그리스도 안에서 혼이 몸의 종노릇하는 데서 벗어나 하나님의 영 안에 거함으로써 죄사함을 받는 것이고, 다시 내 몸이 하나님의 통치를 받음으로써 그분의 의를 나타내는 것이 내 삶의 전부가 되는 것이다.

[롬 8:10-11] 또 그리스도께서 너희 안에 계시면 몸은 죄로 말미암아 죽은 것이나 영은 의로 말미암아 살아있는 것이니라 예수를 죽은 자 가운데서 살리

신 이의 영이 너희 안에 거하시면 그리스도 예수를 죽은 자 가운데서 살리신 이가 너희 안에 거하시는 그의 영으로 말미암아 너희 죽을 몸도 살리시리라

우리는 더 이상 거짓자아로 죄를 짓지 않으려고 노력하는 존재가 아니라 예수 그리스도로 인하여 죄에 대해서 죽음으로써 새로운 존재가 된 것이다. 그런데 새로운 존재가 어찌 다시 거짓자아로 살아가겠는가? 여전히 거짓자아(겉사람)로 죄를 짓지 않으려고 노력하는 것이 아니라 죄에 대해서 죽은 존재(속사람)로 살아야 한다. 그런데 우리는 예수 그리스도 안에 있음으로 죄에 대해서 죽기보다는, 내가 예수 그리스도를 믿음으로(거짓자아로) 죄 짓지 않으려고 노력함으로써 스스로 의롭게 살기를 원하는 것이다.

[롬 6:1-2] 그런즉 우리가 무슨 말을 하리요 은혜를 더하게 하려고 죄에 거하겠느냐 그럴 수 없느니라 죄에 대하여 죽은 우리가 어찌 그 가운데 더 살리요

구약에 있어서 율법은 하나님의 생명이 없는 자에게 죄가 무엇인지를 알려주는 몽학선생이었다. 따라서 구약에 속한 자에게는 죄의 본성에 영향을 받는 거짓자아가 죄를 짓는지 짓지 않는지가 중요했다. 그러나 새언약에 있어서 율법의 마침과 완성이 되신 예수 그리스도 안에 있는 자, 즉 하나님의 생명 안에 있는 자에게는 죄를 짓는가 짓지 않는가의 문제보다 더 우선시되는 것은 그리스도 안에 있는가 그렇지 않는가이다. 즉 하나님과의 분리된 상태인가 아닌가, 그리스도 안에 있음으로 하나님과 하나된 상태인가의 문제이다. 행위에 대한 것이 아니라 주체와 존재에 대한 것이다. 이것은 내가 예수 그리스도 안에 있다는 것

을 믿느냐의 문제가 아니라 실재적으로 예수 그리스도 안에 거하는가 그렇지 않는가에 대한 것이다. 그런데 우리는 구원받고 새로운 존재가 되었음에도 불구하고 자신의 진정한 존재가 무엇인지 알지 못하고, 여전히 동일한 거짓자아로 단지 하나님의 자녀가 되었음을 믿으며44 죄를 짓지 않고 거룩한 삶을 살고자 한다면, 그것은 하나님과 분리된 존재로 스스로 하나님과 동등됨을 취하는 것이나 다를 바 없다.

지금 우리는 내가 말씀을 듣고, 그것을 믿음으로 스스로 죄를 짓지 않고 거룩하고자 한다. 왜냐하면, 그렇지 못하면 하나님의 은혜를 누릴 수 없다고 믿고 있기 때문이다. 대부분의 그리스도인들은 이 믿음에 사로잡혀 시달리고 있다. 그러나 우리가 예수 그리스도 안에 있는 존재라는 것을 안다면 우리가 해야 할 일은 하나님의 의를 나타내는 데 초점을 두어야 하며, 설령 다시 육신으로 돌아가 죄를 지었다 할지라도 또다시 예수 그리스도 안에 거함으로 죄사함을 받는 믿음으로 살아야 한다.

[롬 8:1] 그러므로 이제 그리스도 예수 안에 있는 자에게는 결코 정죄함이 없나니

거룩함의 추구에 대한 강박감에서 벗어나라

거룩의 히브리어인 명사 코데쉬와 형용사 카도쉬의 어원적인 의미는

---

44 우리가 하나님의 자녀가 되었다는 것을 믿으면, 그 결과로 하나님 자녀가 되어야 하며 하나님의 자녀처럼 살아야 한다. 그런데 우리는 믿음의 결과에 따른 자신의 존재적 변화 없이 여전히 거짓자아가 주체가 되어 믿기만 한다. 그것은 인식의 변화이지 결코 새로운 의식으로 변화된 것이 아니다.

자름(cut), 분리(separate), 다름(different), 구별이며, "따로 떼어놓아, 다른 것과 다른 특별한 것"을 가리킬 때 사용된다. 일반적인 성(聖)과 속(俗), 이원론적으로 거룩을 이해하면, 우리는 하나님과의 관계의 문제를 구조의 문제로 착각하게 된다. 즉, 하나님과의 생명적 하나됨으로 인한 불신자들과 구별되는 관계적 거룩함보다는(다른 말로 하나님과의 관계로 인한 거룩함보다는) 모든 대상을 성과 속으로 구분하여 교회는 거룩한 곳, 세상은 타락한 곳, 성직자는 거룩한 자, 평신도는 속된 자, 성경책을 거룩한 책, 전공 서적은 타락한 책 등으로 나누는 식의 구조적 거룩함을 가진다.

하나님의 생명이 없는 백성들과 맺은 구약으로 볼 때 거룩한 것은, 하나님의 임재와 현현이 있는 곳이다. 예를 들면, 떨기나무(출 3:5), 시내산(출 19:23), 언약궤가 머무는 곳(대하 8:11), 벧엘과 호렙(창 28:17 ; 왕상 19:8), 예루살렘성(사 48:2, 52:1-2), 성전 등이다. 또한 하나님에 의해서 구별된 시간인 안식일, 안식년 등이다. 또한 제사의식과 관련된 모든 물건도 포함된다. 그렇다면 새언약에서의 거룩함은 무엇인가? 하나님이 계신 곳이 거룩한 곳이며, 하나님의 손길이 닿은 곳이 거룩해지는 것이다. 그렇다면 지금 하나님께서 어디에 계시는가? 제단-장막-성전에 계시던 하나님께서 마침내 예수 그리스도를 통하여 우리 안에 계시지 않는가?

[고전 6:19-20] 너희 몸은 너희가 하나님께로부터 받은 바 너희 가운데 계신 성령의 전인 줄을 알지 못하느냐 너희는 너희 자신의 것이 아니라 값으로 산 것이 되었으니 그런즉 너희 몸으로 하나님께 영광을 돌리라

[벧전 1:15-16] 오직 너희를 부르신 거룩한 이처럼 너희도 모든 행실에 거룩한 자가 되라 기록되었으되 내가 거룩하니 너희도 거룩할지어다 하셨느니라

결국, 복음은 우리가 하나님의 생명 안에 거하는 존재가 되고, 우리의 몸이 하나님을 경험함으로써 하나님을 나타내는 존재로 살 수 있다는 좋은 소식 아닌가? 거룩은 내가 경험하는 대상들을 성과 속으로 분리하는 것이 아니라, 내가 구원 전의 타락한 존재로부터 진정한 하나님의 자녀로 분리되고 성별된 것이다. 거룩의 핵심은 우리가 육체에 속한 존재에서 영적인 새로운 존재가 되는 것이며, 하나님의 영과 하나된 존재로 우리의 몸이 하나님을 경험하고 그 몸을 통하여 주님이 나타나실 때 이 땅에서 거룩한 존재로 빚어지는 것이다.

[벧후 1:4] 이로써 그 보배롭고 지극히 큰 약속을 우리에게 주사 이 약속으로 말미암아 너희가 정욕 때문에 세상에서 썩어질 것을 피하여 신성한 성품에 참여하는 자가 되게 하려 하셨느니라

실제적으로 우리를 변화시키는 핵심은 무엇인가?

죄짓지 말고 살아야 하는가? 물론이다. 그렇지만 죄를 안 지으려고 애쓴다고 죄를 짓지 않게 되는가? 죄를 지을 때마다 그 죄 때문에 자신을 정죄하거나, 죄를 안 지으려고 애쓰는 것이 아니라, 나도 모르는 사이에 거짓자아로 살고 있었다는 사실을 깨달아야 한다. 즉 혼이 하나님의 영의 통치가 아닌 마귀의 통치를 받고 있다는 것을 깨달아야 한

다는 것이다. 우리가 예수 그리스도를 믿으면 내 안에 있는 세상과 죄의 정욕이 사라지는가? 그렇지 않다. 우리의 혼과 몸은 여전히 과거의 죄악된 구습 가운데 있으며, 마귀는 우는 사자처럼 틈을 노리고 들어와 우리로 하여금 다시 죄를 짓게 한다.

다시 한번 강조하면 죄를 안 지으려고 애쓰면 애쓸수록 죄에 빠지게 된다. 왜냐하면 어떤 일에 대한 우리의 생각과 감정이 결국 우리 자신을 만들기 때문이다(잠 23:7). 이것은 죄를 짓는 것에 탐닉하거나, 반대로 죄를 짓지 않으려고 저항하거나 마찬가지이다. 우리가 죄를 짓지 않으려고 애쓸수록 죄에 대해서 더 생각하게 한다. '나는 죄를 짓고 싶지 않아'라고 생각했다고 가정해보자. 그러나 실제 우리의 심중(heart)에 심는 것은 무엇인가? 죄이다.[45] 거짓자아가 스스로 거룩해지려고 하면 할수록 죄에 기반을 둔 삶을 살 수밖에 없다. 삶의 모든 것이 죄를 기준으로 돌아간다. '이것이 죄일까 아닐까?', '죄를 지으면 안 되는데, 어떻게 하면 죄짓지 않을 수 있을까?' 등과 같은 생각들이 머리에 가득차게 된다. 오늘날 뇌과학이 밝혀낸 인간의 두뇌의 특징 중 하나가 무엇인지 아는가? 인간의 뇌는 부정의 개념을 이해하지 못한다는 것이다. 이 말은 무슨 뜻인가? "지각하지 마"와 "시간 맞춰 와"는 언뜻 보기에 같은 의미인 것처럼 보이지만, 전자의 경우 뇌는 "하지 마"라는 부정의 개념을 쏙 빼놓고 '지각'이라는 단어에 대한 부정적 이미지만 그린다. 하지만 후자의 경우에는 '시간을 맞추다'라는 긍정적 이미지를 그리게 된다는 것이다. 이처럼 우리는 심은 대로 거둘 수밖에 없다.

---

45 죄를 생각하지 않고, '죄를 짓고 싶지 않아'를 생각할 수는 없다. 결국, 자신의 심중에 죄를 심는 것이다. "주님! 이 질병으로부터 벗어나게 해주세요"라고 기도하지만, 실제 자신의 심중에 심는 것은 현재의 질병이다. 주님께서 가르쳐주신 것은 "심은 대로 거두게 된다"는 것이다.

우리가 말씀대로 살기 위해서 자신의 의지로 죄를 짓지 않고 살려고 노력했던 적이 얼마나 많은가? 그래서 죄를 짓지 않았는가? 죄를 짓지 않으려고 애를 쓰면 쓸수록 얼마 동안 죄를 안 지을 수 있을지는 몰라도 결국 그 죄의 굴레에서 다시 묶여 들어간다. 죄를 짓지 않으려고 애쓰면 우리는 다시 율법으로 돌아갈 수밖에 없다. 왜냐하면 율법은 죄가 무엇인지를 알려주기 때문이다. 그렇게 되면 우리는 다시 거짓자아로 돌아가 율법을 지키고자 애쓸 수밖에 없게 되는 것이다. 그러면 우리는 다시 죄에 묶이는 삶을 살 수밖에 없다. 율법과 죄라는 악순환의 쳇바퀴 속에서 벗어나지 못하는 것이다.

[롬 7:9-11] 전에 율법을 깨닫지 못했을 때에는 내가 살았더니 계명이 이르매 죄는 살아나고 나는 죽었도다 생명에 이르게 할 그 계명이 내게 대하여 도리어 사망에 이르게 하는 것이 되었도다 죄가 기회를 타서 계명으로 말미암아 나를 속이고 그것으로 나를 죽였는지라

율법이 무엇인지 알지 못할 때는 거짓자아가 마음대로 해도 괜찮았는데, 율법이 죄가 무엇인지를 알려줌으로써 죄가 나를 지배하게 되었고, 죄의 삯은 사망으로 나는 죽은 자가 되었다. 계명은 하나님의 말씀이고 나를 살려야 하는데, 오히려 나를 죽음으로 몰아넣었다. "너, 또 죄를 지었잖아"라고 계명을 가지고 나를 속임으로써 나는 나를 정죄하게 되고, 나(거짓자아)는 구원받은 내가 누구인지를 알지 못한 채 여전히 죽음 가운데 살아가게 되는 것이다.

[고전 15:55-56] 사망아 너의 승리가 어디 있느냐 사망아 네가 쏘는 것이 어

디 있느냐 사망이 쏘는 것은 죄요 죄의 권능은 율법이라

[롬 7:14] 우리가 율법은 신령한 줄 알거니와 나는 육신에 속하여 죄 아래에 팔렸도다

내가 하나님의 영에 속한 자인지를 알지 못하고, 내 혼이 여전히 마음과 생각에 묶여 있음으로써 죄 아래 포로생활을 하고 있다.

[롬 7:5-6] 우리가 육신에 있을 때에는 율법으로 말미암는 죄의 정욕이 우리 지체 중에 역사하여 우리로 사망을 위하여 열매를 맺게 하였더니 이제는 우리가 얽매였던 것에 대하여 죽었으므로 율법에서 벗어났으니 이러므로 우리가 영의 새로운 것으로 섬길 것이요 율법 조문의 묵은 것으로 아니 할지니라

내 존재가 더 이상 육신에 속한 것이 아니라, 예수 그리스도의 죽으심에 연합함으로 그리스도 안에 있는 나로 거듭났기 때문에, 더 이상 율법 아래 있지 않고, 하나님의 생명 안에 있게 되었다. 따라서 이제는 거짓자아가 지켜야 할 율법에 얽매이지 않고, 그리스도 안에 있는 자아로서 하나님의 말씀을 이루는 삶을 살아야 한다. 우리는 지금 하나님의 자녀라 할지라도 죄악된 세상 가운데서, 그리고 마귀의 통치 아래 있는 세상에서 여전히 육신에 남아 있는 정욕으로 지금 살아가고 있다. 그러나 우리 안에 하나님나라, 즉 하나님의 통치가 임하였다. 따라서 우리의 혼이 더 이상 죄악된 세상에 대한 생각과 감정이 자신이라고 믿는 거짓자아(겉사람)에 속지 말고, 깨어나야 한다. 그리스도 안에

거해야 한다는 것이다(속사람으로 살아야 한다는 것이다).

하나님께서 우리를 구원하신 목적은 무엇인가?

우리를 거듭나게 하셔서 하나님의 자녀로 삼으신 이유가 무엇인가? 죄 안 짓도록 하기 위해서인가, 아니면 하나님의 의를 드러내도록 하기 위해서인가? 본래 인간을 창조하신 목적을 생각해보라. 그리스도 안에 있는 나는 다시금 하나님의 형상(image)을 따라 모양(likeness)대로 살아야 하지 않겠는가? 그것이 바로 하나님의 의를 나타낸다는 뜻이다.

[고후 5:21] 하나님이 죄를 알지도 못하신 이를 우리를 대신하여 죄로 삼으신 것은 우리로 하여금 그 안에서 하나님의 의가 되게 하려 하심이라

만약 내가 구원받은 후에 죄를 안 짓고 살 수 있다면, 왜 예수 그리스도 안에 거하는 삶이 필요하겠는가? 예수님께서 우리 안에 계신 이유는 우리의 타락한 혼과 몸이 짓는 죄를 사해주시기 위해서이기도 하다. 하나님께서 예수님을 통해 인간을 구원하신 이유를 알기 원한다면 복음을 다음의 관점에서 보기 바란다.

(1) 인간의 관점이 아니라 하나님의 관점에서 보아야 한다.
(2) 거짓자아의 관점이 아니라 그리스도 안에 있는 자아의 관점에서 보아야 한다. 구원을 이루어가는 것에 대해서 거짓자아는 두려움에 기초하여 판단하는 반면에 그리스도 안에 있는 자아는 하나님의 사랑에 기초하여 보게 된다.

(3) 예수 그리스도를 믿기 전까지는 죄의 관점에서, 예수 그리스도를 믿은 후에는 의의 관점에서 구원을 조명해보아야 한다. 그런데 우리는 지금까지 구원받은 후에도 구원을 이루어가는 것을 죄의 관점에서만 보아왔다.

그렇다면 거짓자아로 죄를 안 짓는 삶을 살아야 하는가? 아니면 예수 그리스도 안에서(우리의 혼이 하나님의 영 안에 거함으로써) 몸이 하나님을 경험하고, 우리의 몸을 통해서 하나님의 의를 드러내도록 하는 삶을 살아야 하는가? 그렇다면 영에서부터 하나님 생명 에너지의 흐름이 혼을 통해서 내 몸을 통해 나타나지 않는데, 어떻게 하나님의 의를 드러낼 수 있겠는가? 다른 말로 기름부으심이 없는데 어떻게 하나님의 의를 나타내는 삶을 살 수 있겠는가? 하나님의 의를 나타내려고 애쓰면 애쓸수록 진리의 영에 인도함을 받게 된다. 왜냐하면 진리의 영이 그리스도가 하신 말씀을 가르쳐주시고, 우리를 보호하시고, 인도하시기 때문이다. 그래서 우리의 죽을 몸도 살리시기 때문이다. 한마디로 죄에 대해서 알려주시는 분이 이제는 의에 대해서도 알려주시기 때문이다(요 16:8).

[요 16:8] 그가 와서 죄에 대하여, 의에 대하여, 심판에 대하여 세상을 책망하시리라

[요 16:13] 그러나 진리의 성령이 오시면 그가 너희를 모든 진리 가운데로 인도하시리니 그가 스스로 말하지 않고 오직 들은 것을 말하며 장래 일을 너희에게 알리시리라

그렇다면 어떻게 죄와 거룩에 대한 강박감에서 벗어날 수 있는가?

우리가 물과 성령으로 거듭난 후에도 자신이 누구인지를 알지 못할 때는 여전히 거짓자아로 자신의 상황과 처지에 기초해서 하나님의 말씀을 받아들이고 말한다. 그러나 우리가 예수 그리스도 안에서 새로운 피조물로서 그리스도 의식을 가질 때는 우리의 상황과 처지와 상관없이 주의 말씀대로 생각하고 느끼고 말하게 된다. 이것이 바로 마귀의 통치에서 벗어나 하나님의 통치 안으로 들어가는 비밀이다(마 4:1-11).

말씀에 대한 내 생각이 중요한 것이 아니라, 하나님의 말씀 그 자체가 중요한 것이다. 말씀이 영이고 생명이고 하나님이시기 때문이다. 우리는 하나님을 나타내는 삶을 살아야지, 내가 그 말씀을 믿는 삶을 살아서는 안 된다. 핵심은 말씀대로 생각하고 느끼고 말하는 것에 있다. 마귀는 상황과 환경을 통해서 말씀에 대한 내 생각을 가지게 하고 느끼게 하고 말하게 한다(창 3:1-6). 그럴 때 그 내용은 진리에 대한 것이지만 생명이 없는 관념적 지식이고 정보일 뿐이다. 창세기 3장에서 하와와 마귀의 대화와 마태복음 4장에서 예수님과 마귀의 대화를 생각해보라. 마귀는 하와와 예수님 모두에게 하나님 말씀에 대한 각자의 생각에 대해 질문을 던졌다. 하와는 자신의 생각을 말한 반면 예수님은 하나님의 말씀을 말씀대로 말했다. 그것이 바로 마귀의 일을 무력화시키고 하나님의 통치를 이루는 비밀이었다.

우리가 예수님께서 마귀의 시험을 무력화시킨 비밀을 알았다면, 이제는 죄와 거룩에 대한 강박감에서 벗어나 성령 안에서 의와 평강과 희락이 넘치는 삶을 위해 다음 두 가지를 깨닫고 적용해야 한다.

(1) 늘 예수 그리스도 안에서 '무엇이 내가 아닌가'를 깨닫는 것이다.

그것은 하나님의 말씀을 어떻게 받아들이는가에 대한 것이기도 하다. 우리는 다시 신성과 원복을 가진 하나님의 자녀로 영이고 생명이신 주의 말씀을 말씀대로 생각하고 말함으로써 주의 뜻을 이루는 자이다.

(2) 자신의 삶의 문제들, 즉 내용물에 빠지지 말라(속지 말라)는 것이다. 삶 가운데 어떤 상황이나 문제가 발생할지라도, 그 내용물에 빠지는 것이 아니라(즉 내용물에 대한 생각과 감정을 자신과 동일시하지 말고), 거짓자아의 생각과 감정은 진리도 아니고 실재도 아니기에 그 어떤 힘도 없으며, 나도 아니라는 사실을 깨닫고(자기를 부인하고 자기 십자가를 짊으로써) 먼저 하나님의 통치 안에 들어가야 한다는 것이다(먼저 그의 나라를 구해야 한다).

거짓자아로 말씀에 대한 나의 생각과 믿음으로 살아가면, 마귀와 그 졸개들과의 싸움에서 백전백패하게 된다. 우리는 지금까지 유혹이나 시험의 내용에 관심을 두어왔다. 그리고 그것들에 대해 어떻게 대처해야 할지에 대한 가르침을 받았다. 그렇지만 생각해보라. 아담과 하와가 말씀을 몰라서 마귀의 유혹에 넘어갔는가? 아니다. 자유의지를 가진 혼이 하나님의 영 안에서 하나님의 말씀을 말씀대로 생각하고 말하지 않았기 때문이다. 우리는 말씀 안에서 답을 찾아야 한다고 말한다. 맞는 말이다. 그러나 거짓자아로 말씀을 안다고 해서 마귀의 시험에서 이길 수 있는 것이 아니라는 것을 깨달아야 한다. 오히려 말씀을 아는 자가 시험과 유혹에 빠지기 쉽고, 무력감을 더 느끼게 된다는 것을 알아야 한다.

하나님나라의 실제적인 삶을 위해 세 가지 적용 사례

1 죄를 지었을 때 어떻게 해야 하는가?

우리는 매일 스스로 의식하지 못한 채 우리의 혼이 다시 자신의 생각과 감정의 종노릇하는 육체에 속한 삶을 살게 된다(고후 4:18). 그렇지만 우리는 믿음의 선한 싸움을 멈추지 말고 계속해야 한다. 우리가 죄를 지었을 때 어떻게 해야 하는가? 우리는 대부분 자신을 정죄하거나 지은 죄를 회개한다. 그러나 죄를 지은 존재가 누구인가? 거짓자아이다. 그렇다면 지금 자신을 정죄하고 회개하는 주체는 누구인가? 여전히 거짓자아이다. 예수 그리스도의 이름으로 자신이 지은 죄를 회개하고 용서함을 받을 수 있는 것은 예수 그리스도 안에 있는 '나'이지, 결코 거짓자아일 수는 없다는 것을 알아야 한다.

무슨 죄를 지었다 할지라도 자신을 정죄하지 말라. 그리고 지은 죄의 내용에 사로잡혀 거짓자아로 회개기도하지 말라. 지금 내 혼이 몸의 종노릇했음을 깨닫고, 먼저 자기를 부인하고 자기 십자가를 짊으로써 자신의 혼이 하나님의 영 안에 거하도록 하라. 그리고 예수 그리스도 안에 있는 자신의 존재는 죄를 지을 수 없는 존재임을 알아야 한다. 그곳에서(예수 그리스도 안에서) 자신의 몸이 지은 죄를 예수 그리스도의 이름으로 회개하고 용서를 구해야 한다. 즉 영으로써 몸의 행실을 죽이는 것이다.

[롬 8:1] 그러므로 이제 그리스도 예수 안에 있는 자에게는 결코 정죄함이 없나니

[요일 1:9] 만일 우리가 우리 죄를 자백하면 그는 미쁘시고 의로우사 우리 죄를 사하시며 우리를 모든 불의에서 깨끗하게 하실 것이요

[롬 8:13] 너희가 육신대로 살면 반드시 죽을 것이로되 영으로써 몸의 행실을 죽이면 살리니

그렇다면, 내 몸이 지은 죄에 대해서는 아무런 책임이 없다는 말인가? 그렇지 않다. 주님께서 나로 하여금 예수 그리스도 안에 살 수 있도록 은혜를 베푸셨는데도 불구하고(죄를 짓지 않고 살 수 있는 존재가 되도록 하셨는데도 불구하고) 자유의지를 가진 우리의 혼이 다시 몸의 종노릇함으로써 죄를 지은 것이다. 따라서 몸이 지은 죄에 대한 결과는 책임을 져야 한다. 그러나 그 죄는 예수 그리스도 안에서, 예수 그리스도로 인하여 사함을 받은 것이다. 그 죄에 대해서 하나님께서도 기억하지 않으신다(사 43:25).

2 문제가 생겼을 때 어떻게 해야 하는가?

마귀는 우리에게 매일 문제라고 여기는 생각과 감정을 우리 마음에 넣어준다. 그럴 때 자신이 누구인지를 모르면(우리의 혼이 하나님의 영 안에 거하는 것을 알지 못하면, 자신의 생각과 감정을 자신과 동일시하는 거짓자아로 살아가게 되면), 우리는 그 상황과 처지에 빠져든다. 즉 그 내용물에 사로잡히게 된다. 그리고 그 문제를 해결하기 위해 하나님의 말씀을 인용하고, 그 말씀대로 기도한다. 그렇지만 하나님으로부터 아무것도 얻지 못하게 된다. 예를 들면, 우리가 어떤 문제로 인하여 두려운 마음이 들어올 때, "주님, 내가 이 문제 때문에 힘들고 두렵습니다. 도와주

세요. 주님께서 두려워 말라고, 내가 너와 함께함이라 말씀하지 않으셨습니까? 도와주세요. 어떻게 해야 할지 모르겠습니다"라고 고백한다. 우리가 하나님과 교제하는 것은 늘 이런 방식이다.

그러나 이렇게 하는 것은 이미 마귀의 통치 아래 들어간 다음 하나님의 통치를 구하는 것이나 다름이 없다. 하나님께서 도와주시려고 해도 도와주실 수가 없다. 하나님께서는 하나님의 말씀에 대한 우리의 생각에 책임이 없으시고, 하나님의 말씀에만 책임을 지시기 때문이다. 우리 스스로 마귀의 통치를 선택했는데 하나님께서 어떻게 도와주실 수 있겠는가? 하나님께서 하실 수 있는 것은 "네 믿음대로 될지어다"일 수밖에 없다. 어떤 생각과 감정이라도 얼마든지 내 마음판에 생길 수 있다. 그렇지만 어떤 경우에도 그것이 내 생각과 내 감정, 나아가 내가 아니라는 사실을 알아야 한다.

우리의 혼이 하나님의 영 안에 거할 때 우리는 내 과거의 경험과 지식에 기초한 마음의 생각과 감정을 그리스도 의식 안에서 볼 수 있게 되고, 그것을 선택하는 것이 아니라 대신에 하나님의 영으로부터 나오는 말씀이나 이미 내 심중에 기록된 하나님의 말씀이 올라오는 것을 선택할 수 있다. 그럴 때 우리는 하나님의 말씀대로 생각하고 느끼고 말할 수 있게 된다. 이를 통해 우리의 몸이 하나님을 경험하게 되고, 그 말씀이 지식과 정보가 아니라 능력이 되는 것이다. 마음을 새롭게 하여 하나님의 뜻을 분별한다는 것이 바로 이것을 의미한다(롬 12:2). 부정적인 생각과 감정이 들어올 때마다, 그것은 실재도 아니고, 진리도 아니고, 힘도 없다는 것을 깨달아야 한다. 그 생각과 감정을 붙들고, 마음에 가득한 것을 말하지 말고, 먼저 그리스도 안으로 들어가라. 즉 내 혼이 하나님의 영 안에 거하고 있음을 알라. 그리고 우리의 영으로부터 나오는, 혹은 이미 심겨진 심중으로부터 나오는 하나님의 말씀을 말씀대로 생각하고 느끼고 말하라.

3 말씀대로 생각하고 느끼는 것이 잘 안될 때는 어떻게 해야 하는가? 다음 말씀을 읽어보라. 혼이 상황에 따른 내 생각과 감정을 가진 다음에 이 말씀을 붙들라고 한 것인가, 아니면 내 혼이 상황에 따른 생각과 감정을 붙들기 전에 하나님의 말씀을 선택하고 그 말씀대로 생각하고 느끼고 말하라는 것인가?

[벧전 5:7] 너희 염려를 다 주께 맡기라 이는 그가 너희를 돌보심이라

[롬 8:28] 우리가 알거니와 하나님을 사랑하는 자 곧 그의 뜻대로 부르심을 입은 자들에게는 모든 것이 합력하여 선을 이루느니라

[빌 4:13] 내게 능력 주시는 자 안에서 내가 모든 것을 할 수 있느니라

[롬 5:4-5] 인내는 연단을, 연단은 소망을 이루는 줄 앎이로다 소망이 우리를 부끄럽게 하지 아니함은 우리에게 주신 성령으로 말미암아 하나님의 사랑이 우리 마음에 부은 바 됨이니

[요일 1:9] 만일 우리가 우리 죄를 자백하면 그는 미쁘시고 의로우사 우리 죄를 사하시며 우리를 모든 불의에서 깨끗하게 하실 것이요

[딤후 1:7] 하나님이 우리에게 주신 것은 두려워하는 마음이 아니요 오직 능

력과 사랑과 절제하는 마음이니

후자대로 살아야 한다는 것을 안다면, 내 심중에 구원 전에 이미 기록된 경험과 지식에 기초하여 습관대로 말하지 말고, 말씀대로 이루어진 것을 먼저 말해보라. 우리의 심중을 바꾸는 가장 좋은 방법은 말씀을 말씀대로 먼저 선포하는 것이다. 자신이 선포한 것을 듣고, 자신이 심중에 심고 거두는 훈련을 하는 것이다. 이루어주실 것을 말하는 것이 아니라, 이미 내 안에서 이루어진 것을 말하는 것이다. 내 심중의 생각과 감정이 따르지 않더라도 먼저 말하라. 들어야 마음에 심을 수 있고, 심어야 믿을 수 있고, 믿어야 말씀의 실체를 체험하기 때문이다.

> [롬 10:17] 그러므로 믿음은 들음에서 나며 들음은 그리스도의 말씀으로 말미암았느니라

> [롬 10:10] 사람이 마음(헬, 카르디아)으로 믿어 의에 이르고 입으로 시인하여 구원에 이르느니라

평생 동안 말씀대로 생각하고 느낀 것을 내 심중에 심어놓은 적이 없기 때문에 내 과거의 경험과 지식에 기초한 생각과 감정대로 말하며 살아온 것이다. 따라서 이제는 심중에 가득한 것을 입으로 말하는 것이 아니라, 말씀대로 말하는 것을 내 심중에 심는 것이다. 먼저 심어야 거둘 수 있다. 어떤 상황에 처했을 때 내 마음이 동하지 않더라도 먼저 말씀대로 말하라. 우리 안에 하나님이 함께하신다. 하나님은 성령을 통해 말씀대로 이루신다. 말할 때는 그 말씀대로 이루어진 것을 느끼

며 말하라.

결론

이제는 하나님의 자녀로서 죄에 대한 규정을 새로이 해야 한다. 하나님의 자녀에게 있어서 죄는 거짓자아가 율법을 지키지 않는 것이 아니라, 그리스도 안에 있는 내가 하나님의 말씀대로 이루는 삶을 살지 않는 것이다. 죄를 짓지 않으려고 애쓰는 것은 자신의 손으로 바닷물을 퍼내어 바다를 육지로 만들고자 하는 것과 같다. 우리의 몸이 있는 이상 우리는 죄의 유혹에서 벗어날 수 없다. 오직 하나님의 은혜로 살고 있는 것이다. 하나님께서 자녀들에게 원하시는 것은 죄에 대하여 죽은 자로, 죄악이 넘치는 세상 가운데 살면서 하나님의 의를 나타내는 삶을 살라는 것이다. 어두움에 빛을 비추는 삶을 살라는 것이다.

[롬 14:23] 믿음을 따라 하지 아니하는 것은 다 죄니라

[고후 5:7] 이는 우리가 믿음으로 행하고 보는 것으로 행하지 아니함이로라

[갈 3:22] 그러나 성경이 모든 것을 죄 아래에 가두었으니 이는 예수 그리스도를 믿음으로 말미암는 약속을 믿는 자들에게 주려 함이라

지금까지 살아온 경험과 지식에 기초한 상상의 이야기를 내가 추구하는 것, 그것이 바로 죄된 삶임을 알아야 한다. 내 스스로가 문제를 해결하고자 하는 것이 바로 죄를 짓는 일이다. 왜냐하면 하나님과의

분리를 일으키기 때문이다. 먼저 내 생각과 감정이 실재도 아니고, 진리도 아니고, 나도 아님을 깨달아라.

우리는 예수 그리스도를 통하여 하나님과 올바른 관계 속에서 그분의 본성, 본질을 나타내는 삶을 살아야 한다. 죄를 짓지 않으려는 생각이 아니라 하나님의 뜻을 이루고자 하는 생각을 가져보라. 그것은 바로 하나님의 말씀대로 생각하고 느낌으로 이루어진 보이지 않은 세계의 실상을 이 땅에 실체로 이루는 삶을 사는 것이다. 바로 하나님의 유업을 이루는 삶이다. 하나님의 관점에서는 하나님께서 우리를 통하여 그분의 뜻을 나타내는 영광의 통로로 쓰임 받는 삶이고, 인간의 관점에서는 예수 그리스도 안에 있는 믿음으로 그분의 뜻인 말씀을 이 땅에 실현시키는 삶이다.

15

과거 상처와
쓴뿌리로 인한 고통과
괴로움을 제거하라

죄와 거룩에 대한 강박함이 생각으로 지어진 견고한 진으로부터 온다면, 과거 상처와 쓴뿌리는 내면의 부정적 감정이 쌓여 생긴 부정적 스트레스 에너지로부터 온다. 생각은 이성이라는 필터를 통해 한번 여과가 되지만 감정은 생각에 대한 몸의 직접적인 반응이기 때문에, 우리의 삶에 지대한 영향을 끼친다. 생각보다 감정을 바꾸기가 더 어려운 것은 감정은 우리의 몸에 에너지 형태로 영향을 미치기 때문이다. 이번 장에서는 킹덤빌더의 영성에 있어서 큰 장애물인 상처와 쓴뿌리를 제거하는 성경적인 방법에 대해 알아보도록 하겠다.

우리가 흔히 말하는 '상처와 쓴뿌리'는 부정적 감정 에너지이다. 이러한 감정이 오래되면 우리의 잠재의식 속에 에너지장으로 상주하게 되고, 우리의 표면의식과 상관없이 계속 영향을 미치게 된다. 표면의식 내의 생각보다 잠재의식 내에 형성된 생각에 따른 부정적 감정 에너지는 우리의 삶에 더 직접적이고 실제적으로 영향을 미친다. "모든 질병은 마음으로부터 생겨난다"는 말은 이제 상식이 되었다. 그것은 무엇을 의미하는가? 에너지계와 물질계가 서로에게 영향을 미친다는 뜻이다. 실제로 우리의 잠재의식 내 만들어진 부정적 감정 에너지는 우리의 혈관계, 내분비계, 소화기계, 호흡기계, 면역계, 자율신경계의 기능과 조화에 악영향을 끼친다.

모든 상처와 쓴뿌리는 과거의 경험과 그에 대한 반응에 의해서 만들어진다. 그 경험 자체는 더 이상 존재하지 않으며, 단지 우리 생각의 결과로 내면에 부정적 감정 에너지장으로 존재하고 있을 뿐이다. 그런데 우리가 그것을 기억으로 떠올리며 지금의 나와 동일시할 때 그 부정적 감정 에너지는 나에게 실제적으로 고통을 주게 된다. 이것이 바로 상처와 쓴뿌리가 지금의 내 삶에 영향을 미치는 기본원리이다. 반대로 긍정적 감정 에너지는 모든 생리·생화학시스템을 활성화시키고, 정상적으로 작동시킨다. 사랑, 평강, 기쁨 등이 우리 몸에 미치는 영향을 생각해 보라.

　또한 이러한 감정적 에너지는 자신의 신체에만 영향을 미치는 것이 아니라, 자신의 신체를 통해서 방출되며, 그와 유사한 에너지를 만날 때 동조하고 공명하게 된다. 왜 어떤 사람과 함께 있으면 기분이 좋아지고, 어떤 사람과 함께 있으면 기분이 우울해지는가? 그것은 상대방의 에너지에 따라 그에 해당하는 나의 내면의 에너지가 동조하고 공명하기 때문이다. 반대로 상대방도 내가 방출하는 에너지에 동조 및 공명하게 된다.

　우리의 혼은 사랑, 평강, 기쁨과 같은 긍정적 감정 에너지(높은 에너지)를 유지하기 위해서 부단히 노력한다. 그렇지만 우리가 이 세상에 사는 한 항상 그런 에너지와 교류하면서 살 수 없다. 오히려 분노, 슬픔, 두려움, 염려, 외로움과 같은 부정적 에너지(낮은 에너지)를 더 접촉하게 되고, 그에 동화되어 살고 있다. 영원하고 지속적인 사랑, 평강, 기쁨의 에너지는 하나님의 영으로부터 우리의 심중에 주어진다는 것을 알아야 한다(갈 4:6 ; 롬 5:5 ; 골 3:15).

　이러한 사실을 이해한다면, 우리 존재가 그리스도 의식으로 지속적으로 살아가기 위해서는 생각 차원의 변화만으로 이루어지는 것이 아니라 감정 차원과 신체 차원 모두에서 이루어져야 한다는 것을 이해할 것이다. 자기를 부인하고 자기 십자가를 지는 삶을 살아간다는 것은, 단지 생각의 차원에서만 깨어남으로 이루어지는 것이 아니라, 생각, 감정, 신체의 모든 차원에서 포기가 일어나야 한다는 것이다.

왜 상처와 쓴뿌리에서 벗어나는 것이 그토록 힘든가?

상처와 쓴뿌리의 근원은 두 가지로 볼 수 있다. 첫 번째, 하나님을 떠난, 타락한 인간의 심중에 기본적으로 깔려 있는 죄책감, 수치심, 두려움, 거절감이라는 부정적 감정으로 거듭나기 전이나 후에도 우리 몸에 여전히 남아 있는 감정이다.

이러한 부정적 감정은 근원적으로 모든 인간이 가지고 있으며, 구원받은 자들에게도 동일하게 존재하고 있다. 이러한 감정 때문에 거짓자아는 지금 이 순간 여기에서 자신의 내면을 직시하지 못하고 과거와 미래에 대한 생각과 감정을 가짐으로써 자신의 온전함을 유지하고자 한다. 그렇지만 그것은 과거에 대한 집착과 미래의 추구를 통해 거짓자아를 유지하고자 하는 것이 본래 목적이기 때문에 아이러니하게도 과거와 미래의 좋은 생각과 감정만을 붙드는 것이 아니라 부정적인 생각과 감정도 붙들어 고통과 괴로움을 당한다. 한마디로 타락한 혼이 자신의 생각과 감정을 자신과 동일시하는 것을 놓치지 못하는 것이다. 즉 거짓자아를 포기하지 못하는 것이다.

만약 어떤 사람이 당신을 무조건적으로 사랑해주고, 당신을 판단하지 않고 있는 그대로 봐주며, 무엇을 하든지 어디를 가든지 항상 함께

해주고, 어려울 때마다 지혜와 능력을 준다면, 당신은 그 사람에게 당신 자신을 맡기고 싶지 않은가? 스스로 자신의 삶을 유지하고자 애쓰기보다 그 사람에게 자신의 삶을 의탁하고 싶지 않은가? 그분이 바로 우리 안에 계신 신랑 되신 예수 그리스도이시다. 그분이 전하신 복음은 바로 그분에게 내 존재와 내 삶을 전적으로 의탁함으로써, 그분이 나를 통해서 나타나는 삶을 사는 것이다. 그런데 우리는 왜 우리의 존재와 삶을 그분께 온전히 의탁하지 못하는 것일까? 우리가 예수 그리스도를 믿는다고는 하지만, 실제로 그분의 사랑을 체험한 적이 없으며, 지금 이 순간 여기에서 그분과 생명적 관계가 없기 때문이다. 우리가 성령님 안에서 임재호흡 기도를 하는 이유가 바로 여기에 있다.

상처와 쓴뿌리의 두 번째 근원은 우리가 살면서 우리의 생각에 대한 몸의 반응으로 만들어진 부정적 감정이다(자신의 생각으로 해석, 이해, 판단한 결과로 나타나는 몸의 반응인 감정을 말하는 것이다). 그런데 왜 그것들로부터 벗어나기가 그토록 힘든 것일까?

현실과 내 생각으로 만든 상상의 이야기가 일치하지 않을 때 우리가 느끼는 것이 부정적인 감정인데, 그것에서 벗어나기 힘든 첫 번째 이유는 그러한 감정을 당연히 일어나는 것으로 여길 뿐, 그 감정을 일으키는 잘못된 생각과 그에 따른 사고방식을 변화시켜야 한다는 것을 알지 못하거나 인정하지 않기 때문이다. 생각은 단지 관념으로 나타나지만 감정은 지금 이 순간 여기에서 내 몸을 통하여 더 실재적이고 직접적으로 느껴진다. 그렇기 때문에 혼이 생각을 자신과 동일시하는 것보다 감정과 자신을 동일시하는 것이 더 강력하다(몸으로 표출되기 때문이다). 감정 에너지가 나를 사로잡게 되면, 그 감정 안에 이미 생각이 내재해 있기 때문에, 그 생각을 찾아내기가 쉽지 않다. 또한, 감정 에너지에 익숙해진 신체의 생리·생화학시스템이 작동하기 때문에 벗어나기가 훨씬 힘들게 된다.

사실 우리에게 상처와 쓴뿌리라는 부정적 감정 에너지를 만드는 것은 주로 수치심, 분노, 슬픔, 두려움 등의 감정이다. 다시 한번 생각해 보라. 모든 감정의 근원은 생각으로부터 출발된 것이다. 우리는 생각 없이 감정적으로 대하는 것처럼 여겨지지만, 실상은 반복되는 과정을 통하여 감정이 마침내 생각을 사로잡음으로써, 우리가 의식하지 못할 뿐 생각들에 대해서 조건화된 감정으로 반응하는 것이다. 따라서 어떤 감정이나 느낌 뒤에 있는 생각을 찾아볼 필요가 있다.

두 번째 이유는 특별히 감정적인 생각을 우리 자신과 동일시했을 때 우리는 오래된 감정에 집착하게 되는데, 그것이 자신의 정체성을 강화시켜주기 때문이다. 그때부터 거짓자아는 자신을 유지하기 위해서 그것을 먹고 살아야 한다. 즉, 상처와 쓴뿌리라는 프리즘으로 세상을 본다. 그리고 어이없게도 자신을 확고히 유지하기 위해서 더 큰 상처와 쓴뿌리를 만들고자 한다. 그러나 우리가 하나님의 자녀라면 내가 상처와 쓴뿌리라는 프리즘으로 세상을 보는 것이 아니라, 그리스도 안에서 상처와 쓴뿌리를 있는 그대로 보고 받아들이는 것을 체험해야 한다.

상처와 쓴뿌리로부터 벗어나기 힘든 세 번째 이유는 그 감정 에너지를 일으키는 거짓자아라는 본질을 보지 못하고, 그 감정을 느끼지 않으려는 생각에 집중하기 때문이다. 특히 그리스도인들에게 가장 치명적인 오류는, 말씀을 잘못 이해하여 부정적인 감정 자체를 가지면 안된다는 강박심리를 가진다는 것이다. 이 강박심리가 우리로 하여금 있는 그대로의 감정을 직면하고 받아들이지 못하도록 한다. 부정적 감정 에너지(상처와 쓴뿌리)를 가질 때 자신이 무엇인가 잘못되었다고 생각하는 함정에 빠진다. 거짓자아는 그렇게 하기를 원한다. 사람마다 어떤 태도를 취하는지 다를 수 있지만, 부정적인 감정을 직면하기보다는 저항, 부정, 억압, 전가시키는 일을 한다. 그러한 일은 표면적으로는 자신의 감정을 제거시키는 것 같지만, 사실은 엄청난 에너지를 쏟아 그 부정적 감정 에너지를 없애고자 하는 스트레스를 만들고 있는 것이다.

상처와 쓴뿌리를 직면하지 않으면, 부정적 감정 에너지뿐만 아니라 이에 더하여 부정적 스트레스 에너지를 만들게 되고, 그것은 내 몸의 모든 생리·생화학시스템을 망가뜨리게 된다. 모든 장애와 질병의 근원이 바로 여기에서 나오는 것이다. 상처와 쓴뿌리를 직면하는 것은 괴로움이고 고통이다. 왜냐하면 자신을 부정하는 것이고 자신을 죽음에 몰아넣는 것과 다름이 없기 때문이다(나는 늘 행복하고 평안하고 만족해야 한다는 거짓자아를 생각해보라). 그러나 그 고통과 괴로움의 감정이 내가 아니라는 사실을 알아야 한다. 그렇게 직면할 수 있는 것은 내가 그리스도 안에 있을 때에만 가능한 것이다. 즉 내 혼이 그 감정과 자신을 동일시하지 않을 때 비로소 그 감정을 직면할 수 있게 된다. 부정적 감정은 내가 아니라 내 의식 안에 나타난 수많은 감정들 중에 하나일 뿐이다.

직면은 내(거짓자아)가 그것을 극복하거나 이겨내기 위해 마주하는 것이 아니라, 그리스도 안에서 현존의식으로 있는 그대로 수용하고 허용하는 것이고, 더 나아가 환영하는 것이기도 하다. 그것은 밀면 당기고, 당기면 밀어버리는 '유도의 법칙'으로 그 사이에 생기는 스트레스 에너지를 없애버리는 것이다. 이 방법은 지금까지 전통적으로 해왔던 '작용 반작용' 방식인 밀면 나도 밀고, 당기면 나도 당기는 것과는 정반대의 방법이다. 즉 부정적 감정을 맛보지 않기 위해서 거짓자아의 관점에서 저항, 부정, 억압, 그리고 전가했던 방식과 정반대이다.

거짓자아의 생각이 진리도, 실재도 아니고 힘도 없으며 나도 아니라는 사실을 알고, 내어맡김(다른 말로 놓아버림)을 할 수 있다면, 이제 나타난 부정적 감정은 반대로 받아들이는 것이다. 허용하는 것이다. 그 결과로 내 몸 안에 생성되는 부정적 감정 에너지와 부정적 스트레스 에너지를 없애버리는 것이다. 어떻게 이러한 일이 가능한가? 그것은 바로 예수님께서 십자가에서 모든 것을 이루시고 부활하셨고, 그분이 우리 안에 들어오심으로 말미암아 우리가 예수 그리스도 안에서 부활의 삶을 살기 때문이다.

그렇다면, 그리스도 안에서 직면할 때 어떤 일이 일어나는가? ① 고통은 기쁨처럼 내 몸의 반응일 뿐 내가 아니라는 것을 알게 된다. ② 그럴 때 상처와 쓴뿌리라는 부정적 감정 에너지를 제거할 수 있다. ③ 나아가 상처와 쓴뿌리에 대한 부정적 스트레스 에너지를 더 이상 만들지 않게 된다.

상처와 쓴뿌리로 인한 부정적 스트레스 에너지를 제거하는 실제적인 방법

"그리스도 의식 안에서 뇌·심중으로부터 올라오는 부정적 생각과 감정을 처리하기"는 그리스도 안에서 자신의 부정적 감정을 직면하면서 그에 따른 에너지를 제거하는 것이다. 이 부정적 스트레스 에너지를 제거하기 위해서는 '그리스도 의식으로 나비손 기도하기'를 하면 된다. 그러나 이 기도를 효과적으로 수행하기 위해서는 먼저 우리의 뇌와 마음과 신체의 상호작용에 대한 지식이 필요하다.

❶ 인식에 따른 뇌와 마음과 신체의 작용

마음은 에너지계에 속한 것인 반면, 뇌는 물질계에 속한 것이다. 따라서 뇌와 마음은 물질계와 에너지계로 서로 분리될 수 없는 상호보완적 작용을 한다고 볼 수 있다. 우리는 오감을 통해서 정보를 받아들인다. 그 감각 정보는 마음과 뇌를 통해 받아들이게 된다. 좀 더 구체적으로 살펴보면 인식된 감각 정보는 뇌의 단기기억을 통해서 어떻게 해야 할지를 결정하게 된다. 단기기억은 이 일을 위해서, 더 폭넓은 정보를 얻기 위해서 장기기억을 재생한다. 모아진 모든 정보는 다시 마음으로 넘어가게 되고, 의사결정이 이루어지게 된다. 이 일을 행하는 것이 바로 혼(의식)의 적응적 정보처리 시스템(AIPS : Adaptive Information Processing System)46이라고 볼 수 있으며, 여기에서 생각과 감정을 가지고 작화(confabulation)47와 VLE(Verbal Logical Explainer)48가 이루어진다. 결정된 내용은 다시 기억으로 저장됨과 동시에 심중에 저장된다. 심중에 보관된 내용은 내 의식(혼)에 영향을 미친다. 혼은 들어온 정보와 그에 대한 심중의 정보를 합하여 판단하며 어떤 의도를 가지게 된다. 육체는 그 의도에 따라서 행동하게 된다.

최근에야 과학자들이 기억은 비활성화되어 있는 데이터 다발도 아니

---

46 적응적 정보처리 시스템(AIPS) : 단기기억으로 올라온 정보를 마음판에서 어떻게 처리할 것인가를 담당하는 기능적인 측면에서 붙인 용어로 우리의 혼(의식)과 마음의 복합적 기능이라고도 볼 수 있다.

47 작화(confabulation) : 마음속으로 이야기를 지어내는 행위, 거짓말과 달리 고의성은 없다.

48 VLE(Verbal Logical Explainer)는 우리의 경험과 지식에 기초하여 자신에게 상황과 세상을 합리적으로 이해시켜주거나 마련하는 것을 의미한다.

고, 일정한 형태로 남아 있는 것도 아니라는 것을 실험을 통해 밝혀냈다. 피실험자에게 과거 특정 기억에 대한 이야기를 반복시켰더니, 반복시키면 시킬수록 그 과정 자체가 기억의 내용을 바꾸어버리는 것을 밝혀낸 것이다. 그럼에도 불구하고 피실험자들은 자신들의 기억이 변했다는 것을 전혀 알아채지 못했다. 오래전부터 사람들은 기억이란 조정이 불가능한 뇌 안의 물리적 형태로 존재하는 어떤 것이라고 받아들여 왔기 때문에, 우리가 어떤 것을 기억하고 어떤 것을 잊어버릴지를 선택할 수 없다고 믿어왔다. 그러나 최근의 연구에 따르면 기억을 해내는 그 행위 자체가 기억을 변화시킨다는 사실이 밝혀졌다. 우리가 어떤 사건을 회상할 때마다 뇌 안에 저장된 기억의 구조가 변하는데, 그 변화는 회상된 기억이 현재의 느낌과 지식에 의해 왜곡되는 현재 시점에서 일어난다. 과거에 대한 자신의 기억을 변화시킬 수 있는 능력이 있다는 것이 점차 명백해져 가고 있다.[49] 기억을 조절할 수 있다는 사실은 우리가 우리 삶의 거의 모든 측면을 새롭게 만들어갈 수 있다는 것을 의미한다. 또한, 더 놀라운 발견은 기억과 잠재의식은 현실(경험)과 상상을 구분하지 않는다는 것이다.

2 기억의 변화 모델

(1) 기억은 단순히 증상으로 나타날 뿐만 아니라 궁극적으로는 우리의 성격 전반에 영향을 준다.

(2) 성격이란 우리가 다른 사람이나 어떤 사건에 반응하는 일반적인 방식을 의미한다. 유전적 요인뿐만 아니라 우리가 특정한 방식으로 행

---

49 과학적인 용어로 신경가소성(neuroplasticity)으로 불리며, 뇌가 외부환경의 양상이나 질에 따라 스스로의 구조와 기능을 변화시키는 특성을 말한다.

동하거나 느끼게 하는 기억 네트워크는 개인의 성격적 특성과 성향의 기반이 된다.

(3) 우리가 겪는 마음과 신체의 고통 대부분은 뇌에 저장된 기억의 영향을 받는다. 과거의 경험 때문에 현재 고통받고 있는 감정, 믿음, 행동은 고통의 원인이 아니라 증상일 뿐이다.

(4) 증상이 있다는 것은 그것을 초래했거나 그 증상에 기여하는 어떤 경험이 자신의 뇌에 기억으로 존재한다는 것이다. 더 나아가 진정한 문제는 과거 그러한 경험들이 정상적으로 처리되지 못하고 뇌에 비정상적으로 저장되었기 때문이다.

(5) 새로운 정보는 처음에 감각기관에 들어오게 되고, 주의(attention) 과정의 도움으로 단기저장소(short-term storage)로 전달되어진다. 단기 저장된 기억은 응고(통합과정 : consolidation)를 거쳐 장기저장소(long-term storage)에 저장된다.

(6) 적절한 신호(암시, 자극)가 주어지면 장기저장소에 저장된 기억은 다시 회상(retrieval)되어 단기저장소로 이동되며, 이곳에서 현재 외부 상황과 자신의 상태와 상호작용하여 재응고(재통합과정 : reconsolidation)을 거치게 되며, 다시 장기저장소로 이동된다.

(7) 이 과정의 통제는 혼의 적응적 정보처리 시스템(AIPS)에서 이루어진다. 과거 충격적인 사실에 대한 기억은 변화되지 않는다고 생각하지만, 사실은 그렇지 않다. 과거의 생각을 회상하여 혼이 어떤 것을 어떻게 선택하느냐에 따라 다시 재통합하는 과정을 통해서 과거와는 다른 내용으로 다시 장기저장소에 기억된다는 것이다.

지금 현재의 상황에 따른 감각, 감정, 생각, 믿음 등에 의해서 만들어진 작화와 VLE(Verbal Logical Explainer)는 재응고되고 장기기억 내에서 재처리되어 보관되어진다. 따라서 어떻게 재응고하고 재처리되는가에 따라 악순환이 계속되어 더 부정적인 영향을 미칠 수도 있고, 선순환되어 새로운 기억으로 자리 잡을 수도 있다. 이러한 일들은 외부 촉발 요인(trigger)에 의해서 자동적으로 진행된다. 어떤 상황이나 사건에 대해서 기억된 내용이 다시 회상될 때는 그때의 사건에 대한 내용뿐만 아니라 그때 자신이 경험했던 감정과 감각 등 모든 것이 현재 경험하는 것처럼 나타난다. 따라서 많은 경우 현재의 상황이 이러한 기억을 다시 회상하고 그에 따른 반응을 보이는 원인(trigger)이 될 수 있기 때문에 현재의 상황을 제대로 파악해야 한다(그림 5 참조).

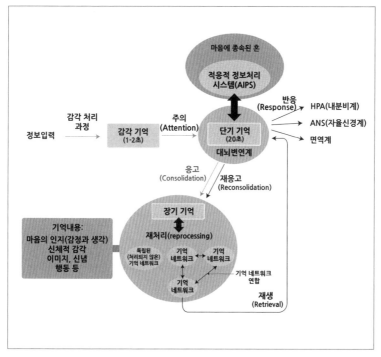

그림 5 인식에 따른 뇌 기억, 심중·마음의 기능, 그리고 신체의 반응과 작용

뇌에 저장된 삶의 기억들은 현재를 인식하는 재료가 된다. 그러나 현재의 상황에 대한 혼의 인식과 적응적 정보처리 시스템이 재생된 기억을 어떻게 재통합시켜 재처리시키는가에 따라 그 기억은 변화된다. 그런데 온전하게(정상적으로) 처리되지 않은 기억(예를 들어 외상50)은 기억 네트워크에 통합적으로 연결되지 못하고 독립적인 기억 네트워크를 형성한다(그림 6 참조). 이러한 기억은 정상적이지 않은 감정, 감각, 행동, 상상을 포함하고 있다. 독립적으로 저장된 이 기억이 회상되어 단기저장소로 올라왔을 때는 혼의 적응적 정보처리 시스템이 통제할 수 없을 정도로 심각하기 때문에 곧바로 그 당시 처한 것처럼 정신적, 신체적 반응을 일으킨다. 반복된 결과로 과거보다 더 심하게 폭발적으로 반응하게 된다. 반대로 강한 방어기제로 인하여 전혀 그러한 것들이 반응하지 않을 수도 있다. 이는 마치 컴퓨터는 켜져 있지만 화면을 끈 것과 같은 상태가 된 것과 같다.

3 그리스도 의식 안에서 뇌기억 및 생각과 감정을 새롭게 하기

심중이 새롭게 되지 않은 상태에서 우리 혼의 적응적 정보 시스템(AIPS)은 기본적으로 생존의식, 결핍의식, 피해의식을 가지고 있다. 따라서 그 관점에서 적응적 정보 시스템은 들어온 정보와 단기기억으로 재생된 장기기억을 가지고 판단하고 이해하게 될 것이다. 그러나 우리의 혼이 더 이상 몸(생각, 감정, 신체)의 종노릇을 하지 않고 하나님의 영 안에 거함으로써 그리스도 의식을 가질 때는 하나님의 현존 안에서 사랑(생명)의식, 온전(있음)의식 그리고 갈망(창조)의식의 관점에서 상황을

---

50 직접 경험하거나 목격한 사건이 자신에게 큰 충격을 준 것을 외상(外傷)이라고 한다.

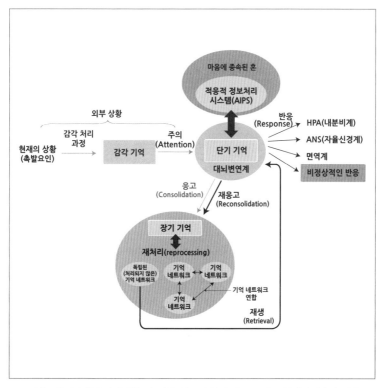

그림 6 상처와 쓴뿌리에 대한 뇌 기억, 심중·마음의 기능, 그리고 신체의 반응과 작용

판단하고 재생된 기억을 선택하고 판단하게 될 것이다.

　장기기억에 하나님의 말씀(회개, 용서, 사랑)이 들어 있으면, 네트워크에 연결되지 않은 독립적 기억 네트워크와 적절한 연결을 통해서 온전하고 조화롭게 하나가 되게 할 것이다. 또한, 독립된 기억 네트워크가 재생될 때는 하나님의 영 안에 거하는 혼이 성령의 도우심을 받으며 재생된 기억을 자신과 동일시하지 않고 하나님의 말씀대로 분별함으로써 비정상적인 반응을 제거하게 될 것이다(그림 7 참조).

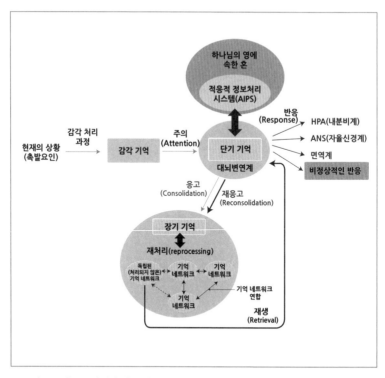

그림 7 그리스도 의식에 따른 뇌 기억, 심중과 마음의 기능, 그리고 신체의 반응과 작용

"그리스도 의식 안에서 뇌·심중으로부터 올라오는 부정적 생각과 감정을 처리하기"는 하나님의 영 안에 있는 혼이 현재의 상황과 더불어 뇌·심중으로부터 올라오는 생각과 감정을 하나님의 방식대로 새롭게 처리하는 것이며, 응고와 재처리를 통하여 비정상적인 상태의 정보를 정상적인 상태의 정보로 새롭게 저장하는 과정을 의미한다. 우리가 그리스도 안에 있으면 그리스도 의식으로 성령의 도우심을 받으며 이 과정을 통하여 부정적 스트레스 에너지를 없앨 뿐만 아니라 새로운 기억

과 마음을 가지게 될 수 있다. 이 과정을 좀 더 효과적으로 하기 위해서 양측성 자극을 주는 것이 필요하며, 그 자극을 위해 가장 쉬운 방법이 나비손 기도를 하는 것이다.

양측성 자극이 왜 효과적인가?

트라우마 기억의 치료에 사용되는 EMDR(Eye Movement Desensitization and Reprocessing : 안구운동 민감소실 및 재처리 요법[51]의 임상 결과에 따르면 양측성 자극(bilateral stimulation)은 지속적인 주의집중을 유도하고, 신체의 이완반응을 유도하고, 심리적 시간과 상상을 제거시키는 데 효과적인 것으로 나타났다. 이러한 결과들을 성경적인 관점에서 볼 때는(즉, 마음의 관점이 아니라 혼의 관점에서 볼 때는) 양측성 자극은 혼이 지금, 이 순간에 있는 그대로 집중하도록 만들어주는 효과를 가진 것으로 판단된다.

본래 마음에는 수많은 생각과 감정들이 계속 떠오르기 때문에 혼이 한 곳에 집중하지 못하도록 한다. 우리가 부정적인 생각과 감정을 처리하는 데 양측성 자극을 주는 이유는 혼이 한쪽에 주의를 가질 때 다른 생각과 감정이 떠오름으로 또 다른 생각과 감정으로 나아갈 때 자극을 줌으로써 혼이 계속 그 생각과 감정에 머무르도록 하기 위함이다. 기억을 재생하는 동안 사고, 감정, 신체 감각의 다차원적인 자유연

---

51 1987년 프랜신 샤피로(Francine Shapiro)는 여러 가지 고민을 하며 공원을 산책하다가 우연히 눈을 빨리 움직이니까 고민하던 부정적이고 기분 나쁜 생각들이 사라지는 경험을 하게 되었으며, 과거의 상처와 쓴뿌리에 대해서도 동일한 결과를 얻게 되었다. 이 사실에 기초하여 개발된 EMDR은 눈동자를 좌우로 굴리는 양측성 자극을 통해 통합되지 못하고 따로 저장되어 있는 기억의 파편들을 적응적으로 통합시키는 치료요법이다.

상 과정이 일어난다. 이때 양측성 자극을 주게 되면 혼이 마음에 의한 VLE나 작화가 그 문제에서부터 벗어나거나 회피하거나 무시하고자 하는 것으로부터 벗어나게 된다. 이는 마치 기차를 타고 가면서 창밖을 볼 때 여러 가지 장면들이 보이게 되는데, 좋지 않은 장면을 본다고 할지라도 창밖 보기를 그만두고 다시 앞자리에 앉은 사람을 보거나 읽던 책으로 돌아가지 않는 것과 같다. 그냥 좋지 않은 장면이라 할지라도 그곳에 머물러 있도록 하는 것이다.

이러한 양측성 자극을 주면서 혼이 자신의 과거 경험과 지식(견고한 진과 상처와 쓴뿌리 등)에 기초한 생각과 감정이 올라오는 것을 직시하도록 하는 것은 실제적인 치유의 측면에서 엄청난 영향을 미치게 될 것이다. 우리가 거짓자아에서 벗어나 혼이 하나님의 영 안에 거하면 과거의 상처와 쓴뿌리에 해당되는 생각과 감정을 계속적으로 있는 그대로 직시하게 함으로써, 혼의 적응적 정보처리 시스템(AIPS)에 하나님의 생명(사랑)이 임하게 되고, 그 결과로 하나님의 말씀에 기초한 작화와 재처리 작업이 일어나게 된다.

성령님 안에서 임재호흡을 통해 우리의 혼이 하나님의 영 안에 거하고 하나님의 생명을 느낄 수 있다면, 양측성 자극을 주는 나비손 기도를 통하여 뇌·심중에서 올라오는 부정적 생각과 감정을 직면할 수 있게 되고, 그렇게 될 때 ① 특별한 상담이나 준비 없이도 성령의 도우심으로 자신의 과거 상처와 쓴뿌리를 제거할 수 있다. ② 과거의 고통스럽고 수치스러운 기억을 굳이 끄집어내어 다른 사람들에게 말하지 않아도 된다. ③ 전문적인 상담자나 치료사역자의 의도적인 개입이 없이도 치유가 일어난다.

양측성 자극을 주기 위한 방법으로 주로 시각을 사용하지만, 청각이나 촉각을 사용해도 된다. 아무런 도구 없이 가장 쉽게 할 수 있는 것이 바로 그림 8처럼 나비손을 하여 자신의 가슴에 번갈아 가면서 촉각 자극을 주는 것이다. 왼손과 오른손의 엄지를 붙이고 나비손을 하고, 좌우 유두를 잇는 선상 5센티미터 위 정도에 두고, 네 손가락으로 좌우 가

그림 8 양측성 자극을 위한 나비손 기도 자세

슴을 번갈아 가볍게 두드리며 자극을 주는 것이다. 1초에 두 번 정도의 속도로 하는 것이 좋다.

이러한 나비손 기도를 통하여 크게 두 가지를 할 수 있다. 첫째, 자신의 뇌기억·심중을 변화시키는 것이고, 둘째, 자신의 내면에 들어 있는 고통체인 부정적 감정 에너지를 제거하는 것이다. 이 두 가지 기도는 편의상 나누어 놓았지만, 경우에 따라서 자연스럽게 동시에 일어나기도 한다.

나비손 기도를 통한 뇌기억/심중 변화시키기

(1) 그리스도의 현존의식으로 기억 속에 있는 과거의 사건을 바라보는 것이다. 그것은 과거의 일은 더 이상 존재하지 않으며 단지 기억에 남아 있을 뿐이라는 것을 알고, 판단하거나 분석하지 말고, 그냥 지켜보고 관찰하는 것이다. 지금까지 거짓자아는 그 기억을 자신과 동일시함으로써 고통을 받아 왔지만, 이제 그리스도 안에서 그것이 더 이상

내가 아니라는 사실을 깨달을 때 마음의 활동을 통해서 자신의 정체성을 유지시키고자 하는 거짓자아는 힘을 잃게 된다.

(2) 이것은 마치 기억 속에 있는 그 사건을 비디오 화면을 통해 다시 재생하는 것처럼 바라보는 것이다. 이때 리모컨을 가지고 그 화면을 본다고 가정해보라. 혼이 기억의 내용으로부터의 거리를 유지할 수 있고, 안전감을 유지할 수 있다. 만약 자신도 모르는 사이에 혼이 기억의 내용에 끌려 들어가게 되면(즉 감정이 되살아나는 것이 신체적으로 느껴지면) 리모컨으로 화면을 끄면 된다.

(3) 과거의 기억을 재생하여 재처리하고 있는 현재의 자신은 그리스도 안에 있으며 언제나 안전하다는 것을 의식해야 한다. 이 책의 2부 7장에서 말한 영화관에서 좌석에 앉아 있는 자신을 의식하며 영화를 보는 것과 같다. 왜냐하면 이 모든 과정은 우리의 혼이 하나님의 영 안에 거하면서 이루어지는 것이기 때문이다. 이 과정 동안 성령님께서 친히 임재하시고 우리의 혼은 성령의 인도함을 받게 된다.

나비손 기도의 실제

(1) 과거 상처나 쓴뿌리가 된 과거의 경험(기억이나 사건)이 있다면, 나비손 기도를 하면서 그것을 떠올려보라.

(2) 혹은 현재 어떤 상황을 맞이하여 자신 안에서 통제할 수 없는 부정적인 생각이나 감정이 올라오고 그것에 늘 영향을 받고 있다면, 그리스도 의식 안에서 주님께 그것을 보여달라고 요청해보라.

나비손 기도의 핵심은, 내 혼이 하나님의 영 안에서 기억에 저장된 것들이 마음판에 자연스럽게 재생되는 것을 관찰하는 것이며, 있는 그대로 직면할 때 주님께서 개입하시도록 하는 것이다. 그렇게 하기 위해서는 그리스도 안에서 나비손 기도로 양측성 자극을 주면서 그 떠올린 기억에 집중하는 것이다. 집중한다는 것은 그것에 대해 내가 판단하거나 해석하는 것이 아니라 있는 그대로의 내용(장면, 이미지)에서 다른 내용으로 벗어나지 않도록 지속적으로 직면한다는 것이다. 무엇이 떠오르든지 어떤 느낌이 들든지 그것에만 주목하라. 무슨 일이 일어나든지 그냥 내버려두라. 그저 흘러가게 내버려두는 것이다. 이때 그리스도 의식 안에서 성령의 도우심으로 있는 그대로를 허용하면, 하나님의 개입하심으로 자연스럽게 재통합과 재처리 과정이 일어나게 된다. 다시 한번 말하지만, 이러한 일련의 일들은 거짓자아가 가지는 심리적 동일시, 시간, 상상이 없어질 때 이루어지는 것이다. 이러한 직면과정을 통하여, 성령님이 역사하심으로 인하여 적응적 정보처리 시스템(AIPS)이 자신의 과거의 경험과 지식에 기초한 해석과 판단이 아니라 영이요 생명인 말씀에 의해서 해석과 판단이 이루어진다. 그럴 때 그것들에 대한 재해석이 일어나고, 재응고를 통해서 새로운 기억이 형성되어진다. 이러한 과정이 정상적으로 이루어지면 차후 다시 그 기억을 회상할 때는 과거와 비교하여 고통의 정도가 확연히 줄어들거나 없어지거나 그것에 대하여 기존에 가질 수 없었던 전혀 다른 생각을 가지거나 감정을 느끼게 될 것이다. 예를 들면, '굳이 그렇게 생각할 필요가 없었구나', '그렇게 심각하게 여길 필요가 없었구나', '그렇게 반응할 필요가 없었구나' 등이다.

더 놀라운 사실은 많은 경우 주님께서 자연스럽게 새로운 장면을 떠오르게 하신다는 것이다. 그것은 하나님께서 그 기억이나 사건을 새롭게 하시기 때문이다. 대부분의 경우, 나비손 기도 가운데 견고한 진이

나 상처나 쓴뿌리를 일으킨 상황이나 사건에 대한 다른 영상을 보여주심으로써, 과거의 부정적인 기억보다는 하나님께서 새롭게 주신 새로운 기억이 더 뚜렷이 떠오르는 것을 경험하게 된다.

이러한 "나비손 기도를 통한 뇌기억·심중 새롭게 하기"의 핵심은 시작도 끝도 우리의 혼이 하나님의 영 안에 거함으로써 그리스도 의식으로 시작하고 그 상태에서 이루어지고 끝맺도록 해야 한다는 것이다. 그렇지 않으면, 자신도 알지 못하는 사이에 자신의 혼이 과거의 생각과 감정을 동일시함으로써 비정상적이고 통제되지 않는 상태가 된다. 예를 들어, 이 기도 과정 중에 두려워하거나, 불안하거나, 슬퍼하거나, 분노하거나, 수치스러운 감정을 느끼게 된다. 이런 경우에는 자신도 모르는 사이에 양측성 자극의 시간 간격이 느려지게 된다. 이럴 때는 앞서 언급한 바와 같이 리모컨으로 재생화면을 꺼야 한다. 즉 직면하는 것을 멈추고 다시 처음으로 되돌아가 자신이 그리스도 안에 있음을 의식해야 한다는 것이다.

나비손 기도를 통한 부정적 감정 에너지 제거하기

우리는 자신의 상상의 이야기와 현실과의 괴리감으로부터 오는 부정적이고 합당하지 않은 생각과 감정을 가능하면 되도록 표출하지 않는다. 왜냐하면 자신의 내면에서 올라오는 대로 표출하게 되면 정상적인 사회생활이 불가능해지고 다른 사람으로부터 따돌림을 받기 때문이다. 그렇기 때문에 자신의 내면에 만들어진 부정적인 생각과 감정에 대해서는 무의식적으로 저항하거나 부정하거나 억압하거나 많은 경우에 자신의 문제를 다른 사람 탓으로 전가하기도 한다. 이 모든 고통은 혼이 자신의 부정적인 생각과 감정을 선택함으로써 이루어진 것이고, 더욱이 자신이 스스로 그 문제를 해결하고자 하는 것이다. 그러나 그렇게 하면 할수록 더 많은 스트레스를 만들게 되고, 결국 그 스트레스는 일종의 부정적 에너지장인 고통체를 형성하게 된다.

이렇게 형성된 부정적 에너지장은 24시간 365일 내내 우리 마음의 인식작용을 왜곡시키고 동시에 신체에도 악영향을 미치게 된다. 그 결과 세포, 조직, 기관 및 생화학적 레벨의 작용과 생리 시스템(혈관계, 내분비계, 자율신경계, 면역체계, 소화기계, 호흡기계 등)이 정상적으로 작동하지 못하게 한다. 따라서 우리가 이러한 부정적 에너지장으로부터 벗어나 정상적으로 회복되기 위해서는 먼저 우리의 혼이 더 이상 자신의 생각과 감정의 종노릇을 하지 말아야 하고, 우리의 혼이 하나님의 영 안에 거함으로써 그리스도 의식으로 자신의 내면의 기억을 새롭게 하고 형성된 고통체를 제거해야 한다.

그렇게 하기 위해서는 지금까지 부정적 생각과 감정에 대해서 무의식적으로 저항하고 부정하고 억압했던 것을, 지금까지와는 반대로 있는 그대로 그리스도 안에서 받아들이는 것이다. 생각과 감정은 뇌의 활동과 그에 따른 몸의 반응일 뿐이라는 것을 아는 자는 그 생각과 감정이 내 진정한 존재(내 혼이 하나님의 영 안에 있는 상태)에 아무런 영향을 미치지 못한다는 것을 알기 때문에 본능적인 저항 대신에 있는 그대로 허용하는 것이다. 저항하고 부정하는 대신에 오히려 받아들이는 것이다.

부정적 생각과 감정에 저항하고 부정하면 할수록 고통과 괴로움이 생기고, 스트레스 에너지는 더 발생하게 된다. 생각해보라. 부정적 생각이나 감정에 대해 저항하고 부정하는 것은 마치 손뼉을 마주치는 것과 같다(작용과 반작용). 그럴 때 힘이 발생하는 것이다. 그러나 한쪽이 밀면 다른 한쪽이 당기고, 다른 한쪽이 당기면 다른 한쪽이 민다고 생각해보라(유도의 법칙). 그러면 그 사이에는 어떤 에너지도 발생되지 않는다. 그렇게 할 수 있는 것은 그 부정적 생각이나 감정이 진리도 실재도 아니고 힘도 없으며 나도 아니라는 사실을 알기 때문이다. 이는 우리의 혼이 그리스도 의식을 가질 때 가능한 것이다.

나비손 기도를 통한 부정적 에너지장 제거하기

(1) 간단히 임재호흡 기도를 함으로써 그리스도 의식을 가져라.

지금 내가 그리스도 안에 있다는 사실을 의식하는 것이 가장 중요하다.

(2) 나비손 기도 시작부터 끝까지 양측성 자극을 주라.

재생된 기억을 피하지 않고 있는 그대로 지속적으로 보는 것이 중요하기 때문이다.

(3) 이 과정과 떠오르는 모든 기억에 예수 그리스도의 피를 뿌려라.

하나님의 공의를 만족시키고

그곳에 똬리를 틀고 있는 마귀의 공격이 불법이 되도록 하기 위함이다.

(4) 사건, 기억, 상황을 맞이할 때 떠오르는 생각과 감정을 보라.

그것에 묶이는 것이 아니라 그 감정 에너지를 느껴보라. 그리고 그것에 대한 저항, 부정, 억압의 결과로 인한 부정적 스트레스 에너지를 느껴보라.

그것을 분명하게 이미지화 개념화하지 못해도 상관없다. 언어로 표현할 수 없어도, 그 에너지를 느끼면 된다.

(5) 양측성 자극을 주며, 저항 없이 조건 없이(있는 그대로) 받아들여보라(허용하는 것이다).

감정과 부정적 스트레스 에너지는 내 생각이 만들어낸 것이며, 모든 것이 나의 직간접적인 죄로 인하여 생긴 것이다. 좋은 것이든 나쁜 것이든 내 경험의 일부일 뿐이다. 진심으로 받아들이고 환영하라. 내 몸의 경험은 내 진정한 존재에 아무런 영향도 미치지 못한다.

(6) 예수 그리스도의 이름으로 회개하고 용서를 구하라.

죗값은 내 안에 계신 주님이 지불하셨고 그 생각으로 인한 고통과 괴로움은 예수님께서 대신 짊어지셨기 때문에 그분께 드리고,

죄의 근원은 아사셀 염소에 전가시켜 무인지경으로 보내는 것처럼 마귀에게 돌려보내라.

(7) 양측성 자극을 주면서 그 생각과 감정을 부정하거나 저항하거나 억압하지 않고 오히려 내 의식 가운데 들어온 하나의 경험으로 받아들이고 바라보며, "성령님, 내 안에 있는 부정적 스트레스 에너지를 제거해주시니 감사합니다"라고 고백하라.

그렇게 할 때 성령님께서 신체적으로, 감정적으로, 정신적으로 그 에너지의 묶임으로부터 우리를 자유케 하는 것을 느껴보라. 이것은 마치 빛이 어두움을 비추는 것과 같다. 내가 아니라 하나님의 생명이 흐름으로 우리 안에 있는 부정적 에너지장을 제거하는 것이다. 나의 의도와 상관없이 성령님의 역사를 내 혼이 허용하는 것이다. 신체적으로는 모든 생리 시스템이, 정신적으로는 뉴런의 네트워킹이, 감정적으로는 몸의 반응에 따른 느낌이 정상적으로 돌아오게 된다.

만약 이 과정이 원활하게 진행되지 않으면 악한 영에 묶여 있을 수 있기 때문에, 예수 그리스도의 이름으로 그 감정 에너지를 묶고 있는 악한 영을 쫓아내라.

(8) 예수 그리스도의 이름으로 감사하라.

"생각과 감정이 내가 아님을 알게 하시고, 지금 이 순간 여기에서 있는 그대로 받아들일 수 있게 한 것에 감사합니다. 부정적 스트레스 에너지장을 제거해주셔서 감사합니다. 그것으로부터 자유롭게 해주셔서 감사합니다."

(9) 예수 그리스도 안에서 다음과 같이 선포하라.

"나는 언제나 그리스도 안에 있는 하나님의 자녀입니다. 주님의 생명 안에 하나되게 해주셔서 감사드립니다. 하나님의 사랑, 평강, 기쁨의 에너지로 채워주시니 감사합니다."

결론

우리는 살아가면서 매일 문제들을 직면하게 된다. 그럴 때마다 "지금 당장 어떻게 될 것 같다. 무언가 하지 않으면 큰일 날 것 같다. 과거가 너무나 괴롭다. 지금 너무 불안하다. 미래가 두렵다"라고 생각하고 느낀다. 그렇지만 이러한 일들은 내 과거의 경험과 지식에 기초해서 내가 만든 것뿐이다. 정말 당신이 생각하고 느낀 그대로가 현실이라면, 당신은 이미 오래전에 집도 파산이 나고, 가정도 깨지고, 사업도 부도나고, 친구도 잃고, 암에 걸려서 죽었을 것이다. 그런데 과연 그렇게 되었는가? 그러면서도 늘 염려, 걱정, 두려움을 가지고 살고 있지 않은가? 지금 당신의 생각과 감정에 대한 믿음이 당신을 만들어가고 있다는 것을 아는가? 지금 당신이 마귀에게 속아서, 거짓자아로 그 일들을 만들고 있음을 아는가? 당신의 생각으로 자신의 존재를 만들어감으로써, 하나님께서 당신의 몸을 통하여 나타나시지 못하고 있음을 알고 있는가? 아니 나타나시지 못하게 하고 있는 것을 아는가?

그렇다고 해서 현실에서 어떤 일이 일어나지 않았다고 생각하거나 부정하라는 말이 아니다. 현실은 있는 그대로 일어난 것이다. 문제는 그것을 보는 우리의 인식이 있는 그대로를 보지 않고, 자기 방식대로 본다는 것이다. 현실은 생각 이전에 있는 그대로 존재하는 것이다. 그런데 해석인 생각으로 우리가 자기 방식대로의 현실을 만들고 있는 것이다. 우리는 자신이 만든 관념세계에서 살고 있는 것이다. 문제는 현실 그 자체가 아니라 우리가 현실이라고 믿고 있는 자신의 인식이다. 그것은 내 방식대로 만들어진 관념일 뿐이다. 사실 현실은 변화된 것이 없다. 우리가 현실에 대해서 자기 방식대로 생각함으로 진짜 현실이 아닌 관념적 현실을 만든 것뿐이다.

부정적이고 좋지 않은 생각과 감정은 얼마든지 올라올 수 있다. 우리는 지금까지 그것을 없애려고 애써왔다. 그것이 바로 부정하고, 저항하고, 억압하고, 전가시키는 일이었다. 그렇게 하면 할수록 우리의 내면에 스트레스 에너지장을 만들게 되고, 결국, 심신에 질병을 가지게 된다. 어떻게 해야 하는가? 거짓자아로 그 문제를 해결하고자 애쓰는 것이 아니라 우리의 혼이 하나님의 영 안에 거함으로써 무엇이 내가 아닌지를 알고, 그 관점에서 자신의 마음을 보고, 주님께서 그 마음을 새롭게 하는 것을 체험하는 것이다.

16

내적 소명을 통해서
외적 소명을
이루어가라

인간으로 살아가는 데 있어 가장 중요한 것은 무엇일까? 그것은 바로 "나는 왜 이 땅에 존재하는가"라는 질문에 답하는 것이다. 즉 나는 이 땅에서 무엇을 해야 하는가에 대한 것이다. 하나님께서 나를 통해 무엇을 하시기를 원하시는지 아는 것은 우리에게 너무나 소중하다. 왜냐하면 사람이라면 누구나 한 번밖에 없는 인생을 정말로 가치 있고 소중하게 살고 싶기 때문이다. 나는 왜 이 땅에 존재하며 무엇을 해야 하는지 깨닫는 사건을 기독교에서는 '부르심', '소명'이라고 부른다.

소명과 목적의 관계

모든 인간은 계획한 목적을 달성함으로써 성공한 삶을 살기 원한다. 예수 그리스도를 믿는 자도 마찬가지이다. 더 훌륭한 그리스도인이 되기 위해서, 세상에 더 큰 영향력을 미치기 위해서 살아간다. '비전을 이루어가는 삶', '목적이 이끄는 삶' 이것보다 더 가슴 설레는 말이 있을까? 이 표현 안에 도전, 믿음, 열정, 성취 등 살아가면서 인간이 가질 수 있는 긍정적인 모든 단어가 포함되어 있다. 그러나 하나님나라 안에서 주님께서 원하시는 삶을 살아가기 위해서는 먼저 우리가 이루어야 할 소명과 세상에서 말하는 목적과의 관계를 새롭게 정리할 줄 알아야 한다.

일반적으로 목적은 나의 행동과 추구를 통해서 미래에 이루어야 할 그 무엇을 의미한다. 그러나 그리스도인에게 있어서 목적은 다른 의미를 지니고 있음을 알아야 한다. 목적의 진정한 의미를 알기 위해서 우선 부르심, 또는 소명에 대해서 생각해보자. 소명은 하나님께서 나에게 이미 계획하신 것들을 살아가면서 발견하는 것이다. 그리고 그 소명에 따른 일을 할 때, 하나님께서 찾아와 비전을 주시고, 그 비전을 이루기 위해 우리는 목적을 가지게 된다. 그에 따라 목적에 따른 목표를 세우고, 52 목표를 이루기 위해 계획을 세우고, 그것에 기초해서 살아가게 된다. 따라서 그리스도인이 가지는 이 목적은 하나님께서 주신 비전에 기초하기 때문에 세상 사람들이 가지는 세상적인 목적(내가 이루어야 할 그 무엇)과는 다른, 하나님께서 이루실 그 무엇이 되어야 한다.

우리가 이것을 제대로 이해하면, 삶에 엄청난 변화가 일어난다. 왜냐하면, 세상적인 목적은 인간이 스스로 크로노스 시간상에서 자신의 지혜와 노력을 투자해서 미래에 달성해야 하는 것이지만, 하나님나라에서 자녀들이 목적을 가지고 사는 것은 자신을 포기함으로써 하나님의 시간(카이로스)에 뜻이 하늘에서 이루어진 것처럼 하나님께서 땅에서 이루어지도록 하는 것이기 때문이다.

거짓자아는 미래의 목적을 어떻게 이루어가야 하는지에 초점을 둔 삶을 살게 된다. 내가 주체가 되고, 지금을 수단으로 삼고, 목적을 향해 나아가는 것이다. 그러나 킹덤빌더는 지금 이 순간 여기에서 어떻게

---

52 목적(objective)이란 실현하려는 일 또는 상태, 나아가려는 방향을 뜻하며, 정성적(定性的)인 의미의 목표라고 볼 수 있다. 한편 목표(goal)란 목적을 실현시키기 위해 구체화된 정량적(定量的)인 지표를 의미한다.

하나님의 의를 나타내는지에 초점을 둔 삶을 살게 된다. 왜냐하면 우리의 실재도 우리의 삶도 지금 이 순간 여기에만 있기 때문이다. 따라서 우리는 내가 계획한 미래의 목적을 추구하는 삶이 아니라, 지금 이 순간 여기에서 하나님의 생명이 우리의 행위 자체에 드러나는 삶을 사는 것이다.

킹덤빌더의 두 가지 소명

우리가 소명과 목적의 관계를 온전히 이해하게 된다면, 킹덤빌더는 두 가지 소명을 알고 이루어야 한다. 타락한 세상에서 하나님의 자녀로 거듭난 자의 첫 번째 소명은 자신의 몸으로 하나님의 생명과 통치하심을 경험하는 것이다. 이것은 모든 인간에게 공통된, 그리고 최우선적인 내적 소명이라고 볼 수 있다. 내적 소명을 한마디로 말하자면 거듭난 자가 자기 안에 있는 하나님나라를 경험하는 것이다. 행위론적 소명 이전에 존재론적 소명을 체험하는 것이다.

두 번째 소명은 외적 소명으로 하나님께서 자신을 통해서 이루시고자 하는 것을 발견하고, 그 일을 행할 때 주시는 비전에 따라 하나님이 이루시고자 하는 목적을 정하고, 그것을 주님께서 이루시도록 자신을 내어 드리는 삶을 살아가는 것이다. 자신의 능력과 행위로 미래에 이루는 목적이 아니라, 지금 이 순간 여기에서 하나님을 나타내는 삶을 살아감으로써 하나님께서 그의 일(목적)을 이루시도록 하는 것이다. 이것은 행위론적 소명이라고 볼 수 있다. 한마디로 말하자면 외적 소명은 내적 소명을 이룬 자가 주님의 비전에 따라 목적을 가지고 이 땅에 하나님의 영광을 드러내는 삶을 사는 것이다.

우리 몸으로 하나님의 생명을 경험하는 것이 얼마나 신비롭고 경이로운지를 체험해야 한다. 그리고 이것이 우리가 이 땅에서 살아가는 동안 가장 중요한 내적 소명인 것을 알아야 한다. 이 소명이 내 삶을 변화시키고 세상을 변화시키는 첫 출발이고, 내가 살아가면서 행하는 모든 일에 원동력(driving force)이 되어야 한다. 그러나 더 놀라운 비밀은 우리가 내적 소명을 이룰 때 하나님께서는 우리를 통하여 이 땅에 그의 통치(나라)를 나타낼 수 있게 된다는 것이다. 다른 말로는 내 존재와 내 행위가 일치될 때 그 일이 일어나게 되는 것이다. 내 존재에 임하신 하나님께서 내가 하는 일에 나타나시는 삶을 살아야 한다는 것이다. 그렇게 살기 위해서는 먼저 우리 안에, 지금 이 순간 여기에서 하나님의 신성과 원복이 있음을 아는 의식이 있어야 한다. 그것이 바로 11장에서 자세히 살펴본 그리스도 의식이다. 그 의식 안에서 내 몸이 하나님의 통치를 받도록 혼이 허용하는 것을 경험하는 것이 바로 내적 소명이다. 우리가 성령님 안에서 임재호흡 기도를 통해 하나님과의 생명적 관계를 체험하는 것이 바로 내적 소명을 경험하는 것이다.

이 내적 소명을 알지도 체험하지도 못하고 외적 소명만을 추구하면, 그것은 하나님을 위한 일이 될 수 있지만, 하나님이 나타나시는 것이 아니라 결국은 내가 하는 일 그 이상도 그 이하도 아니다. 그것은 언제나 미래의 목적을 추구하는 삶으로, 현재를 포기하는 삶을 사는 것이다. 현재를 미래의 목적을 이루기 위한 수단으로 여기는 삶이다. 그럴 때 거짓자아가 만든 보이는 형상세계에서 벗어날 수 없으며, 영원한 가치와 만족을 결코 누릴 수 없다. 그 목적은 늘 상대적이고 일시적일 수밖에 없기 때문이다.

하나님께서는 우리가 계획한 목적을 달성할 때 영광을 받으시는 것이 아니라, 우리의 삶 자체를 통해서 영광을 받으신다. 하나님께서는 자녀들이 그분의 생명을 모든 피조세계에 드러냄으로써 모든 피조물이 그분의 영광으로 즐거워하며 자신들을 창조한 하나님께 영광 올려 드리는 것을 기뻐하신다.

[롬 8:19-21] 피조물이 고대하는 바는 하나님의 아들들이 나타나는 것이니 피조물이 허무한 데 굴복하는 것은 자기 뜻이 아니요 오직 굴복하게 하시는 이로 말미암음이라 그 바라는 것은 피조물도 썩어짐의 종노릇한 데서 해방되어 하나님의 자녀들의 영광의 자유에 이르는 것이니라

예수님께서는 내적 소명에 대해서 어떻게 말씀하셨는가?

예수님께서 이 문제에 대해서 마리아와 마르다의 비유로 설명해주셨다. 예수님께서 예루살렘에 방문하실 때마다 꼭 들르시는 곳이 있었다. 그곳은 바로 베다니에 있는 마르다의 집이었다. 예수님은 그 가족들을 진심으로 사랑하셨다.

[눅 10:38-40] 그들이 길 갈 때에 예수께서 한 마을에 들어가시매 마르다라 이름하는 한 여자가 자기 집으로 영접하더라 그에게 마리아라 하는 동생이 있어 주의 발치에 앉아 그의 말씀을 듣더니 마르다는 준비하는 일이 많아 마음이 분주한지라 예수께 나아가 이르되 주여 내 동생이 나 혼자 일하게 두는 것을 생각하지 아니하시나이까 그를 명하사 나를 도와 주라 하소서

마리아의 언니 마르다는 예수님이 누구이신지를 알고 예수님께 잘

해 드리고 싶은 마음이 가득했다. 그분을 위해 자신이 할 수 있는 것은 다 하고 싶어 했을 것이다. 예수님을 위해서 음식을 준비하는 것은 분명히 가치 있는 일이었다. 그에 반해 마리아는 어떻게 했는가? 인간적인 관점에서는 아무 일도 하지 않았다. 단지 예수님의 발 앞에 앉아 주의 말씀만을 들었다. 인간적으로 볼 때 마르다가 마리아를 못마땅하게 생각하는 것은 당연할 것이다. 한 마디로 밉상이다. 그래서 마르다는 예수님께서 당연히 자신을 도와주실 것으로 생각하고 마리아의 잘못된 점을 지적해서 고쳐달라고 말했다. 그런데 놀랍게도 예수님은 전혀 그렇게 생각하지 않았다. 예수님 말씀의 의도를 온전히 파악하기 위해 다양한 번역본으로 살펴보자.

[눅 10:42] 몇 가지만 하든지 혹은 한 가지만이라도 족하니라 마리아는 이 좋은 편을 택하였으니 빼앗기지 아니하리라 하시니라

[눅 10:42 킹제임스흠정역] 한 가지가 필요하니라. 마리아는 그 좋은 부분을 택하였으니 그것을 빼앗기지 아니하리라, 하시니라.

[눅 10:42 현대인의 성경] 그러나 꼭 필요한 것은 한 가지뿐이다. 마리아는 좋은 편을 택했으니 아무에게도 그것을 빼앗기지 않을 것이다.

[눅 10:42 공동번역] 실상 필요한 것은 한 가지뿐이다. 마리아는 참 좋은 몫을 택했다. 그것을 빼앗아서는 안 된다.

마리아는 예수님께서 말씀하신 "관심을 가져야 할 것은 오직 한 가

지밖에 없다"는 것을 발견했다. "누구도 그것을 빼앗아서는 안 된다" 또는 "아무에게도 그것을 빼앗기지 않을 것이다"라고 말씀하신 바로 그것을 말이다. 예수님께서는 마르다의 요청을 거부하고 오히려 마리아의 편을 들어주셨다. 인간적으로 볼 때는 이해가 잘 안 되는 말씀이다. 마르다가 한 일이 잘못일까? 마르다가 말을 잘못한 것일까? 그렇지 않다. 이 비유가 우리에게 주는 의미는 무엇일까? 바로 우선순위에 대한 것이다. 우리가 목적을 가지고 일을 하지 말아야 한다는 것이 아니라, 그 목적 이전에 주님이 먼저여야 한다는 것을 알려주고 있는 것이다. 그렇지 않으면, 우리는 모든 일에 많은 일로 염려하고 근심할 수밖에 없으며, 설령 주님을 위한 일이라 할지라도 그것은 주님께 아무것도 아니라는 것이다. 우리는 어떤 일을 하더라도 먼저 주님 앞에 머무는 것을 포기하거나 빼앗겨서는 안 된다. 일하지 말라는 뜻이 아니다. 먼저 주님 앞에 나와 영이요 생명이신 그분의 말씀을 들을 때 비로소 우리가 행하는 모든 일이 가치가 있게 되는 것이다.

우리는 지금 마리아처럼 살고 있는가?

이제 이것을 예수님의 천상사역의 관점에서 다시 생각해보자. 예수님의 공생애 사역 동안에 마리아는 예수님 발 앞에 앉아 주의 말씀이 자신에게 체험되도록 하고 있었던 것이다. 이것은 바로 예수님의 지상사역 때 일어난 일이었다. 그렇다면 예수님께서 천상사역을 하는 지금은 어떠해야 하는가? 예수님께서 부활 승천하시고, 약속하신 또 다른 보혜사를 보내주시고, 지금 우리 안에 계신다. 우리는 예수 그리스도 안에서 새로운 피조물이 되었기에, 이제는 더 이상 거짓자아로 살아가는 것이 아니라 우리 안에 계신 그리스도께서 사시는 것이다. 그렇다면 우리가 주님을 위해서 무엇을 하기 전에 먼저 영이요 생명이신 주의 말씀이 우리의 몸에 경험되어지도록 해야 하지 않겠는가? 그렇게 하기 위해서는 우리의 혼이 자신의 생각과 감정을 선택하는 대신에 자기를 부인하고 자기 십자가를 짐으로써 그 혼이 하나님의 영 안에 거하는 것이 먼저여야 한다.

> [요 15:5] 나는 포도나무요 너희는 가지라 그가 내 안에, 내가 그 안에 거하면 사람이 열매를 많이 맺나니 나를 떠나서는 너희가 아무것도 할 수 없음이라

가지인 우리가 포도나무인 예수 그리스도와 하나될 때 그분의 생명수가 가지에 흘러 들어오게 된다. 이것을 다르게 표현하면, 우리의 몸이 주님의 생명을 경험한다는 것이다. 이것이 하나님의 자녀 된 모두가 가져야 할 내적 소명이다. 그럴 때 우리는(가지는) 열매를 맺게 된다. 그것이 바로 외적 소명이다. 내가 주님을 위해 가치 있고 의미 있는 일을 찾아서 하는 것이 아니라, 주님께서 나를 통해 나타나시는 일이라면 일의 경중에 관계없이 바로 그 일이 가치 있고 의미 있는 것이 되는 것이다. 하나님께서 우리를 통해 이루시는 것은 전부 다 하늘에 상급으로 카운트해주시기 때문에, 절대적이고 불변하는 가치와 의미를 지니게 된다. 그리스도 현존의식 가운데 하나님의 나타나심이 아닌 모든 추구는 거짓자아의 생존적 추구일 뿐이다. 그것이 아무리 선한 일이라 할지라도 하나님께서는 그 일을 상급으로 쳐주시지 않는다(마 6:20).

"나라가 임하시오며 뜻이 하늘에서 이루어진 것같이 땅에서도 이루어지이다"(마 6:10)라는 이 놀라운 말씀은 내적 소명과 외적 소명 모두

를 담고 있다. 우리 안에 임한 하나님나라를 경험하는 것이 내적 소명이고, 뜻이 하늘에서 이루어진 것같이 땅에서 이루어지도록 하는 것이 바로 외적 소명이다. 우리는 내적 소명 없이 외적 소명에 초점을 두고 최선을 다해 살아가기 때문에, 그렇게 열심히 신앙생활을 하며 살아가지만, 의와 평강과 희락을 누리지 못하는 것이다.

물고기는 물에서 살고, 사자는 땅에서 살아야 본래 지어진 대로 온전한 삶을 살 수 있을 것이다. 그런데 물고기가 땅에서, 사자가 물에서 잘 살고자 애쓰면 어떻게 되겠는가? 살려고 발버둥치면 칠수록 죽어가게 될 것이다. 이처럼 내적 소명 없이 외적 소명을 이루고자 하는 것은 결국 자신을 죽여가는 일이나 다름이 없다. 그럼에도 불구하고 우리는 왜 외적 소명에 초점을 둔 삶을 살고자 하는 것일까? 그 이유는 우리가 거짓자아로 살아가기를 원하기 때문이다. 다른 말로 거짓자아의 정체성을 유지하지 못하면 죽을 것 같은 두려움을 가지기 때문이다. 예를 들면 다음과 같은 불안과 강박증을 느낀다는 것이다.

(1) 아무것도 하지 않고 가만히 있으면 불안을 느낀다. 우리는 흔히 심심하다고(또는 무료하다고) 말한다. 무엇을 해야 할지 모르기 때문에 불안한 것이다

지금 이 순간 여기가 온전하지 못하다고 느끼는 내면에서 올라오는 생각과 감정이다. 그렇기 때문에 자신의 정체성을 유지하고, 자신이 괜찮다는 감정을 유지하기 위해서는 무엇인가를 해야 한다고 느끼는 것이다. 그 말은 외부의 무엇에 대해서 생각하고 느끼고 관계를 맺어야 한다는 것을 의미한다. 즉 외부의 환경과 대상으로 내 존재를 확인 또는 증명받고 싶어 하는 것이다.

그 말은 무엇을 의미하는가? 지금의 상태에서 자신에게 도움을 주는, 재미를 주는, 아니면 가치 있는 무엇인가를 해야 한다는 심리적 강박이다. 살아있다면 살아있는 동안에는 무엇을 통해서 내 존재가 의미가 있고 가치가 있어야 한다는 생각이다. 그런데 이런 것들은 모두 하나님과 분리된 채 스스로 존재하고자 하는 거짓자아로부터 나오는 것임을 알아야 한다. 하나님께서 인간을 구원하신 일차적인 이유는 어떤 역할과 목적을 위한 것이라기보다는 이 세상 속에서 하나님께서 창조하신 본래의 존재가 되도록 함으로써 안식 가운데 하나님을 나타내는 영광의 통로가 되도록 하기 위함이다.

구원을 받았지만, 여전히 하나님과 분리된 채 거짓자아로 이분법적인 사고방식을 가지고 사는 자는 겉으로만 기독교적인 것처럼 보이는 거짓영성을 만들고 손질하는 데 인생의 대부분을 보낸다. 하나님과 하나 됨의 생명을 누리고 그 생명을 흘려보내는 대신에, 늘 말씀에 대한 거짓자아의 해석으로 옳고 그름, 선과 악, 해야 할 일과 하지 말아야 할 일 등을 나누고, 그것을 지키고자 하며, 그렇지 못한 자신과 남을 판단하는 일을 행한다. 하나님을 위해서 무엇을 할까, 또는 무엇을 할 수 있을까에 초점을 둘 뿐, 진정한 자신이 누구인지에 대해서는 알지도 못하고 생득권으로 주어진 자녀의 신성과 원복을 누리지도 않는다. 자신이 하나님과 동등됨을 취하면서도 그것을 알지 못할 뿐만 아니라, 하나님께서 이미 주신 것들을 누리지도 못하는 삶을 살고 있는 것이다.

[엡 4:24] 하나님을 따라 의와 진리의 거룩함으로 지으심을 받은 새 사람을

입으라

[골 3:9-10] 너희가 서로 거짓말을 하지 말라 옛 사람과 그 행위를 벗어 버리고 새 사람을 입었으니 이는 자기를 창조하신 이의 형상을 따라 지식에까지 새롭게 하심을 입은 자니라

우리는 세상으로부터 주목받고 다른 사람들로부터 대접받기를 원하지만, 아이러니하게도 자신의 진정한 존재를 진지하게 대접하지 않으며, 하나님께서 우리를 예수님과 동일하게 사랑하시는 것을 원치 않는다. 자신이 행한 선한 일만큼 사랑받기를 원하는 것이다.

[고전 3:23] 너희는 그리스도의 것이요 그리스도는 하나님의 것이니라

[요 17:23] 곧 내가 그들 안에 있고 아버지께서 내 안에 계시어 그들로 온전함을 이루어 하나가 되게 하려 함은 아버지께서 나를 보내신 것과 또 나를 사랑하심 같이 그들도 사랑하신 것을 세상으로 알게 하려 함이로소이다

[요일 3:1] 보라 아버지께서 어떠한 사랑을 우리에게 베푸사 하나님의 자녀라 일컬음을 받게 하셨는가, 우리가 그러하도다 그러므로 세상이 우리를 알지 못함은 그를 알지 못함이라

외적 소명은 어떻게 이루어지는가?

혼의 구원을 통하여 의식의 전환이 이루어지고 우리 몸이 하나님의

생명을 경험하도록 혼이 허용하는 내적 소명을 이루면, 우리가 그리스도 안에서 살아가면서 행하는 외적 소명에 하나님의 능력(기름부으심)이 나타나게 된다. 의도와 목적이 하나님의 영광을 나타내는 것과 조화를 이루기 때문이다. 그것은 '내가'가 아니라 '그리스도'가 나를 통해 나타나는 삶을 사는 것이다. 더 이상 가치 있고 의미 있는 일을 찾는 것이 아니라, 행하는 자체가 가치 있고 의미 있는 일이 되는 것이다. 또한, 수단을 통하여 목적을 달성하는 삶이 아니라 그리스도 안에서 수단 그 자체가 목적이 되는 삶을 살게 된다.53 즉, 하나님께서 이루실 목적을 위해 살아갈 때는 계획을 통하여 진행되는 그 수단이 오늘 내가 살아가는 목적이 되는 것이다.

내적 소명을 경험하지 못하면, 자신이 어떻게 살아가야 할지를 알지 못한다. 반대로 내적 소명을 경험하게 되면, 자연스럽게 외적 소명이 무엇인지 깨닫게 된다. 왜냐하면, 하나님의 생명 안에서 살아갈 때 자신의 장점과 단점, 다른 사람과 같은 점과 다른 점, 자신의 지식이나 기술보다 훨씬 잘되는 능력, 재능과 은사들이 발견되고 개발되기 때문이고, 성령님께서는 우리로 하여금 그것들이 통합되어 가장 잘 나타날 수 있는 일들로 인도하기 때문이다. 그리고 그 일을 행할 때 우리에게 주어지는 비전에 따라 목적을 가질 수 있게 된다.

외적 소명은 두 단계로 나누어서 생각해볼 수 있다. 첫 단계는 하나

---

53 《킹덤빌더 라이프스타일》(규장)에서는 목적이 수단이 되는 삶이라고 기술했다. 그것은 하나님의 자녀임에도 불구하고 자신이 만든 목적으로 살아가고 있기 때문에, 그 목적은 매일 자신을 새롭게 하는 수단이 되어야 한다는 뜻이다. 한편, 그리스도 의식으로 살아갈 때 목적은 결코 스스로 만들 수 없으며, 하나님께서 비전을 통해서 주시는 것이다. 그럴 때는 수단 그 자체가 목적이 되어야 한다. 왜냐하면 우리의 실존은 지금 이 순간 여기에만 존재하며, 우리의 삶도 지금 이 순간 여기뿐이기 때문이다.

님께서 무엇을 하기 원하시는지를 아는 것이고, 두 번째 단계는 거짓 자아를 포기함으로써 그 일에 하나님께서 나타나시도록 하는 삶을 살아내는 것이다. 그런데 우리는 내적 소명을 경험하지 않고, 하나님께서 내가 무엇을 하기 원하시는지 알기를 원한다.[54] 그것은 불가능한 일이다. 나를 나보다 더 잘 아시는 주님께서 우리를 통치하심으로써, 즉 우리 몸이 하나님을 경험할 때 비로소, 나의 외적 소명의 첫 단계를 알게 되는 것이다. 먼저 주님께서 내 안에서 행하시는 것을 경험해야 소명을 가질 수 있고(빌 2:13), 그분의 최선이 나타나도록 그분 안에 내가 최선을 다하는 삶을 살아야 한다(골 1:29).

내적 소명이 이루어질 때 비로소 우리는 오늘 무엇을 어떻게 해야 하는가에 대한 답을 얻을 수 있다. 그러나 내적 소명을 이루지 않은 채 살아갈 때는 내가 만든 어떤 목적을 위해 최선을 다해 살아가는 데 초점을 둔 삶을 살 수밖에 없다. 그렇게 되면, 내 삶의 실재인 지금 이 순간 여기는 늘 미래의 목적을 위한 수단으로 전락해버린다. 내 존재의 실재는 지금뿐인데, 우리는 속아서 자신의 존재를 늘 미래에 두게 된다. 따라서 이미 주어진 자유와 행복을 누리지 못한 채 늘 미래에서 이루어질 자유와 행복을 추구하는 삶을 살 수밖에 없는 것이다. 우리가 그리스도 현존의식을 알아차리지 못하는 한, 우리는 미래의 행위 차원에서만, 즉 시간의 관점에서만 계속 의미를 추구할 것이다. 우리의 미래적 시간으로 추구하는 모든 행위와 그 열매는 그 가치와 의미가 상대적이고 일시적일 뿐이다. 상황, 환경, 대상, 시간에 따라 변하게 된다는

---

54 흔히 우리는 소명 찾기를 잘못 이해하고 있다. 소명은 이미 주어진 것으로 삶을 통해서 발견해 나가는 것이지, 사는 동안에 하나님께서 내가 미래적으로 무엇을 하기 원하시는지 그것을 찾는 것이 아니다.

것이다.

설령 그것에서 의미와 만족을 발견한다 해도 그런 것들은 언젠가는 가치가 없어지거나 더 이상 즐거움을 주지 못한다는 것이 드러나게 될 것이다. 내가 나를 위해서 달성한 목적들은 예외 없이 시간과 함께 소멸되기 때문이다. 영원이 아니라 심리적 시간의 축상에서 우리가 발견하고 부여하는 의미들은 모두 다 상대적이고 일시적일 뿐이다. 생각해보라. 이 진리를 자신의 인생으로 뼈저리게 체험하고 그러한 자신의 삶의 덧없음을 알린 성경 속 인물이 있지 않은가? 바로 솔로몬이다. 그가 말년에 후회와 참회 속에서 기록한 전도서를 읽어보라. 거짓자아가 주체가 되어 한 모든 일은 세상적으로 그럴듯해 보여도, 하나님의 관점인 영원의 관점에서 볼 때는 "헛되고 헛되니 모든 것이 헛될 뿐"이다.

[전 1:2-3] 전도자가 이르되 헛되고 헛되며 헛되고 헛되니 모든 것이 헛되도다 해 아래에서 수고하는 모든 수고가 사람에게 무엇이 유익한가

진정한 성공이란 무엇인가?

만약 하나님께서 주신 내적 소명과 일치되지 않는 목적을 위해서 최선을 다해 살아간다면, 설령 그 목적이 하나님을 위한 것이라 할지라도, 그리고 그것이 아무리 지상낙원을 건설하는 일이라 할지라도, 결국 그것은 자신의 일이 되고, 결과적으로 시간이 지나면 허무해질 것이다. 마지막 날에 각 사람의 공적을 시험하는 불에 그 모든 것들은 다 불타 없어질 것이기 때문이다.

[고전 3:12-15] 만일 누구든지 금이나 은이나 보석이나 나무나 풀이나 짚으로 이 터 위에 세우면 각 사람의 공적이 나타날 터인데 그 날이 공적을 밝히리니 이는 불로 나타내고 그 불이 각 사람의 공적이 어떠한 것을 시험할 것임이라 만일 누구든지 그 위에 세운 공적이 그대로 있으면 상을 받고 누구든지 그 공적이 불타면 해를 받으리니 그러나 자신은 구원을 받되 불 가운데서 받은 것 같으리라

거짓자아로 행하는 모든 일은 설령 그것이 영적으로 보이는 일이라고 해도, 수단이 목적을 타락시킬 것이다. 하나님께서 미래의 시간(크로노스)에 이루시도록 하기 위해서 지금 이 순간에 하나님께서 나타나시는 차원적인 실재(카이로스)의 삶을 살아가는 것, 그것이 바로 '나의 하루'가 아닌 '하나님의 하루'를 살아가는 삶이다.

우리는 모두 미래적으로 성공을 추구한다. 인간의 관점에서 성공이란 내가 계획한 것을 성취하는 것을 의미한다. 우리가 성공할 때 만족을 주고, 인정을 받고, 풍요를 누릴 수 있기 때문이다. 우리가 추구하는 성공은 늘 우리가 하는 일의 결과와 관계가 있지만, 그러한 것들은 성공에 따른 부산물이지 성공 그 자체는 아니다. 즉, 성공의 본질은 아니다. 이 세상은 우리가 미래에 성공할 수 없다는 것을 절대로 알려주지 않는다. 그래서 이러한 불편한 진실을 모른 채 거짓자아로 살아가는 자들은 미래의 성공에 목숨을 거는 것이다. 그러나 거짓자아로부터 깨어나면, 성공은 미래에 이루어지는 것이 아니라 지금 이 순간 여기에서 이루어지는 것임을 알게 된다.

우리가 노력과 시간을 들여서 미래에 내가 원하는 것을 이루었다고 가정해보자. 소위 세상적으로 성공한 것이다. 그러나 그 과정은 어떨

까? 성공은 미래의 일이고 대부분 목적이 수단을 정당화시킨 것일 것이다. 정신세계 안에서 목적과 수단은 별개이지만, 실제 삶에서 목적과 수단은 하나이지 분리될 수 없다. 왜냐하면 어떤 목적을 가진다고 하더라도 그 목적을 이루는 것은 지금뿐이기 때문이다. 만약 수단이 인간의 행복에 기여하지 않는다면 목적도 마찬가지이다. 그렇다면 어떻게 하나님의 말씀대로 목적을 이루는 삶을 살 수 있을까? 다른 말로 어떻게 하면 수단과 목적을 일치시킬 수 있을까? 우리의 인생이라는 긴 여행이 궁극적으로는 지금 이 순간 내딛는 발걸음으로 이루어진다는 것을 깨닫는 것이다. 지금 이 순간 행하는 일에 초점을 두는 것이다. 그렇다고 해서 어디로 가야 하는지를 모른다는 뜻이 아니다. 목적지는 이차적이라는 의미이다.

그런데 우리는 지금 어떻게 살고 있는가? 우리의 영이 하나님의 영과 연합하여 하나됨으로써 우리가 새로운 존재가 되었음에도 불구하고, 여전히 거짓자아가 주체가 되어 자신의 결핍과 부족을 채우기 위한 욕구에 기초하여 자신이 세운 인생의 목적을 성취하기 위해서 살아가고 있다. 그 목적의 성취를 우리는 성공이라고 부른다. 그런 삶은 해도 해도 끝이 없다. 만족이 없다. 늘 목마르다. 인생을 즐기지 못한다. 지금 이 순간 여기에 존재하지 못하고 늘 미래에 자신의 존재를 두고 산다. 지금 이 순간 여기라는 삶의 실재의 깊이를 누리지 못하고, 늘 관념 속에서 자신의 방식대로 살고 있다. 물질에 대한 소유권과 통치권에 가치와 의미를 두는 거짓자아로 살아가기 때문이다.

지금 이 사회와 문화의 시스템은 몸이 살아있는 동안 자신의 진정한 존재를 돌아볼 기회를 주지 않고, 더 많이, 더 좋게, 더 빨리라는 심리적 강박으로 우리를 몰아붙이고 있다. 따라서 설령 그런 기회가 주어져도 깨닫지 못하는 경우가 대부분이다. 그렇지만, 심신 장애, 노화, 질병, 파산, 관계 이상, 상실 등을 통해 보이는 세계의 실체들의 중요성이 약해지고 소멸할 때 비로소 거짓자아의 허상을 보게 된다. 즉 자신의 진정한 존재를 직면하게 된다. 다른 말로 하면 혼이 더 이상 자신의 생각과 감정을 자신과 동일시하지 않을 기회가 찾아오는 것이다. 몸의 수명이 다할 때쯤이면 자신의 의지와 상관없이 그렇게 될 수밖에 없다.

시공간을 초월한 현존의식으로 우리의 삶을 통하여 시공간 안에 있는 피조세계에 주님의 생명을 나타내는 것이 바로 하나님의 관점에서의 성공이다. 당신이 지금 이 순간이라는 현재에 있지 않는 한, 당신은 무엇을 하든 그 일 속에서 자기자신을 잃어버리고 있는 것이다. 그 말은 우리의 혼이 하나님의 영 안에서 늘 깨어 자신의 마음을 볼 줄 알아야 하는데, 자신도 모르는 사이에 그 혼이 다시 자신의 생각과 감정을 동일시함으로써(행위와 사건에 대한 반응을 자신과 동일시하면), 거짓자아로 지금 이 순간 여기를 잊어버리고 정신세계 안에서 살아가게 된다는 말이다. 그리스도 밖에서는(자신의 진정한 존재를 잃은 상태에서는) 어떤 성공도 일장춘몽에 지나지 않는다. 무엇을 성취하든 우리는 금세 다시 불행해질 것이고, 우리의 관심은 새로운 문제에 사로잡힐 것이기 때문이다.

결국 외적 소명을 이룬다는 것은 내 소망과 욕심을 이루기 위해서 내가 계획하고 이루어야 할 목적이 아니라, 내적 소명을 이룰 때 비전을 주신 주님께서 이루실 그 무엇을 받아들이고, 내 안에 계신 주님께서 계획하신 그것을 이루시도록 하기 위해 목적을 가지는 것이다. 그 목적을 이루는 하나님의 하루를 살아갈 때 하나님의 생명을 몸으로 경험하고 흘려보내는 삶, 지금 이 순간 여기에서 깊이 있고 신비하고 풍성한 삶, 상황, 처지, 환경, 대상, 문제에 영향을 받지 않는 삶, 그분의 통치 안에서 하늘에 보물을 쌓는 삶을 살게 된다.

외적 소명을 이루어가는 실제적인 방법은?

가장 놀라운 경험은 지금 이 순간 여기에서의 행위 자체가 목적이 될
때(즉 하나님의 영 안에 있는 혼이 경험과 지식에 기초한 생각과 감정에 묶이지 않
고 행할 때), 하나님의 영이 우리를 통해 나타나는 것을 경험하는 것이
다. 그것은 하나님의 임재를 느끼는 것이고, 그 훈련을 통해서 기름부
으심이 실제적으로 나타나게 된다. 이때의 그 행위 자체는, 그것이 무
엇이든 간에, 하나님께서 우리를 통해 이 세상에 나타나시는 통로가
되는 것이다.

[시 24:7] 문들아 너희 머리를 들지어다 영원한 문들아 들릴지어다 영광의
왕이 들어가시리로다

무엇이든지 지금 이 순간의 행동 자체가 목적이 되도록 해보라. 자
신의 생각으로 행위에 대한 가치와 의미를 판단하지 말아보라. 지금의
내 행위를 어떤 목적을 달성하기 위한 수단으로 보지 않고, 지금 이 순
간 그 자체가 목적이 되도록 해보라. 그리스도 안에서 영원한 현존을
느껴보라는 것이다. 예를 들어, 화장실 가는 것이나 물을 먹으러 부엌
으로 가는 것을 생각해보라. 당신은 미래의 일을 목적으로 생각한 다
음(화장실에서 소변을 보는 것과 부엌에서 물을 마시는 것) 수단을 통하여(거
실에서 부엌으로 걸어가서) 목적을 달성하고자 한다. 다시 생각해보라.
우리가 무엇을 하든 시공간 안에서 이루어지지만, 진정한 나는 언제나

지금 이 순간을 경험하는 것이다. 진정한 존재도 지금이고, 삶도 지금이다. 지금 이 일이 목적이 될 때 심리적 시간을 무효화시키지만 거짓자아로서 추구하는 행위적 목적은 반드시 미래를 필요로 하며 심리적 시간 없이는 외부적인 목적이 존재할 수 없게 된다.

우리는 자신의 모든 생각뿐만 아니라 생각에 따른 행위에 대해서 해석하고 판단하고 가치를 매긴다. 그것은 과거뿐만 아니라 미래에 대해서도 마찬가지이다. 그리고 만족하지 못하면 아직 일어나지도 않았고 해보지도 않았는데 스트레스를 받는다. 다른 말로 지금의 상태에 대해서 불안하고 스트레스를 받는다는 것은 그리스도 의식 밖에 있다는 것이다. 예를 들어, '잘 할 수 있을까? 그때까지 해낼 수 있을까? 만약 그렇지 못하면 어떻게 되지?'라는 미래의 일에 대한 염려와 걱정을 생각해보라. 내가 어떤 일을 할 때 불안과 온전하지 못함과 스트레스를 느낀다면 그것은 이미 거짓자아가 가지는 외부적인 목적이 내 몸을 지배함으로써 내적 소명을 잃어버린 것이다. 이러한 불안과 스트레스가 바로 하나님의 능력이 우리를 통해서 나타나는 것을 막는 가장 큰 걸림돌이다.

당신이 불안과 스트레스를 느끼는 것은 다시 거짓자아가 삶의 주체가 되어 자신의 정체성을 유지하고자 하기 때문이다. 그것은 다시 하나님과 우리의 생명적 관계를 끊어버림으로써 자아독립적 존재로 살아가게 만든다. 왜 이렇게 되었는가? 그것은 바로 지금 이 순간 여기에서의 내 존재와 삶으로부터 벗어났기 때문이다. 그렇다면 왜 지금 이 순간 여기에서의 존재와 삶으로부터 벗어나고자 했는가? 그것은 지금 거짓자아가 지금 이 순간 여기보다 심리적 시간 속에 존재하는 가공세계(정신세계)가 더 중요하다고 속이기 때문이다. 실상은 자기 존재를 유지하기 위한 것일 뿐이다.

새로운 삶을 시도해보라

지금 우리가 하는 일이 외적 소명에 해당되는 것인지에 대한 질문을 하기 전에, 먼저 내적 소명에 따른 새로운 삶을 살아보도록 하자.

1 가만히 있을 때

배고프다, 목이 마르다, 무언가 해야 하고, 무언가를 집어넣어야 하고, 무언가 생각으로 행동으로 관계를 맺어야 한다는 심리적 강박이 있는가? 무언가를 집어넣지 말고, 그리스도 현존의식 안에서 하나님의 사랑을 체험하라.

[렘 2:13] 내 백성이 두 가지 악을 행하였나니 곧 그들이 생수의 근원되는 나를 버린 것과 스스로 웅덩이를 판 것인데 그것은 그 물을 가두지 못할 터진 웅덩이들이니라

[요 7:38] 나를 믿는 자는 성경에 이름과 같이 그 배에서 생수의 강이 흘러나오리라 하시니

2 일을 할 때

(1) 일의 내용에 빠지지 말라

'하기 싫은 일인가, 아니면 하고 싶은 일인가?', '내가 할 수 있는 일인가, 아니면 할 수 없는 일인가?', '내게 유익이 되는 일인가, 아니면 유

익이 되지 않는 일인가?'라는 생각으로 어떤 일의 내용에 빠져 자신의 존재를 잃어버리지 말라. 그리스도 안에서 자신의 생각과 감정을 관찰자로 바라보라.

(2) 하기 싫은 일을 어떻게 하면 좋을까?

대부분의 경우 문제는 일 자체가 아니라 일에 대한 마음의 생각과 감정이 하나님의 능력을 막는 것이다. 우선 거짓자아의 판단으로부터 벗어나 그리스도 의식 안에 거하라. 내 몸이 하나님을 경험하도록 하라. 그리고 그 일이 내가 하는 일이 아니라 하나님께서 나타나시는 일이 되도록 하라.

3 다른 사람과 만날 때

다른 사람과 상호작용을 하는 이유는 대부분 어떤 목적을 이루기 위해서이다. 그러나 만날 때 그 목적이 이차적인 것이 되도록 해보라. 두 사람 사이에 일어나는 생각의 교류가 아니라 그리스도 의식(지금 이 순간 여기에서 사랑, 온전, 갈망의식)을 나누는 것이 만남과 교류의 첫째 목적이 되도록 해보라. 그렇다고 해서 세상적 차원에서의 일들이 중요하지 않거나 하지 않아도 된다는 것은 아니다. 그리스도 의식으로 하나됨의 차원을 나눌 때 실제적인 일들은 더 쉬워지고 잘 풀리게 될 것이다. 인간 존재들 사이에 이러한 의식에 따른 생각과 감정의 동조와 공명이 나타나는 것이 관계에 있어 가장 핵심적인 요소이다. 이러한 내적인 교류는 외적인 대화나 교제보다 훨씬 더 중요하다. 인간이라는 존재가 세상의 일보다 더 중요하기 때문이다.

아무것도 하지 않을 때 당신은 어떤 느낌이 드는가? 불안한 느낌, 무엇인가 해야 한다는 강박감을 느끼지 않는가? 그러나 내적 소명이 이루어지면, 살아있음 그 자체, 지금 이 순간 내 존재의 의식 그 자체가 정말 신비롭게 느껴지고, 사랑 그 자체, 어느 하나 부족함이 없는 온전함, 하나님을 나타내고자 하는 갈망이 느껴진다. 무엇을 행하는 것 이전에 존재 자체가 온전하다는 것을 체험하는 것이다. 죽기 전에 죽음을 경험한 자가 누리는 자유는 하나님의 아름답고 신비로운 은혜의 실체이다. 세상적으로 볼 때 아무리 하찮게 보이는 일이라도 그 일에서 내적 소명을 경험하며 행할 때 우리가 상상할 수 없는 하나님의 영광이 우리를 통해서 나타나며, 그것은 영원한 가치와 의미를 지니는 일이 된다. 설거지, 청소, 배달을 하든 말이다.

✔ 그렇게 할 때 우리는 다음 세 가지의 축복을 매일매일 경험하게 된다.

(1) 세상적으로 하찮은 일이라도 하나님께서는 그 행위를 카운트하신다. 하늘에 유업을 쌓는 것이다.

(2) 이제 행위의 주된 목적은 내가 하는 일 속으로 하나님의 생명이 흘러 들어가게 하는 것이다. 하나님의 열정과 지혜와 능력이 나타나도록 하는 것이다. 일의 결과가 아니라 내 몸이 하나님의 생명을 체험하는 것이 바로 즐거움이고 기쁨이다.

(3) 내 존재와 삶에 의미가 있다는 것을 알면서 살아간다는 것이다. 세상의 직분, 일의 종류, 인간의 능력과 상관없이 어떤 삶을 살아도 후회함이 없다는 것이다. 세상의 물질이나 대상에 묶이지 않고 하나님의 생명인 사랑의 흐름을 맛보고 살았기 때문이다.

지난 20년간 하나님나라 복음을 탐험하며 깨닫고 체험하며 가르쳐 온 킹덤빌더의 영성과 그 훈련에 대한 내용을 마침내 한 권의 책으로 정리하고 출간하게 되었다. 하나님나라 복음에 기초한 새로운 패러다임의 영성훈련을 담은 책을 출간하게 하신 하나님의 은혜에 감사와 기쁨이 넘치지만, 한편으로 과연 이 책이 되돌이킬 수 없이 급변하는 시대에 여전히 기존의 전통과 교리와 믿음체계를 고집하고 있는 기독교와 성도들에게 어떤 영향을 미칠 수 있을까 의구심이 들기도 한다. 새 포도주를 옛 가죽부대에 넣지 않기를 바라는 마음으로, 오늘날의 기독교와 그리스도인이 봉착해 있는 현 상태와 그에 대한 대안을 살펴봄으로써 이 책이 또 하나의 이론서가 아닌 킹덤빌더의 영성의 체험서가 되기를 간절히 바래본다.

지금 그리스도인들은 어떻게 신앙생활을 하고 있는가?

우리 그리스도인이 그리스도 안에서 온전한 삶을 살기 위해서는 어떻게 해야 하는가? 말씀을 배우고 배운 것을 삶에 적용하고자 애쓰는 것도 필요하지만, 동시에 삶을 성찰함으로써 심중에 가득한 생각들이 생명의 말씀에 의해서 판단받는 것도 필요하다. 그런데 안타깝게도 지금까지 교회 내에서의 신앙생활은 주로 교학(敎學)사역에 치중하고 있다. 즉 가르치는 것을 배우고 각자가 자신의 삶에 적용하여 그 가르침대로 살아내는 방식이다. 그렇지만 배우기만 한다고 해서 배운 그대로 살아낼 수 있을까? 결코 그럴 수 없다. 왜냐하면 삶은 단지 배움으로 되는 것이 아니라 생명의 흐름을 체험하고 그 생명을 함께 나누는 생활을 통해서 이루어지기 때문이다.

코로나 시대를 지나며 비대면 온라인 사역으로 전환해야만 했던 교회들은 지금까지 당연시하며 행해온 교학사역의 한계에 봉착하게 되었다. 교학사역의 한계란 대부분 교리와 신앙체계를 거짓자아가 주체가 된 자들에게 지식적으로 주입시켰을 뿐, 각자의 삶의 현장에서 일어나는 여러 가지 상황과 문제에 대해, 그리스도 안에서 생명의 말씀이 어떻게 각자의 몸(생각, 감정, 신체)을 통하여 그 삶에 나타나는지에 대해서는 알려주지 않았다는 점이다. 그동안은 이러한 교학사역의 한계를 현장 사역의 일환인 친교와 교제로 보완해왔지만, 코로나 시대 동안 현장에서 행하던 사역의 대다수가 제한되자 기존의 교학사역이 주던 결속력과 영향력마저 심각하게 약화되었다.

설상가상으로 언택트 온라인 시대의 도래에 따라 대부분의 교회에서는 실시간 온라인 예배를 중계하게 되어서 이제는 교인들이 더 이상 교회에 출석하지 않아도 괜찮다고 생각하게 되었다. 더욱이 성도들은 집에서 유튜브와 같은 콘텐츠 플랫폼을 통해 교단과 교파를 총망라하여 내로라하는 최고 설교자들의 말씀을 들을 수 있게 됨으로써 한 교인이 더 이상 한 교회만 다니지 않게 되었다. 결과적으로 교회에 참석하는 교인 수가 급격하게 줄어든 반면 가나안 성도들은 파악할 수 없을 정도로 급증하게 되었다.

하지만 이러한 말씀의 홍수 속에서 가장 심각한 문제는 우리, 서로, 함께의 삶을 통한 생명의 복음을 나 혼자만의 지식의 복음으로 만들어가고 있다는 것이다. 더욱이 수많은 말씀 중에서 어떤 것이 진짜 진리인지 분별하기가 쉽지 않게 되었다. 게다가, 삶이 과거보다 더 꽉꽉하고 힘들어지다 보니 진리의 말씀을 통하여 자신을 변화시키기보다는, 자신을 위로해주고 격려해주며 자신의 간지러운 곳을 긁어주는 말씀을 찾아 헤매는 시대가 되어가고 있다. 실제로 수많은 성도들이 문제해결에 초점을 맞추는 신앙생활을 하고, 그것을 알려주는 설교나 단체들에 몰려드는 실정이다.

[딤후 4:3-4] 때가 이르리니 사람이 바른 교훈을 받지 아니하며 귀가 가려워서 자기의 사욕을 따를 스승을 많이 두고 또 그 귀를 진리에서 돌이켜 허탄한 이야기를 따르리라

[고후 11:4] 만일 누가 가서 우리가 전파하지 아니한 다른 예수를 전파하거나 혹은 너희가 받지 아니한 다른 영을 받게 하거나 혹은 너희가 받지 아니한 다른 복음을 받게 할 때에는 너희가 잘 용납하는구나

그렇다면 우리는 어떻게 해야 하는가?

복음의 핵심은 문제해결에 있는 것이 아니라, 문제를 대하는 우리의 존재를 변화시키는 것이고, 그렇게 함으로써 하나님의 나라와 의를 구하도록 하는 데 있다. 이제는 진리의 말씀을 배우고 그것을 삶에 적용하고자 하는 교학사역과 더불어 삶의 문제해결에 앞서 거짓자아로부터 벗어나 예수 그리스도 안에 거함으로써 자신을 하나님께 온전히 의탁하는 삶을 경험하게 하는 사역이 필요하다. 이러한 일들이 일어나도록 도와주는 사람을 영적 멘토라고 부르며, 그 사역을 전수(傳受)사역이라고 한다. 바로 모세와 여호수아, 엘리야와 엘리사, 예수님과 열두 제자, 바울과 디모데와 같이 성경 전반에 걸쳐서 우리는 전수사역을 볼 수 있다.

전수사역이란 단순히 진리를 풀어주고 해석하여 가르치는 것이 아니라, 각자의 생활에서 일어나는 일들을 통해서 자신의 내면을 성찰하게 하고, 왜 그리고 어떻게 진리가 필요한지를 알려주고, 자신의 존재와 삶을 실제로 변화시키기 위하여 성령님의 인도하심 가운데 영적 단계에 맞게 그 생명의 말씀을 적용시켜 체험해 나가도록 도와주는 것이다. 이것이 바로 하나님나라의 복음적 삶이고, 영성훈련이다.

지금은 누구도 이의를 달 수 없을 정도로 명백한 신앙의 위기 시대이다. 기존의 전통적 기독교 패러다임으로는 교회가 더 이상 제 역할을 할 수 없고, 그리스도인들도 세상의 빛으로서 역할을 감당할 수 없다. 종교개혁의 정신과는 달리, 우리는 너무나 오랫동안 새로운 패러다임을 받아들이는 것에 저항해왔다. 그 결과 교회의 부흥은 사라지고, 사회와 세상은 이전보다 더 어두워졌다. 우리나라 뿐만 아니라 지난 세기 온 세상에 복음을 전한 선교 중심국들이 지금 어떤 영적 상태에 놓여 있는지를 생각해보라. 기존 교회 건물이었던 곳이 이슬람 모스크나 술집으로 바뀌고, 학교에서는 반기독교적 가르침이 아무런 제약 없이 퍼지고 있으며, 기독교에 대한 사회적 인식과 기대가 나락으로 떨어지고 있다. 이제는 새로운 패러다임으로의 전환이 반드시 이루어져야 할 때이다.

기독교의 역사를 되돌아볼 때, 위기는 기회였으며 가장 어두울 때 빛은 가장 밝게 빛났다. 중세의 암흑기로부터 종교개혁이 일어남으로써 이신칭의와 구원론과 성경의 말씀에 대한 회복이 일어났고, 오순절 은사주의와 믿음 운동을 통해 성령의 역사가 회복되어 영혼구원 뿐만 아니라 질병과 물질적 고통으로부터의 구원이 일어났다. 그리고 1974년 스위스 로잔 세계복음화 국제회의를 통해 선교신학의 패러다임이 변화되어, 선교는 단순히 인간구원과 교회부흥에 국한된 것이 아니라 정치, 사회, 문화 등 삶의 모든 영역에서 이루어져야 한다는 것을 절실히 깨닫게 되었다.

　이제는 예수님께서 하나님나라의 복음을 전하신 후 지난 2천 년 동안의 점진적 계시의 결론이자 그간 모든 진리들을 하나로 꿸 수 있는 하나님의 나라(통치)와 영성이 다시 회복되고 이루어져야 할 때이다. 그 일을 위해서는 마귀의 통치에서 벗어나 자신 안에 있는 하나님나라에서 예수 그리스도의 믿음으로 보이지 않는 세계의 실상을 보이는 세계의 실체로 나타냄으로써 주의 뜻을 이루어가는 킹덤빌더들이 세워져야 한다. 이 책이 이 시대에 킹덤빌더를 세우고 킹덤빌더의 영성을 체험하게 하는 영적 멘토의 역할을 감당하기를 기대해본다.

Soli Deo Gloria!

HTM 센터에서 손기철 박사

킹덤빌더의 영성

초판 1쇄 발행	2022년 12월 7일
초판 7쇄 발행	2024년 7월 5일

지은이	손기철

펴낸이	여진구		
책임편집	안수경 김도연		
편집	이영주 박소영 최현수 김아진 정아혜		
책임디자인	노지현 마영애 ㅣ 조은혜 이하은		
홍보·외서	진효지		
마케팅	김상순 강성민	마케팅지원	최영배 정나영
제작	조영석 허병용	경영지원	김혜경 김경희

303비전성경암송학교
이슬비전도학교 / 303비전성경암송학교 / 303비전꿈나무장학회

펴낸곳	규장

주소 06770 서울시 서초구 매헌로 16길 20(양재2동) 규장선교센터
전화 02)578-0003   팩스 02)578-7332
이메일 kyujang0691@gmail.com
페이스북 facebook.com/kyujangbook   홈페이지 www.kyujang.com
카카오스토리 story.kakao.com/kyujangbook   인스타그램 instagram.com/kyujang_com
등록일 1978.8.14. 제1-22

ⓒ 저자와의 협약 아래 인지는 생략되었습니다.
이 출판물은 저작권법에 의해 보호를 받는 저작물이므로 무단 전재와 무단 복제를 할 수 없습니다.

책값 뒤표지에 있습니다.
ISBN 979-11-6504-390-2 03230

규ㅣ장ㅣ수ㅣ칙

1. 기도로 기획하고 기도로 제작한다.
2. 오직 그리스도의 성품을 사모하는 독자가 원하고 필요로 하는 책만을 출판한다.
3. 한 활자 한 문장에 온 정성을 쏟는다.
4. 성실과 정확을 생명으로 삼고 일한다.
5. 긍정적이며 적극적인 신앙과 신행일치에의 안내자의 사명을 다한다.
6. 충고와 조언을 항상 감사로 경청한다.
7. 지상목표는 문서선교에 있다.

하나님을 사랑하는 자 곧 그의 뜻대로 부르심을 입은 자들에게는 모든 것이 合力하여 善을 이루느니라(롬 8:28)

Member of the
Evangelical Christian
Publishers Association

규장은 문서를 통해 복음전파와 신앙교육에 주력하는 국제적 출판사들의
협의체인 복음주의출판협회(E.C.P.A:Evangelical Christian Publishers
Association)의 출판정신에 동참하는 회원(Associate Member)입니다.